# La prononciation du français dans le monde

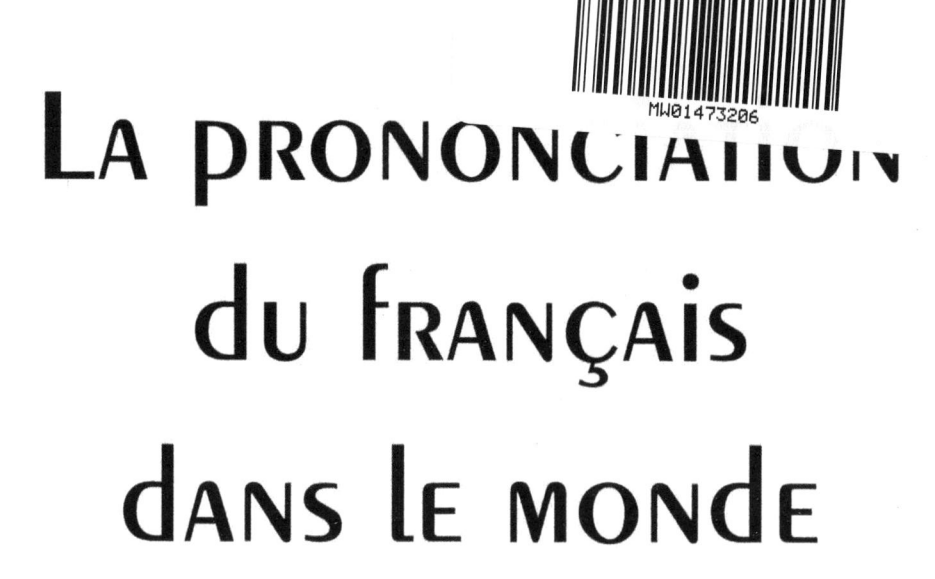

## Du natif à l'apprenant

Ouvrage publié avec le soutien de la DGLFLF
Délégation générale à la langue française et aux langues de France
6, rue des Pyramides, 75001 Paris

Sous la direction de :
S. Detey, I. Racine, Y. Kawaguchi, J. Eychenne

**CLE INTERNATIONAL**
www.cle-inter.com

Direction éditoriale : Béatrice Rego
Édition : Laurie Millet
Mise en pages : AMG
Couverture : Fernando San Martín
Imprimé en France en janvier 2017 par l'Imprimerie Maury S.A.S. à Millau (12)
N° de projet : 10203455 – N° d'imp. : L16/55491N

© SEJER / CLE International, Paris, 2016
ISBN : 9782090382419

# À propos des directeurs d'ouvrage

### Sylvain DETEY

Sylvain Detey est *Associate Professor* en Linguistique Appliquée et Études Françaises dans la School of International Liberal Studies (SILS) de l'Université Waseda (Japon), après avoir été *Maître de Conférences* au Département des Sciences du Langage et de la Communication de l'Université de Rouen (France). Spécialisé en didactique du FLE, il mène des recherches à l'interface entre sociolinguistique et psycholinguistique au sujet de l'utilisation des corpus oraux en didactique des langues et du rôle de la variation et de la multimodalité dans l'apprentissage d'une langue seconde, en particulier sur les plans phonétique et phonologique. Il est coordinateur des projets *InterPhonologie du Français Contemporain* (IPFC) et *PFC-Enseignement du Français* (PFC-EF), et est co-éditeur des volumes *Les variétés du français parlé dans l'espace francophone. Ressources pour l'enseignement* (2010, Ophrys) et *Varieties of Spoken French* (2016, Oxford University Press).

### Isabelle RACINE

Isabelle Racine est *Professeure* à l'École de Langue et de Civilisation Françaises (ELCF) de l'Université de Genève (Suisse). Psycholinguiste de formation, spécialisée dans la production de la parole et la reconnaissance des mots parlés, ses recherches actuelles portent sur l'acquisition phonologique d'une langue étrangère, en particulier les difficultés posées par la variation phonétique et phonologique dans l'apprentissage du FLE. Elle est coordinatrice des projets *InterPhonologie du Français Contemporain* (IPFC) et *PFC-Recherche* (PFC-R), et est responsable du volet suisse du programme *Phonologie du Français Contemporain : usages, variétés et structure*, cadre dans lequel elle a publié de nombreux travaux sur le français de Suisse romande. Elle est co-éditrice du volume *L'apprentissage de la liaison en français par des locuteurs non natifs : éclairage des corpus oraux* (2015, Bulletin VALS-ASLA 102).

### Yuji KAWAGUCHI

Yuji Kawaguchi est *Professeur* à Tokyo University of Foreign Studies (TUFS, Japon), où il occupe la chaire de linguistique française, après avoir enseigné la linguistique française à l'Université de Shizuoka de 1988 à 1994. Ses recherches portent sur les variations diatopique et diastratique du français de siècles différents, avec de nombreuses publications sur l'ancien français et les dialectes français, mais aussi sur le japonais et le turc moderne. Ancien président de *The Japan Association of Foreign Language Education* (JAFLE), responsable et collaborateur des Pôles d'Excellence japonais *Usage-Based Linguistic Informatics* et *Corpus-based Linguistics and Language Education*, il est coordinateur du projet *InterPhonologie du Français Contemporain* (IPFC), directeur de collection chez John Benjamins (*Usage-Based Linguistic Informatics* et *TUFS Studies in Linguistics*) et membre de jurys pour la Société Japonaise pour la Promotion de la Science (JSPS).

**Julien EYCHENNE**

Julien Eychenne est *Associate Professor* en Phonétique et Phonologie au Département de Linguistique et Sciences Cognitives de Hankuk University of Foreign Studies (HUFS, République de Corée). Il a auparavant occupé plusieurs postes au Canada, en Belgique et aux Pays-Bas, en linguistique française et linguistique générale. Ses principaux intérêts de recherche sont la variation phonologique en français, la linguistique de corpus et la phonologie computationnelle. Il a publié divers travaux sur le français méridional, le français d'Amérique du Nord, la phonologie du français, et plus récemment sur la phonologie du coréen. Il est coordinateur du projet *PFC-Recherche* (PFC-R), co-éditeur du volume *La liaison en français : normes, usages, acquisition* (à paraître, Journal of French Language Studies) et co-auteur de *The Phonology of French* (à paraître, Oxford University Press). Il est également le concepteur de *Dolmen*, un programme informatique pour l'analyse des corpus oraux.

# Liste des contributeurs

1. Laura ABOU HAIDAR, Université Grenoble Alpes (France)
2. Mehmet Ali AKINCI, Université de Rouen (France)
3. Helene N. ANDREASSEN, UiT Université arctique de Norvège (Norvège)
4. Béatrice Akissi BOUTIN, Université Toulouse – Jean Jaurés (France) et Université d'Abidjan (Côte d'Ivoire)
5. Alice BARDIAUX, Université Catholique de Louvain (Belgique)
6. Lorraine BAQUÉ, Université Autonome de Barcelone (Espagne)
7. Janine BERNS, Université Radboud de Nimègue (Pays-Bas)
8. Galina BOUBNOVA, Université d'État Lomonossov de Moscou (Russie)
9. Philippe BOULA DE MAREÜIL, LIMSI-CNRS (France)
10. Altijana BRKAN, Université Sorbonne Nouvelle – Paris 3 (France)
11. Yueh-chin CHANG, National Tsing Hua University (Taiwan)
12. Ibrahima CISSÉ, Université des Lettres et des Sciences Humaines de Bamako (Mali)
13. Marie-Hélène CÔTÉ, Université Laval (Canada) et Université de Lausanne (Suisse)
14. Sara Farias DA SILVA, Université Fédérale de Santa Catarina (Brésil)
15. Nathalie DAJKO, Université Tulane (États-Unis)
16. Sylvain DETEY, Université Waseda (Japon)
17. Jacques DURAND, Université Toulouse – Jean Jaurès (France)
18. Mohamed EMBARKI, Université de Franche-Comté (France)
19. Julien EYCHENNE, Hankuk University of Foreign Studies (République de Corée)
20. Enrica GALAZZI, Université Catholique du Sacré Cœur de Milan (Italie)
21. Jiayin GAO, Université Sorbonne Nouvelle – Paris 3 (France)
22. Juana GIL FERNANDEZ, ILLA, CSIC (Espagne)
23. Philippe HAMBYE, Université Catholique de Louvain (Belgique)
24. Mun Hi HAN, Université Nationale de Séoul (République de Corée)
25. Anita Berit HANSEN, Université de Copenhague (Danemark)
26. Roshidah HASSAN, Université Malaya (Malaisie)
27. Pernille Berg JOHNSSON, Université de Copenhague (Danemark)
28. Takeki KAMIYAMA, Université Paris 8 – Vincennes à Saint-Denis (France)
29. Yuji KAWAGUCHI, Tokyo University of Foreign Studies (Japon)
30. Thomas A. KLINGLER, Université Tulane (États-Unis)
31. Bernard LAKS, Université Paris Ouest Nanterre La Défense (France)
32. Efi LAMPROU, Université de Chypre (Chypre)
33. Simon LANDRON, Université Sorbonne Nouvelle – Paris 3 (France) et INALCO (France)
34. Xuyến LÊ THỊ, Université Paris Diderot-Paris 7 (France)
35. Gudrun LEDEGEN, Université de Rennes II (France)

36. Chantal LYCHE, Université d'Oslo (Norvège)
37. Vanda MARIJANOVIC, Université Toulouse – Jean Jaurès (France)
38. Trudel MEISENBURG, Université d'Osnabrück (Allemagne)
39. Michela MURANO, Université Catholique du Sacré Cœur de Milan (Italie)
40. Randa NABOULSI, Université Libanaise (Liban)
41. Dominique NOUVEAU, Université Radboud de Nimègue (Pays-Bas)
42. Vanessa Gonzaga NUNES, Université Fédérale de Sergipe (Brésil)
43. Roberto PATERNOSTRO, Université de Genève (Suisse)
44. Claire PILLOT-LOISEAU, Université Sorbonne Nouvelle – Paris 3 (France)
45. Elissa PUSTKA, Université de Vienne (Autriche)
46. Isabelle RACINE, Université de Genève (Suisse)
47. Elena RATNIKOVA, Université d'État Lomonossov de Moscou (Russie)
48. Patricia Nora RIGET, Université Malaya (Malaisie)
49. Albert RILLIARD, LIMSI-CNRS (France)
50. Izabel Christine SEARA, Université Fédérale de Santa Catarina (Brésil)
51. Jean SÉVERY, Université Malaya (Malaisie)
52. Takaaki SHOCHI, Université Bordeaux Montaigne (France)
53. Ellenor SHOEMAKER, Université Sorbonne Nouvelle – Paris 3 (France)
54. Anne Catherine SIMON, Université Catholique de Louvain (Belgique)
55. Guri B. STEIEN, Université d'Oslo (Norvège)
56. Monika STRIDFELDT, Université de Dalarna (Suède)
57. Jeff TENNANT, Université Western Ontario (Canada)
58. Yuan TIAN, Université Renmin de Chine (Chine) et Université des Langues Etrangères de Beijing (Chine)
59. Freiderikos VALETOPOULOS, Université de Poitiers (France)
60. Jacqueline VAISSIÈRE, Université Sorbonne Nouvelle – Paris 3 (France)
61. Sophie WAUQUIER, Université Paris 8 – Vincennes à Saint-Denis (France)
62. Selim YILMAZ, Université Marmara d'Istambul (Turquie)
63. Chakir ZEROUAL, Université d'Oujda (Maroc)

# L'alphabet phonetique international (révisé 2005)

## CONSONNES (PULMONAIRES)

|  | Bilabial | Labiodental | Dental | Alvéolaire | Postalvéolaire | Rétroflexe | Palatal | Vélaire | Uvulaire | Pharyngal | Glottal |
|---|---|---|---|---|---|---|---|---|---|---|---|
| Plosive | p  b |  |  | t  d |  | ʈ  ɖ | c  ɟ | k  g | q  ɢ |  | ʔ |
| Nasale |  m | ɱ |  | n |  | ɳ | ɲ | ŋ | ɴ |  |  |
| Vibrante |  ʙ |  |  | r |  |  |  |  | ʀ |  |  |
| Battue |  | | | ɾ |  | ɽ |  |  |  |  |  |
| Fricative | ɸ  β | f  v | θ  ð | s  z | ʃ  ʒ | ʂ  ʐ | ç  ʝ | x  ɣ | χ  ʁ | ħ  ʕ | h  ɦ |
| Fricative latérale |  |  |  | ɬ  ɮ |  |  |  |  |  |  |  |
| Approximante |  | ʋ |  | ɹ |  | ɻ | j | ɰ |  |  |  |
| Approximante latérale |  |  |  | l |  | ɭ | ʎ | ʟ |  |  |  |

Lorsque les symboles sont sous forme de paires, le symbole de droite représente une consonne voisée. Les cellules en noir dénotent des articulations jugées impossibles.

## CONSONNES (NON PULMONAIRES)

| Clics |  | Injectives voisées |  | Éjectives |  |
|---|---|---|---|---|---|
| ʘ | Bilabial | ɓ | Bilabial | ʼ | Exemples : |
| ǀ | Dental | ɗ | Dental/alvéolaire | pʼ | Bilabial |
| ǃ | (Post)alvéolaire | ʄ | Palatal | tʼ | Dental/alvéolaire |
| ǂ | Palatoalvéolaire | ɠ | Vélaire | kʼ | Vélaire |
| ǁ | Alvéolaire latérale | ʛ | Uvulaire | sʼ | Fricative alvéolaire |

## AUTRES SYMBOLES

| ʍ | Fricative labiale-vélaire non voisée | ɕ  ʑ | Fricatives alvéolo-palatales |
| w | Approximante labiale-vélaire voisée | ɺ | Flap alvéolaire latéral |
| ɥ | Approximante labiale-palatale voisée | ɧ | ʃ et x simultanés |
| ʜ | Fricative épiglottale non voisée | | Si nécessaire, on peut représenter les affriquées et les doubles articulations par deux symboles unis par une ligature. |
| ʢ | Fricative épiglottale voisée | | |
| ʡ | Plosive épiglottale | | k͡a  t͡s |

DIACRITIQUES peuvent se placer au-dessus des symboles avec une partie descendante ex. ŋ̊

| ̥ | Non voisé | n̥  d̥ | ̤ | Voisé murmuré | b̤  a̤ | ̪ | Dental | t̪  d̪ |
|---|---|---|---|---|---|---|---|---|
| ̬ | Voisé | s̬  t̬ | ̰ | Voisé laryngalisé | b̰  a̰ | ̺ | Apical | t̺  d̺ |
| ʰ | Aspiré | tʰ  dʰ | ̼ | Linguolabial | t̼  d̼ | ̻ | Laminal | t̻  d̻ |
| ʷ | Plus labialisé | ɔ̹ | ʷ | Labialisé | tʷ  dʷ | ̃ | Nasalisé | ẽ |
| ̜ | Moins labialisé | ɔ̜ | ʲ | Palatalisé | tʲ  dʲ | ⁿ | Relâchement nasal | dⁿ |
| ̟ | Antériorisé | u̟ | ˠ | Vélarisé | tˠ  dˠ | ˡ | Relâchement latéral | dˡ |
| ̠ | Rétracté | e̠ | ˤ | Pharyngalisé | tˤ  dˤ | ̚ | Relâchement non audible | d̚ |
| ̈ | Centralisé | ë | ̴ | Vélarisé ou pharyngalisé ɫ | | | |
| ̽ | Centralisation moyenne | e̽ | ̝ | Élevé | e̝ ( ɹ̝ = fricative alvéolaire voisée) | | |
| ̩ | Syllabique | n̩ | ̞ | Abaissé | e̞ (β̞ = approximante bilabiale voisée) | | |
| ̯ | Non syllabique | e̯ |  | Avancement de la racine de la langue | e̘ | | |
| ˞ | Rhoticité | ɚ  a˞ |  | Rétraction de la racine de la langue | e̙ | | |

## VOYELLES

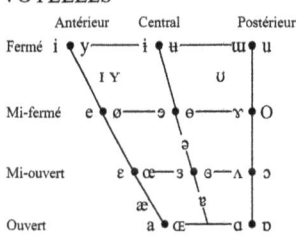

Antérieur    Central    Postérieur

Fermé    i • y — ɨ • ʉ — ɯ • u

        ɪ  ʏ     ʊ

Mi-fermé    e • ø — ɘ • ɵ — ɤ • o

        ə

Mi-ouvert    ɛ • œ — ɜ • ɞ — ʌ • ɔ

        æ

Ouvert    a • ɶ ——— ɑ • ɒ

Lorsque les symboles sont sous formes de paires, celui de droite représente une voyelle labialisée

## SUPRASEGMENTAUX

ˈ   Accent primaire
ˌ   Accent secondaire

   ˌfoʊnəˈtɪʃən

ː    Long                eː
ˑ    Mi-long             eˑ
˘    Extra-bref          ĕ
|    Groupe mineur (pied)
‖    Groupe (intonatif) majeur
.    Coupure syllabique   ɹi.ækt
‿    Liaison (absence of de césure)

## TONS ET CONTOURS ACCENTUELS DE MOTS

| e̋ | ˥ | Extra haut | ě | ˧˥ | Montant |
| é | ˦ | Haut | ê | ˥˧ | Descendant |
| ē | ˧ | Moyen | e᷄ | ˦˥ | Montant haut |
| è | ˨ | Bas | e᷅ | ˨˩ | Montant bas |
| ȅ | ˩ | Extra bas | e᷈ | ˧˦˧ | Montant-descendant |
| ↓ | | Abaissement (Downstep) | ↗ | | Montée globale |
| ↑ | | Élévation (Upstep) | ↘ | | Descente globale |

(Adaptation au français de J. Durand)

# Introduction

Souvent négligée dans le domaine éducatif (tant en langue première que seconde ou étrangère), la prononciation est un aspect pourtant essentiel de la compétence communicative de tout locuteur (natif ou non natif), à la fois pour des raisons d'intelligibilité ou de compréhensibilité, mais aussi en raison de la dimension identitaire, à la fois individuelle et sociale, qu'elle comporte et qui affecte toute forme de communication orale. Sensibiliser l'ensemble de la communauté éducative à la réalité des usages francophones dans leur variation, permettre aux enseignants de tenir compte de la langue première des apprenants dans leur enseignement de la prononciation du français langue étrangère ou seconde, fournir des repères et des pistes d'étude et de recherche aux étudiants, aux enseignants et aux chercheurs dans les filières de lettres et de linguistique française, tels sont ainsi les principaux objectifs du présent volume. Celui-ci est en grande partie le fruit du travail accompli au sein du projet IPFC (*InterPhonologie du Français Contemporain*, 2008). IPFC, dédié aux locuteurs non natifs du français, est le volet le plus récent du programme de recherche PFC (*Phonologie du Français Contemporain*, 1999), un programme qui a permis de renouveler la description de la prononciation du français dans le monde francophone dans une approche moderne, celle de la linguistique de corpus, et qui a bénéficié de la participation de plus d'une centaine de chercheurs et étudiants de tous pays, ainsi que du soutien institutionnel et financier de nombreux organismes en France et dans le monde (ANR, CNRS, FNS, JSPS, etc.). L'une des caractéristiques de ce programme de recherche est d'aborder la notion centrale de *variation* à l'aide d'un protocole d'étude commun pour toutes les enquêtes menées, afin d'assurer la *comparabilité* des données ainsi récoltées. Pour cette raison, et étant donné la visée pédagogique du présent ouvrage, nous avons tenté d'assurer autant que possible l'homogénéité des différents chapitres composant ce volume. Toutefois, étant donné la diversité des variétés et des populations présentées, chaque auteur a pu opter pour la structure et le contenu les plus à même de remplir la fonction assignée, ce qui explique certaines différences entre les chapitres. Enfin, le présent volume n'a naturellement pas la prétention de couvrir l'ensemble des variétés et des populations de locuteurs du français, natifs et non natifs, et nous avons dû nous limiter aux données disponibles dans le projet. Nous espérons que de futurs travaux permettront de décrire les variétés non représentées ici. Pour plus d'information et d'échantillons de paroles natives et non natives, nous invitons le lecteur à consulter, outre le contenu du CD-rom attaché à ce volume, les sites des projets PFC et IPFC, ainsi que les références qui y figurent : www.projet-pfc.net et www.cblle.tufs.ac.jp/ipfc/. Le présent volume a bénéficié d'une subvention spécifique de la *Délégation Générale à la Langue Française et aux Langues de France* (DGLFLF), ainsi que du soutien constant du *Centre Universitaire de Norvège à Paris* (CUNP, FMSH). Nous tenons ainsi à adresser nos plus sincères remerciements à Michel Alessio, Olivier Baude, Claire Extramiana et Xavier North (DGLFLF), ainsi qu'à Bjarne Rogan et Kirstin Skjelstad (PFN). Nous remercions également Jean-Luc Wollensack, Béatrice Rego de CLE International, ainsi que Laurie Millet, pour leur confiance et leur aide dans la réalisation de ce projet éditorial. Enfin, nous remercions de tout cœur Jacques Durand, Bernard Laks et Chantal Lyche, les fondateurs du programme PFC, grâce auxquels cette belle aventure collective a pu être menée.

Sylvain Detey, Isabelle Racine, Yuji Kawaguchi, Julien Eychenne

# Sommaire

À propos des directeurs d'ouvrage .................................................. 3
Liste des contributeurs ................................................................. 5
L'alphabet phonétique international ............................................... 7
Introduction .................................................................................. 9

**A.   La prononciation du français natif**

1. *Éléments de linguistique générale* (J. Durand & J. Eychenne) ............ 12
2. *Le français de référence et la norme* (S. Detey & C. Lyche) ............. 23
3. *Les accents et la variation* (P. Boula de Mareüil) ............................ 30

**B.   La variation géographique**

4. *Le français méridional* (J. Durand & J. Eychenne) .......................... 34
5. *Le français en Belgique* (A. Bardiaux, I. Racine, A.C. Simon
   & P. Hambye) ............................................................................. 39
6. *Le français en Suisse* (I. Racine) .................................................. 44
7. *Le français au Canada* (M.-H. Côté) ............................................. 49
8. *Le français en Louisiane* (N. Dajko, T. Klingler & C. Lyche) ............ 54
9. *Le français au Maghreb et au Machrek* (L. Abou Haidar, C. Zeroual,
   M. Embarki & R. Naboulsi) .......................................................... 59
10. *Le français en Afrique Subsaharienne* (B.A. Boutin & I. Cissé) ....... 63
11. *Le français dans les DROM* (E. Pustka & G. Ledegen) ................. 69
12. *Les autres types de variation* (B. Laks) ....................................... 73
13. *La prononciation du français natif : pour aller plus loin* (M.-H. Côté) ... 79

**C.   La prononciation des apprenants de français langue étrangère**

14. *L'apprentissage de la prononciation d'une langue étrangère :
    le cas du français* (S. Detey & I. Racine) ..................................... 84
15. *Les anglophones* (J. Tennant) .................................................... 97
16. *Les arabophones* (M. Embarki, L. Abou Haidar, C. Zeroual & R. Naboulsi) ... 103
17. *Les bosno-croato-monténégro-serbophones* (C. Pillot-Loiseau, A. Brkan
    & V. Marijanovic) ...................................................................... 111
18. *Les coréanophones* (M.H. Han & J. Eychenne) ............................ 117
19. *Les danophones* (A.B. Hansen & P. B. Johnsson) ........................ 124
20. *Les germanophones* (E. Pustka & T. Meisenburg) ....................... 130
21. *Les hellénophones* (F. Valetopoulos & E. Lamprou) .................... 137
22. *Les hispanophones* (I. Racine) ................................................. 143

| | |
|---|---|
| 23. *Les italophones* (M. Murano & R. Paternostro) ............ | 149 |
| 24. *Les japonophones* (T. Kamiyama, S. Detey & Y. Kawaguchi) ......... | 155 |
| 25. *Les lusophones* (I.C. Seara, S.F. da Silva & V.G. Nunes) ......... | 162 |
| 26. *Les malaisophones* (R. Hassan, P. N. Riget & J. Sévery) ......... | 169 |
| 27. *Les néerlandophones* (J. Berns & D. Nouveau) ......... | 174 |
| 28. *Les norvégophones* (H.N. Andreassen, C. Lyche & G.B. Steien) ......... | 180 |
| 29. *Les russophones* (G. Boubnova, avec la collaboration de E. Ratnikova) . | 186 |
| 30. *Les sinophones* (S. Landron, J. Gao, Y.-C. Chang & Y. Tian) ......... | 193 |
| 31. *Les suédophones* (M. Stridfeldt) ......... | 200 |
| 32. *Les turcophones* (M.-A. Akinci, S. Yilmaz & Y. Kawaguchi) ......... | 206 |
| 33. *Les vietnamophones* (X. Lê Thị) ......... | 211 |

**D. Enseignement de la prononciation et correction phonétique**

| | |
|---|---|
| 34. *L'enseignement de la prononciation : petit historique* (E. Galazzi) ......... | 217 |
| 35. *La correction phonétique : le rôle de la formation* (J. Gil Fernández) ..... | 221 |
| 36. *Enseignement de la prononciation et correction phonétique : principes essentiels* (S. Detey) ......... | 226 |

**E. La prononciation des apprenants de français langue étrangère : vue d'ensemble**

| | |
|---|---|
| 37. *Le domaine segmental* ......... | 236 |
| 38. *Le domaine suprasegmental* ......... | 238 |

**F. La prononciation des apprenants de français langue étrangère : pour aller plus loin**

| | |
|---|---|
| 39. *La prononciation des apprenants de FLE et la phonétique expérimentale* (T. Kamiyama & J. Vaissière) ......... | 239 |
| 40. *La prononciation des apprenants de FLE et la phonologie développementale* (S. Wauquier & E. Shoemaker) ......... | 246 |
| 41. *La prononciation des apprenants de FLE et la prosodie* (L. Baqué) ......... | 251 |
| 42. *La prononciation des apprenants de FLE et la multimodalité expressive* (T. Shochi & A. Rilliard) ......... | 257 |

**Contenu du CD-ROM** ......... 264

**A.** LA PRONONCIATION DU FRANÇAIS NATIF

# 1 Éléments de linguistique générale[1]

## 1. Introduction

Si l'étude des langues s'est longtemps limitée à la *norme* dans sa forme prescriptive, l'une des tâches centrales de la linguistique moderne est de décrire les usages tels qu'ils sont attestés dans les pratiques langagières quotidiennes, en tenant compte des nombreux paramètres (situation de communication, groupe social, aire géographique, etc.) qui peuvent être source de *variation*. Afin de bien comprendre comment se manifeste cette variation dans la prononciation des francophones, aussi bien natifs que non natifs, il est important d'une part de comprendre comment s'articulent les différents niveaux d'analyse linguistique, et d'autre part de se familiariser avec les concepts-clés qui permettent d'appréhender la description du système sonore d'une langue.

## 2. Les niveaux de description linguistique

La structure phonique des langues est l'objet d'étude de deux champs étroitement liés et complémentaires : la phonétique et la phonologie. La phonétique s'intéresse aux caractéristiques concrètes et physiques des sons du langage, dans leur dimension articulatoire, acoustique et perceptive. Par exemple, le mot *bateau*, malgré son orthographe, représente une séquence de quatre sons (ou *phones*) que l'on pourra transcrire [bato], les crochets indiquant qu'il s'agit d'une représentation phonétique (et non pas orthographique) de la prononciation du mot. On peut décrire les propriétés physiques de chacun des sons de ce mot, ainsi que les phénomènes de coarticulation entre chaque paire de sons. La phonologie étudie quant à elle les aspects structuraux et combinatoires des sons du langage. La phonologie segmentale s'intéresse aux sons distinctifs (appelés *phonèmes*), ainsi qu'à leur réalisation et à leur distribution. On peut établir les phonèmes d'une langue en inventoriant les distinctions qu'ils permettent de créer dans le lexique : ainsi, en opposant *part* à *tard* ou *car*, on peut établir que /p/, /t/ et /k/ représentent trois phonèmes différents, les barres obliques indiquant

---

1. Rédigé par Jacques Durand et Julien Eychenne.

cette fois qu'il s'agit d'une représentation phonologique, ayant trait au système linguistique. La phonologie suprasegmentale s'intéresse quant à elle aux aspects tels que le rythme, l'accentuation et l'intonation.

La morphologie est l'étude de la forme des mots et de leur composition interne. Ainsi, alors que le mot *table* est inanalysable, le mot *pommiers* est complexe et comporte trois éléments (des *morphèmes*) : la base *pomm(e)*, le suffixe *–ier* qui indique un arbre fruitier et le suffixe *–s* qui est une flexion marquant le pluriel. Ces deux suffixes ont des fonctions différentes. Le suffixe *–s* appartient à ce qu'on appelle la morphologie flexionnelle dont le rôle est de fournir les formes grammaticales des mots (singulier/pluriel, présent/imparfait, etc.). En revanche, le suffixe *–ier* relève de la morphologie dite lexicale (dérivation et composition), qui concerne la formation de nouveaux mots véhiculant de nouveaux concepts.

La syntaxe est l'étude des restrictions portant sur la combinaison des mots pour former des unités plus larges (propositions et phrases). À titre d'exemple, le verbe *ressembler* est un verbe transitif indirect qui attend un objet précédé de la préposition *à* (*Il ressemble à son père*)[2]. La construction *il ressemble son père*, où le verbe est employé sans préposition, est agrammaticale pour de nombreux francophones, bien qu'elle soit attestée dans certaines variétés (par exemple dans le Sud-Est de la France). La syntaxe joue un rôle important pour la phonologie puisqu'elle peut délimiter le domaine d'application de certains processus phonologiques. Il en va ainsi de la liaison : alors que la consonne de liaison peut être réalisée entre un verbe et un complément prépositionnel (*il est‿à Brest* ; *ils vivent‿en France*), elle est normalement impossible entre un verbe et une conjonction de coordination (*je sais où il est // et avec qui il vit*).

La sémantique est étroitement liée à la morphologie et à la syntaxe puisque les formes ne sont pas complètement indépendantes du sens. L'une des tâches centrales de la sémantique est d'étudier le sens des mots (ou lexèmes). Par exemple, l'emploi d'une même forme par de nombreuses variétés cache souvent des différences profondes entre elles : dans la plupart des variétés de français, le mot *chantage* signifie « action d'extorquer à quelqu'un de l'argent ou un avantage […] » (Robert). On trouve en revanche, dans certaines variétés d'Amérique du Nord, une forme *chantage* signifiant « action de chanter »,

---

2. Afin d'alléger la lecture, sauf cas particulier, les exemples sont donnés en italique sans être précédés de la mention « par exemple ».

directement formée à partir de la base *chant-* et du suffixe déverbal *–age,* qui sert à former des noms d'action et qui est particulièrement productif dans ces variétés (*magasinage* « action de faire les magasins »).

Le terme « pragmatique » recouvrira ici toutes les différences liées aux interactions entre sujets parlants. Nous ne parlons pas à autrui simplement pour transmettre des informations mais, entre autres, pour poser des questions, donner des conseils ou des ordres ou exprimer des souhaits. Or, toutes ces interactions sont conditionnées par notre positionnement social, notre relation à nos interlocuteurs, le contexte de l'interaction et la nature de nos échanges linguistiques. Notre positionnement social est lié à des paramètres tels que le sexe, l'âge, le degré de proximité, le niveau d'études ou la profession, par exemple. Nos interlocuteurs peuvent être nos égaux, nos supérieurs ou nos inférieurs dans une hiérarchie sociale donnée. Le contexte de l'interaction offre une vaste gamme de situations possibles (prise de parole publique, conversation avec un collègue de bureau, repas d'affaires, repas chez soi en famille, etc.), ce qui est la source d'une extraordinaire variation à tous les niveaux d'analyse. Par exemple, les pronoms *tu* et *vous* (de politesse) ne sont pas interchangeables et dépendent notamment du statut social du locuteur et de l'interlocuteur et de leur proximité relationnelle.

## 3. Classification des sons du langage

Les catégories majeures de sons du langage peuvent être décrites en référence au degré de fermeture du conduit vocal (ou chenal expiratoire) : plus les articulateurs sont éloignés, moins il y a de résistance au passage de l'air. Les deux grandes catégories que l'on peut distinguer sur cette base sont les voyelles et les consonnes, les voyelles ayant un degré de fermeture moindre que les consonnes. Nous discuterons tour à tour les grands types de voyelles et de consonnes que l'on peut identifier. Pour ce faire, il est essentiel de se doter d'un outil de transcription non ambigu. On sait en effet que les divers systèmes orthographiques utilisés dans le monde ne reflètent que très imparfaitement la prononciation effective. Pour ne prendre qu'un seul exemple, le français possède un grand nombre de graphies différentes pour le son que l'on notera [o] et que l'on trouve, en français parisien, dans *pot, chapeau, ôter, autre, chevaux,* etc. Le système de transcription adopté dans cet ouvrage est l'alphabet phonétique international (API), qui est le système le plus largement utilisé dans le monde. Nous renvoyons le lecteur au début de cet ouvrage pour une présentation synthétique de l'API.

## 3.1. Les voyelles

Les voyelles peuvent être décrites au moyen de trois paramètres articulatoires principaux. Le premier est l'*aperture* (ou encore ouverture ou hauteur), qui correspond à la distance entre la langue et le palais. On distingue en général quatre degrés d'aperture en français, à savoir fermé ([i y u] dans *si, su, sous*), mi-fermé ([e ø o] dans *ces, ceux, seau*), mi-ouvert ([ɛ œ ɔ] dans *pair, peur, pore*) et ouvert ([a] dans *patte*). On regroupe souvent les voyelles mi-ouvertes et mi-fermées sous l'appellation de voyelles moyennes. Le deuxième paramètre est le *lieu d'articulation*, qui indique la zone du conduit vocal dans laquelle le rapprochement (ou l'éloignement) des articulateurs se produit. Les voyelles d'avant (ou antérieures) sont produites avec une constriction entre la partie avant de la langue et le palais dur ([i e] dans *nid, nez*), alors que les voyelles d'arrière (ou postérieures) impliquent le dos et/ou la racine de la langue, ainsi que le palais mou ([u o] dans *pou, peau*). Les voyelles dites centrales ont une position intermédiaire. Le troisième paramètre important est le *degré d'arrondissement* des lèvres. On distingue entre les voyelles arrondies ([y] et [u] dans *du* et *doux*), qui impliquent un arrondissement et une légère protrusion des lèvres, et les voyelles non arrondies (parfois appelées étirées) telles que [i] dans *dit*, qui sont produites sans protrusion des lèvres et qui peuvent être accompagnées d'un étirement des lèvres, surtout dans le cas des voyelles fermées.

Un paramètre supplémentaire, important pour le français, est la *position du voile du palais*. Lorsque celui-ci est relevé, tout l'air s'échappe par la bouche et la voyelle qui résulte est *orale*. Lorsqu'il est abaissé, une partie de l'air s'échappe par le nez et la voyelle produite est alors *nasale*. Les voyelles nasales sont transcrites au moyen du symbole diacritique [~] placé au-dessus de la voyelle. On distinguera ainsi entre *mais* [mɛ], avec voyelle orale, et *main* [mɛ̃], avec voyelle nasale.

Parmi toutes les voyelles existantes, il en est une qui a une place particulière en ce sens qu'elle se situe au centre de l'espace articulatoire, et est produite sans effort articulatoire particulier. Cette voyelle, appelée *schwa* et notée [ə], se rencontre dans plusieurs des langues traitées dans cet ouvrage. On prendra grand soin de distinguer ce schwa phonétique, qui est une véritable voyelle centrale au sens de l'API, du schwa phonologique français (aussi appelé *e muet, e caduc* ou *e instable*), que l'on rencontre dans des mots comme *semaine, petit, je, te*, etc. Le schwa français représente un comportement phonologique plutôt qu'une réalité phonétique : bien qu'il soit souvent transcrit /ə/ par commodité, il s'agit en fait dans la plupart des variétés de français natives d'une voyelle élidable dont le timbre peut aller de [ø] à [œ] (*petit* [pœti] ~ [pti]). On attirera donc l'attention du lecteur, qu'il soit enseignant ou apprenant, sur le fait que le schwa français ne correspond en général pas directement au schwa que l'on rencontre par exemple en anglais ou en néerlandais (voir néanmoins ch. 4 sur le français méridional, qui possède un schwa atone proche de celui qu'on trouve dans ces langues).

D'un point de vue acoustique, les changements de position des différents articulateurs (langue, lèvres, voile du palais) ont pour effet de modifier les fréquences de résonance (ou *formants*) du conduit vocal : par exemple le premier formant (F1) est particulièrement sensible à l'aperture, tandis que le deuxième formant (F2) l'est à l'antériorité/postériorité de la langue, et dans une moindre mesure à l'arrondissement des lèvres. Le troisième formant (F3) est quant à lui lié à l'arrondissement des lèvres, et joue un rôle important en français dans la distinction entre voyelles antérieures non arrondies [i e] et arrondies [y ø]. Les voyelles peuvent, en plus du timbre, se distinguer par la durée : les voyelles longues sont notées à l'aide du diacritique [ː] placé après la voyelle (*fête* [fɛːt] en Suisse romande et en Belgique, voir ch. 5 et 6). Toutes les voyelles dont nous avons discuté jusqu'ici, longues ou brèves, sont des monophtongues : leur timbre reste identique durant la production de la voyelle. On appelle *diphtongue* une voyelle dont le timbre de départ et d'arrivée diffèrent. On transcrit une diphtongue en indiquant son timbre de départ et d'arrivée, et en les liant au moyen d'un symbole appelé *ligature* (*fête* [fɜit], *lente* [lõũt] dans les variétés laurentiennes, voir ch. 7).

### 3.2. Les consonnes

Les consonnes peuvent tout d'abord être divisées en deux grandes catégories : les sons *pulmonaires* et *non-pulmonaires*. Les consonnes dites pulmonaires, qui utilisent l'air chassé des poumons, constituent la grande majorité des consonnes, et ce sont elles qui retiendront notre attention dans cet ouvrage. La classification des consonnes s'effectue sur une base articulatoire en termes de mode et de lieu (ou point) d'articulation[3].

---

3. On préférera ici le terme 'lieu d'articulation' dans la mesure où ce qui est désigné est une zone articulatoire et non un point au sens précis du terme.

*3.2.1. État de la glotte*

Les sons accompagnés de vibrations des cordes vocales sont dits voisés (ou sonores) alors que les sons produits sans vibration des cordes vocales sont dits non voisés (ou sourds). Les consonnes [p] et [b] ne se distinguent que par l'absence de voisement dans le premier, et la présence de voisement dans le second. Les voyelles sont quant à elles normalement voisées.

Un autre trait articulatoire réalisé au niveau de la glotte, et qui joue un rôle important dans de nombreuses langues, est l'*aspiration* : ce trait se caractérise par un bruit de friction assez important lors du relâchement articulatoire de la consonne. Les occlusives aspirées sont caractérisées par un *Voice Onset Time* (VOT) marqué, autrement dit une durée entre le début de l'explosion et le début du voisement qui est particulièrement longue par rapport aux non aspirées correspondantes. On transcrit l'aspiration au moyen du symbole diacritique [ʰ] placé après la consonne (par exemple en anglais *pet* [pʰɛt] 'animal de compagnie').

*3.2.2. Mode d'articulation*

Le mode d'articulation correspond à la manière dont le flux d'air s'écoule : lorsque celui-ci est momentanément interrompu dans la cavité buccale, le son résultant est une consonne *occlusive*. Si le voile du palais est relevé lors de la production de la consonne, l'air est momentanément bloqué et s'écoule ensuite entièrement par la bouche : l'occlusive est dite orale, à l'instar des consonnes [p t k] au début des mots *part, tard, car* (on préfère souvent le terme *plosive* pour cette catégorie d'occlusives). Lorsque le voile du palais est abaissé, une partie de l'air s'échappe par le nez et l'occlusive est dite nasale ([m n] dans *mais, nez*).

Les consonnes fricatives sont caractérisées par un resserrement du conduit vocal qui produit sur le plan auditif une impression de friction due à l'écoulement turbulent du flux d'air ([f] et [v] dans *frais, vrai*). On préférera ici le terme de fricative à ceux de spirante ou de constrictive qui n'ont pas toujours la même dénotation chez tous les auteurs. En examinant le tableau de l'API, on constatera qu'il est possible de produire des fricatives depuis les lèvres jusqu'à la glotte.

Les affriquées sont un type particulier de consonne dont la phase initiale est une occlusion, mais dont le relâchement est plus lent qu'une occlusive, produisant un bruit de friction au lieu de l'explosion caractéristique des occlusives. Ces consonnes sont transcrites dans l'API au moyen de l'occlusive et de la fricative correspondant respectivement aux phases initiale et finale de la consonne, liées au moyen d'une ligature (par exemple [t͡s]).

Les consonnes plosives, fricatives et affriquées constituent la classe des *obstruantes* : elles ont la particularité d'être accompagnées de bruit sur le plan acoustique (et perceptif). Toutes les autres consonnes discutées ci-dessous, ainsi que les voyelles, forment la catégorie des *sonantes* : on regroupe sous ce terme tous les sons pour lesquels il n'y a pas assez de résistance pour créer un flux d'air turbulent. Ces sons ont pour particularité d'être spontanément voisés (bien que les sonantes non voisées existent aussi) et présentent des formants sur le plan acoustique.

Une consonne est dite *battue* lorsqu'un articulateur actif produit un battement unique et très bref contre un articulateur passif, par exemple la pointe de la langue contre les alvéoles (par exemple en espagnol *pero* [peɾo] 'mais'). La consonne est dite *vibrante* si le flux d'air provenant des poumons fait vibrer de manière répétée l'un des articulateurs (le plus souvent la pointe de la langue ou la luette). C'est par exemple le cas du « r double » en espagnol (*perro* [pero] 'chien').

S'il se produit un rapprochement des articulateurs, mais que celui-ci n'est pas suffisant pour produire un bruit de friction, la consonne résultante est une *approximante*. Les *approximantes centrales* se caractérisent par un resserrement dans la cavité buccale qui, à l'instar des fricatives, permet à l'air de s'écouler à travers la zone de rapprochement des articulateurs. C'est par exemple le cas du <r> anglais (*very* [vɛɹi] 'très') mais aussi des consonnes appelées *glissantes* (ou encore semi-voyelles ou semi-consonnes), qui sont les contreparties consonantiques de voyelles fermées ([j] et [w] dans *yaourt, watt*, qui correspondent à [i] et [u] respectivement). Les *approximantes latérales*, telles que le [l] français, se caractérisent quant à elle par un contact entre les articulateurs accompagné d'un écoulement latéral de l'air.

*3.2.3. Lieu d'articulation*

Le lieu d'articulation correspond à la zone du conduit vocal dans laquelle les articulateurs sont actifs lors de la production d'un son.

Une consonne *bilabiale* est produite par une approximation, une constriction ou un contact au niveau des lèvres (par exemple [p b m]).

Les consonnes *labiodentales* sont produites par une approximation, une constriction ou un contact entre la lèvre inférieure et les dents supérieures. Les plus communes sont les fricatives [f v].

Les consonnes *dentales/alvéolaires/post-alvéolaires* sont produites à l'aide de la pointe ou de la lame de la langue et des incisives supérieures ou de la région (post-)alvéolaire. L'API n'offre pas de symbole distinct pour les occlusives, et l'on pourra distinguer si nécessaire un [t] dental d'un [t] alvéolaire au moyen de diacritiques ([t̪] pour le [t] dental). Il offre en revanche différents symboles pour les fricatives, du fait que celles-ci peuvent être utilisées de manière distinctive dans de nombreuses langues. Les fricatives dentales [θ ð] (anglais *thick* 'épais', *then* 'alors') se distinguent ainsi des alvéolaires [s z] (*sot, zoo*) et des post-alvéolaires [ʃ ʒ] (*char, jarre*). Notons qu'en français ces dernières sont accompagnées d'un arrondissement des lèvres, ce qui a pour effet de renforcer sur le plan perceptif l'opposition entre fricatives alvéolaires et post-alvéolaires.

Les consonnes *rétroflexes* sont des consonnes articulées dans la région post-alvéolaire, mais qui sont par ailleurs caractérisées par la posture recourbée de la lame/pointe de la langue (par exemple en norvégien *kart* [kɑʈ] 'carte').

Les consonnes *palatales* sont articulées à l'aide du dos de la langue et du palais dur. Dans de nombreuses langues, les occlusives palatales [c ɟ] sont attestées comme réalisations des phonèmes /k g/ devant des voyelles ou glissantes palatales comme [i] ou [j]. Certaines variétés de français ont encore une nasale palatale [ɲ] correspondant à la graphie <gn>, distincte de la séquence [nj] (*peignez* [peɲe] vs *panier* [panje]), mais de très nombreux locuteurs ne font pas cette opposition et présentent la séquence [nj] dans tous les cas.

Les consonnes *vélaires* sont produites entre la partie arrière du dos de la langue et le voile du palais (aussi appelé « palais mou »). Il s'agit par exemple des occlusives [k g] (*coup, goût*) ou de la nasale [ŋ], empruntée à l'anglais, que l'on trouve à la finale de *parking*.

Les consonnes *uvulaires* sont produites par une approximation, une constriction ou un contact entre l'arrière de la langue et la luette. Le /R/[4]

---

4. Nous employons dans ce volume un symbole ad hoc /R/, qui désigne la liquide correspondant au <r> graphique, sans spécifier son articulation.

français dit « d'arrière » est le plus souvent réalisé comme la fricative uvulaire voisée [ʁ].

Les consonnes *pharyngales* sont produites par une constriction ou approximation au niveau du pharynx. Les symboles qu'offre l'API correspondent aux fricatives non voisée et voisée [ħ ʕ].

Un son *glottal* est produit par constriction ou contact des cordes vocales. Trois symboles sont fournis par l'API : [ʔ h ɦ]. Le coup de glotte [ʔ], que l'on rencontre souvent en français avec un accent d'emphase (*c'est [ʔ] incroyable !*) est produit par une fermeture complète de la glotte. La fricative [ɦ] se rencontre le plus souvent comme une réalisation voisée du phonème (non voisé) /h/ (par exemple en anglais *ahead* [əɦɛd] 'devant').

## 4. Processus phonologiques

On appelle *phonotaxe* l'ensemble des restrictions et processus portant sur la combinaison des phonèmes dans la chaîne parlée. À titre d'exemple, et en se limitant au contexte du mot, le groupe consonantique [bl] peut se rencontrer en position initiale (*bleu*), médiane (*criblé*) ou finale (*affable*) de mot. Le groupe [bn] n'est quant à lui attesté qu'en position médiane (*abnégation*).

On appelle *assimilation* un type de processus phonotactique qui vise à rendre un phonème phonétiquement plus proche d'un autre phonème environnant (immédiatement adjacent ou proche). Une assimilation est dite *progressive* lorsque le phonème déclencheur précède sa cible : c'est le cas du phonème /R/ qui devient dévoisé lorsqu'il est précédé d'une obstruante non voisée (*craie* /kRɛ/ → [kʁ̥ɛ]⁵). On parle en revanche d'assimilation *régressive* si la cible précède le déclencheur (*Islande* /islɑ̃d/ → [izlɑ̃d], où /s/ se voise sous l'influence du /l/ dans certaines variétés). Les processus d'assimilation sont une source importante d'*allophonie* dans la phonologie des langues du monde : pour un phonème donné (par exemple /R/ ci-dessus), la réalisation canonique (à savoir [ʁ]) est remplacée par une variante, ou *allophone* ([ʁ̥] dévoisé), dans un contexte donné.

On appelle épenthèse le phénomène d'insertion d'une voyelle ou d'une consonne, absente de la représentation lexicale du mot, dans le but d'éviter certaines configurations normalement absentes (*parc naturel* [paʁkœnatyʁɛl],

---

5. Le cercle sous le [ʁ] est le symbole diacritique indiquant le dévoisement.

avec un schwa épenthétique). On parle d'*effacement* lorsqu'un phonème, présent dans la représentation lexicale d'un mot, est supprimé : c'est fréquemment le cas des consonnes dites « liquides » /l/ et /ʁ/ lorsqu'elles se trouvent en fin de mot et sont précédées d'une obstruante (*cartable* [kaʁtab]).

## 5. Phonologie suprasegmentale

Les aspects suprasegmentaux de la phonologie d'une langue peuvent être caractérisés au moyen de trois paramètres fondamentaux : la fréquence fondamentale (F0, mesurée en Hertz), qui correspond à la vitesse de vibration des cordes vocales et détermine la hauteur perçue ; l'intensité (mesurée en décibels), qui est corrélée à la pression de l'air expulsé des poumons et correspond au volume sonore sur le plan perceptif ; la durée (mesurée en millisecondes), qui détermine la longueur perçue.

Les phénomènes suprasegmentaux ne portent généralement pas sur des phonèmes en isolation mais sur des *syllabes*. On caractérisera la syllabe (*truc* [tʁyk]) comme un groupe de phonèmes organisés autour d'un noyau (ici, [y]), précédé d'une attaque (ici, [tʁ]) et suivi d'une coda (ici, [k]). Le noyau, qui est obligatoire, est le plus souvent une voyelle (mais, dans certaines langues, d'autres sonantes voire même certaines obstruantes sont autorisées). L'attaque et la coda, qui sont facultatives, sont toujours des consonnes. On distingue par ailleurs les syllabes *ouvertes*, qui n'ont pas de coda (*pas* [pa]), des syllabes *fermées*, qui en ont une (*fil* [fil]). L'API utilise le point pour marquer les frontières syllabiques (*souper* [su.pe]).

On distingue deux types de phénomènes suprasegmentaux au niveau lexical : les *tons* et l'*accent*. Un ton est un profil mélodique associé à une ou plusieurs syllabe(s). L'accent est une forme de proéminence syllabique, marquée selon les langues par un ou plusieurs des paramètres mentionnés ci-dessus. On distingue entre l'accent primaire (noté par le symbole [ˈ], par exemple en anglais *cinnamon* [ˈsɪnəmən] 'cannelle'), qui a un rôle culminatif dans le mot, et l'accent secondaire (noté [ˌ]), qui est une proéminence mineure que l'on rencontre surtout dans les mots longs (anglais américain *laboratory* [ˈlæbəɹəˌtɔɹi]).

La prosodie concerne quant à elle tous les aspects suprasegmentaux tels que le rythme, le débit et l'intonation, qui dépassent le seul domaine du mot et portent sur des énoncés (voir ch. 41).

## 6. Conclusion

Ce chapitre a un objectif double : d'une part, donner un bref aperçu des différents niveaux d'analyse linguistique, en situant en particulier les domaines de la phonétique et de la phonologie dans l'étude du langage ; d'autre part, présenter un certain nombre de notions fondamentales utilisées dans la description de la structure sonore des langues. Ce chapitre permettra donc au lecteur de mieux intégrer le matériel présenté dans cet ouvrage, mais il peut également servir de référence pour les termes techniques utilisés dans les chapitres subséquents.

**Références**

Blanche-Benveniste, C. (2000). *Approches de la langue parlée en français.* Paris : Ophrys.

Brandão de Carvalho, J., Nguyen, N. & Wauquier, S. (2010). *Comprendre la phonologie.* Paris : Presses Universitaires de France.

Carton, F. (1997). *Introduction à la phonétique du français.* Paris : Dunod.

Detey, S., Durand, J., Laks, B. & Lyche, C. (éds) (2010). *Les variétés du français parlé dans l'espace francophone. Ressources pour l'enseignement.* Paris : Ophrys.

Vaissière, J. (2006). *La phonétique.* Paris : Presses Universitaires de France.

# 2 Le français de référence et la norme[1]

## 1. Introduction

La question de *la norme* est au cœur de tout enseignement/apprentissage linguistique : quel contenu enseigner, quel input fournir aux apprenants, quel est le *bon usage* à respecter et à imiter ? Définir un *bon usage* à l'écrit, dans le domaine lexical ou syntaxique, est bien plus aisé que dans le domaine de la prononciation, car ce *bon usage* est défini par un ensemble de textes d'auteurs illustres dans lesquels puisent dictionnaires et grammaires (descriptives et prescriptives). L'oral étant par définition soumis à la variation, une norme de l'oral, considéré ici sur le plan phonético-phonologique, sera plus complexe à circonscrire. Dans la perspective de l'enseignement/apprentissage du français, doit-on privilégier un unique modèle de prononciation ou plusieurs variantes sont-elles légitimes ? Les modèles en production (que les apprenants doivent imiter) et en perception (que les apprenants doivent être en mesure de comprendre) doivent-il être identiques ? Cette dernière question se pose de façon beaucoup plus aigüe à l'oral qu'à l'écrit de par la mobilité accrue des jeunes apprenants confrontés aux français, non homogènes, qui se parlent en Europe, en Amérique et en Afrique notamment. Le lecteur comprendra aisément, à la lecture des différents chapitres de ce volume, que le *français standard*, envisagé comme une norme de référence géographique et sociale absolue, n'existe pas. D'un point de vue pédagogique en revanche, on peut s'accorder sur un modèle *de référence*, qui peut servir d'étalon pour les descriptions des usages réels et des normes locales, ainsi que de support pédagogique à l'enseignement/apprentissage de la prononciation du français dans sa variation.

## 2. Les trois normes : objective, prescriptive, subjective

On distingue généralement trois types de norme : objective, qui correspond à la description des tendances moyennes des usages linguistiques attestés

---

1. Chapitre rédigé par Sylvain Detey et Chantal Lyche.

à l'aide d'analyses de corpus par exemple ; prescriptive, qui correspond à ce que les autorités sociales jugent comme « correct » et que l'on trouve dans les programmes de formation ; subjective, qui correspond à ce que chaque individu perçoit et se représente comme étant socialement valorisé. Les trois normes sont parfois convergentes (par exemple jamais de liaison après *et*), mais peuvent aussi diverger (doit-on réaliser/réalise-t-on une liaison en /t/ dans *il est allé* ?), et surtout varier en fonction du contexte géographique et socio-interactionnel (réalisation des schwas dans *cette semaine* [sɛtœsœmənœ] vs [sɛtsœmɛn] vs [sɛtsmɛn] ou variation socioculturellement marquée des réalisations de la séquence *je ne suis pas* [ʒœnœsɥipa] vs [ʒœnsɥipa] vs [ʒnœsɥipa] vs [ʃsɥipa] vs [ʃɥipa] vs [ʃʷipa] ou de l'énoncé *tu en as quatre* [tyɑ̃nakatχ] vs [tʲɑ̃nakatχ] vs [tɑ̃nakat]). La prise en considération de ces trois normes invite les enseignants à la circonspection lorsqu'on les sollicite sur la *bonne prononciation* de tel ou tel énoncé : leur propre prononciation (objective) peut différer de celle indiquée dans leur manuel (prescriptive) et même de celle qu'ils imaginent réaliser (subjective). Les études les plus récentes en la matière tendent ainsi à combiner l'analyse des productions avec celle de la perception et des représentations des locuteurs, les deux pouvant parfois présenter des divergences. Toutefois, les enseignants doivent s'accorder sur un modèle de base à fournir à leurs apprenants, modèle de production qui leur assurera la plus grande compréhensibilité dans l'espace francophone, et qui leur permettra de comprendre le plus grand nombre de francophones en perception, à défaut d'être un français absolument « neutre », d'un point de vue géographique ou social, puisqu'une telle variété n'existe pas.

## 3. Du français « standard » au français « de référence » (FR)

Lorsque l'on parcourt l'histoire de la langue française, on s'aperçoit que la notion de *français standard* a été graduellement construite en usant de critères géographiques (Paris, Touraine...) étroitement liés à des critères sociaux (la plus saine partie de la cour du roi, aristocratie, bourgeoisie, professionnels de la parole publique...), tenant parfois compte de facteurs situationnels (conversation soignée, sérieuse mais détendue...), mais dans tous les cas de manière scientifiquement peu fondée. Grâce en partie aux travaux descriptifs modernes de la deuxième moitié du XXe siècle, les notions de *français standard* (dans les années 1960), puis de *français standardisé* (dans les années 1980) ont été employées et diffusées dans les manuels d'enseignement sur la base d'enquêtes et d'observations plus systématiques, avant que ne s'établisse plus solidement dans les années 2000 celle de *français de référence* dans la communauté des linguistes. À l'appellation « standard », nous préférons donc celle de « référence », qui rend justice à la dimension fonctionnelle du système en question : tout en reconnaissant la nécessité et l'importance d'une référence commune, pour une description (objective) permettant l'établissement d'un étalon (prescriptif) utile à l'élaboration de modèles pédagogiques, elle permet de ne pas tomber dans le piège de la représentation sociale (subjective) ignorant la réalité des usages et de leurs valeurs. Une telle référence n'exclut donc en aucune manière l'existence de standards variés (en particulier hors de l'Hexagone), voire de références variées (ainsi en Suisse, il n'existe pas un unique français standard de Suisse, mais on peut envisager la description d'une variété fonctionnellement, voire sociolinguistiquement, de référence pour la Suisse romande, voir ch. 6). Le français de référence (ci-après, dans tout le volume, FR) que nous adoptons ici peut être décrit à l'aide des tableaux suivants :

| | Voyelle | | |
|---|---|---|---|
| | antérieure non arrondie | antérieure arrondie | postérieure |
| **fermée** | i | y | u |
| **mi-fermée** | e | ø | o |
| **mi-ouverte** | ɛ ɛ̃ | œ | ɔ ɔ̃ |
| **ouverte** | a | | ɑ̃ |

**Tableau 1** : inventaire vocalique du FR

| | Consonne | | | | | | |
|---|---|---|---|---|---|---|---|
| | bi-labiale | labio-dentale | dentale-alvéolaire | pré-palatale | palatale | vélaire | uvulaire |
| **occlusive** | p b | | t d | | | k g | |
| **nasale** | m | | n | | | | |
| **fricative** | | f v | s z | ʃ ʒ | | | ʁ |
| **latérale approximante** | | | l | | | | |
| **glissante** | | | | | j ɥ | w | |

**Tableau 2** : inventaire consonantique du FR

Cette présentation du FR pourra naturellement être modulée en fonction des besoins et des contextes de ses utilisateurs : quatre voyelles nasales (/ɛ̃ œ̃ ɑ̃ ɔ̃/) plutôt que trois (/ɛ̃ ɑ̃ ɔ̃/), maintien d'une voyelle /ɑ/ postérieure, généralisation ou non de la *loi de position* (en cours en FR), selon laquelle sont privilégiées les voyelles ouvertes ([ɛ œ ɔ]) en syllabe fermée (consonne finale prononcée) et les voyelles fermées ([e ø o]) en syllabe ouverte (pas de consonne finale prononcée) : *sot* [so] vs *sol* [sɔl], *thé* [te] vs *tel* [tɛl], *ceux* [sø] vs *seul* [sœl]. Dans le domaine consonantique, on signalera également les nasales /ɲ ŋ/ (respectivement palatale et vélaire) dont le statut phonémique est discutable. La première est le plus souvent remplacée par /nj/ et la seconde se cantonne à quelques mots d'emprunt à l'anglais. À noter que si le symbole [ʁ] est employé ici en raison de la prédominance actuelle de sa réalisation phonétique dans l'Hexagone, la grande variété des réalisations de cette consonne à travers l'espace francophone nous conduit à employer également un symbole ad hoc /R/ dans ce volume, qui désigne un segment sans en spécifier son articulation (/R/ → [ʁ], [χ], [r], ...).

## 4. Le cas du schwa et de la liaison

Lorsqu'il s'agit de s'accorder sur une description phonologique et phonétique du français pour son enseignement en FLE, l'inventaire segmental décrit plus haut ne pose en général pas de difficulté aux enseignants, sous réserve d'avoir un certain degré de flexibilité quant aux zones de variation décrites dans les chapitres 4 à 11 du présent volume. Deux points, en revanche, à la fois complexes et essentiels de la phonologie du français, sont généralement soit passés sous silence, soit traités de manière prescriptive classique, sans tenir compte des savoirs actuels : le schwa (ou *e muet*, *e caduc*, etc.) et la liaison. Leur complexité tient notamment au fait que tous deux sont liés à la graphie, tous deux sont liés au lexique, tous deux altèrent les frontières de mot provoquant ainsi des problèmes de perception et tous deux sont sujets à une assez grande variation, notamment en fonction du profil linguistique du locuteur (par exemple parisien vs toulousain pour le schwa), du contexte (formel vs informel pour la liaison) et de la tâche (lecture vs parole spontanée pour les deux).

Concernant le schwa, il faut d'abord bien comprendre qu'il s'agit de l'alternance entre présence et absence d'une voyelle (normalement transcrite < e > sans accent, p*e*tit : /pəti/ vs /pti/) dont le timbre varie le plus souvent entre [ø] et [œ] ([pøti]/[pœti]). Sans rentrer en détail dans la complexité du phénomène[2], les analyses classiques tout comme les études sur corpus menées dans le projet *Phonologie du Français Contemporain* (PFC) ont montré que l'environnement consonantique, la position de la syllabe et la fréquence du mot représentaient les facteurs les plus importants pour comprendre les conditions gouvernant l'absence de la voyelle. Le schwa peut être absent précédé d'une seule consonne prononcée mais est généralement présent après deux consonnes (*sept devoirs* vs *un d(e)voir*) ; son absence est presque catégorique à l'intérieur d'un mot (*douc(e)ment*) et en finale dans les mêmes conditions (*sott(e)*), alors qu'il se maintient mieux (environ deux tiers des occurrences) dans les clitiques[3] et dans la première syllabe de mots polysyllabiques (*viens le voir, ma demande*). La nature de la consonne qui précède le schwa intervient de façon remarquable dans les possibilités d'effacement. Ainsi les fricatives /s/ ou /ʒ/ favorisent l'absence : dans *oui je me disais* par exemple, la prononciation [ʒmœ] est standard à l'inverse de [ʒœm]. Dans certains mots d'usage très fréquent la variante sans schwa est de loin la plus courante (*un p(e)tit boulot, la s(e)-maine prochaine*). Notons enfin que les suites de trois syllabes ou plus avec un schwa prononcé sont très rares (*ne l(e) demande pas* ou bien *n(e) le d(e)mande pas* en Suisse, plutôt que *ne le demande pas*). Le corpus PFC a également mis en évidence dans le français septentrional la fréquence de l'insertion d'un schwa en finale de mot après deux consonnes prononcées lorsque le mot suivant possède une attaque consonantique (*Marc_Blanc* [maʁkœblɑ̃]), ainsi que la présence d'une voyelle intrusive dont le timbre varie beaucoup ([ø a ɔ]) en finale de groupe intonatif (*tu arrives* [aʁivø]).

On peut définir la liaison comme la réalisation d'une consonne uniquement devant une unité lexicale à initiale vocalique : *les* /le/ *amis* /ami/ vs *les amis* /le.za.mi/ vs *les filles* /le.fij/. La liaison ne doit pas être confondue avec l'enchaînement consonantique qui lui aussi obscurcit les frontières de mots mais dans lequel une consonne finale toujours prononcée est rattachée

---

2. Nous ne parlons pas ici des variétés méridionales qui maintiennent la voyelle dans la plupart des environnements.

3. Catégorie de morphèmes grammaticaux syntaxiquement séparés mais prosodiquement liés à une unité lexicale (antérieure ou postérieure) : articles, pronoms personnels, ainsi que certaines particules ou prépositions.

syllabiquement à l'initiale de l'unité lexicale suivante, comme dans *une* /yn/ *amie* /a.mi/ vs *une amie* /y.na.mi/. Les manuels classent généralement les liaisons en trois catégories (obligatoire, facultative, interdite) à l'aide de longs inventaires qui s'avèrent parfois difficiles à systématiser de manière pédagogiquement optimale pour les apprenants de français. Les études récentes menées sur corpus et plus particulièrement dans le cadre du projet PFC permettent aujourd'hui d'avoir une vision plus claire des facteurs qui conditionnent le comportement de la liaison et de la variation diatopique. La liaison la plus fréquente se fait dans les contextes Déterminant+Nom, Clitique+Verbe, et ceci dans toutes les variétés de français. La liaison est catégorique (c'est-à-dire systématiquement réalisée) dans ces deux contextes (*les amis*, *un ami*, *elles ont*, *on a*), ce qui fait de la liaison en [z] la liaison du pluriel par excellence. La liaison est presque catégorique entre un adjectif monosyllabique et un nom (*grand homme*), une préposition monosyllabique et un substantif, bien que dans ce dernier cas la fréquence varie selon les prépositions : *en* se lie toujours, ce qui n'est pas le cas de *chez* + Nom. Dans tous les autres contextes, les liaisons sont facultatives et dans la plupart des cas rares, à l'exception de la liaison après *est*, auxiliaire ou copule. La difficulté à laquelle se trouve confronté l'apprenant provient des facteurs multiples (linguistiques ou non) qui conditionnent la liaison dite facultative : registre, âge, niveau d'études, classe sociale ne sont que quelques facteurs qui interviennent dans la réalisation de la consonne. Il est néanmoins important de souligner que toutes les études de corpus mettent en évidence la rareté des liaisons facultatives dans la conversation courante.

## 5. Conclusion

La fonction de ce chapitre est triple : 1) présenter une variété de référence à partir de laquelle peuvent s'articuler les autres variétés décrites dans ce volume (natives et non natives) ; 2) offrir un système de référence qui puisse servir, le cas échéant, de modèle pédagogique pour la prononciation des apprenants (en production) ; 3) sensibiliser les lecteurs (en particulier enseignant(e)s de français), à la nature de ce qu'est une norme, aux possibles écarts entre production, perception et représentations des usages réels de la prononciation, et ainsi à la responsabilité pédagogique qui leur incombe dans le choix de ces normes, étant donné l'absence d'absolu universel en la matière. C'est précisément l'une des fonctions de ce volume que de les aider dans leurs choix, en fonction du contexte et des besoins pédagogiques qu'ils doivent gérer, en leur fournissant des informations reposant non pas sur l'introspection de quelques chercheurs isolés, mais bien sur l'observation des données d'un large corpus méthodologiquement éprouvé.

## Références

Detey, S., Lyche, C., Racine, I., Schwab, S. & Le Gac, D. (2016). The notion of norm in spoken French: production and perception. In S. Detey, J. Durand, B. Laks & C. Lyche (éds), *Varieties of Spoken French*. Oxford : Oxford University Press, 55-67.

Detey, S. & Racine, I. (2012). Les apprenants de français face aux normes de prononciation : quelle(s) entrée(s) pour quelle(s) sortie(s) ? *Revue française de linguistique appliquée* 17(1) : 81-96.

Morin, Y.-C. (2000). Le français de référence et les normes de prononciation. *Cahiers de l'Institut de linguistique de Louvain* 26(1) : 91-135.

Laks, B. (2002). Description de l'oral et variation : la phonologie et la norme. *Information grammaticale* 94 : 5-11.

Lyche, C. (2010). Le français de référence : éléments de synthèse. In S. Detey, J. Durand, B. Laks & C. Lyche (éds), *Les variétés du français parlé dans l'espace francophone : ressources pour l'enseignement*. Paris : Ophrys, 143-165.

# 3 Les accents et la variation[1]

## 1. Introduction

La variabilité est inhérente à la parole : même quand je répète deux [a] à quelques secondes d'intervalle, ce ne sont pas exactement les mêmes. Mais on peut également distinguer entre variabilité (intrinsèque au langage parlé) et variation (socialement investie, dépendant des groupes de locuteurs et de la situation). La variation peut être régionale, socioculturelle ou stylistique. Elle se manifeste notamment dans les « accents », même en français qui est pourtant une des langues les plus codifiées au monde. Mais qu'entend-on par ce terme ? D'où viennent les accents, pourquoi certains ont-ils plus d'accent que d'autres et comment peut-on discerner divers accents ? Alors qu'existe un décalage entre production et perception, alors qu'un même accent peut être perçu différemment par des personnes d'origines distinctes, le traitement automatique du langage peut nous donner des indications précieuses de par son objectivité.

## 2. D'où viennent les accents ?

Le mot « accent » peut être défini comme un ensemble de traits de prononciation liés à l'origine linguistique, géographique ou sociale du locuteur. Cette définition couvre ce qu'on désigne couramment par « accent *étranger* », « accent *régional* » ou cet « accent *de banlieue* » dont on parle de plus en plus, en France, et qui est en réalité un accent social (sous-entendu, de jeunes de cités populaires).

Un accent étranger, communément considéré comme le résultat de la confrontation entre une langue maternelle (L1) et une langue seconde (L2), a pour cause principale le filtre opéré par la L1, qui va rendre difficile l'apprentissage de sons « nouveaux » dans la L2 ou de sons proches, sans être identiques, entre L1 et L2. Les accents étrangers posent des questions spécifiques : autant on pourra féliciter une traductrice roumaine, par exemple, pour son français, « sans accent », autant on oserait moins, semble-t-il, complimenter un Suisse romand (et moins encore un jeune de

---
1. Rédigé par Philippe Boula de Mareüil.

banlieue parisienne) pour son absence d'accent en français. D'un autre côté, la frontière n'est pas toujours clairement tranchée entre accents étrangers et régionaux, quand le français n'est plus seulement une langue étrangère mais fonctionne également comme langue seconde (dans certains pays africains, par exemple). Dans tous les cas, on dira qu'une personne a un accent, même si celui-ci est difficile à qualifier, si, dans la prononciation, on perçoit un écart par rapport à une norme. Pour le français (au moins hexagonal), cette norme correspond à une certaine prononciation parisienne, aujourd'hui véhiculée par la radio et la télévision, la plupart des grands médias étant installés à Paris (au sujet de « la norme », voir ch. 2). En France, et à des degrés divers dans toute la francophonie, les accents des journalistes sont d'ailleurs pour le moins gommés, alors qu'en Italie et en Allemagne, par exemple, il est courant d'entendre différents accents régionaux à la télévision.

Quant à ce qu'on appelle, en France, l'accent de banlieue, il est dans l'imaginaire collectif, comme pour d'éminents sociolinguistes, attribué à l'influence de l'arabe maghrébin. Il est possible que le contact de langues ait favorisé certaines évolutions phonétiques, mais l'interprétation est difficile à prouver. Elle est à manier avec prudence.

## 3. Pourquoi certains ont-ils plus d'accent que d'autres ?

Pourquoi tous les jeunes de banlieue n'ont-ils pas nécessairement l'accent de banlieue ? De même, pourquoi tous les Marseillais n'ont-ils pas l'accent marseillais ? Il n'y a pas une seule raison mais plusieurs : cela peut dépendre de nombreux facteurs comme l'âge, le sexe, le niveau d'études, le plus ou moins grand intérêt pour les questions de prononciation. Il nous faut sans doute ici distinguer le cas des accents étrangers : ceux-ci, en effet, ont plutôt tendance à s'atténuer avec le temps, alors que généralement les accents régionaux sont plus marqués chez les seniors. On a plus de chance d'entendre un accent régional chez une personne âgée, chez quelqu'un qui a fait peu d'études, a toujours vécu au même endroit, fréquente des milieux où tout le monde a le même accent. D'un côté, un accent peut être porté comme un étendard pour montrer son attachement à sa ville, à une région ou à un groupe social, pour afficher sa spécificité. Comme l'argot (d'abord une langue secrète) et les jargons (langues de métiers), l'accent permet de marquer une différence. D'un autre côté, il est pour certains mal vu, voire vulgaire, d'avoir un accent, ce qui peut conduire, par souci de réussite sociale, à estomper son accent ou à le rendre plus léger, sans même que cela soit toujours conscient.

En matière d'accents étrangers, également, nombre de facteurs psycho-sociolinguistiques peuvent exercer une influence. Outre les relations qu'entretiennent la L1 et la L2, ce qui est perçu comme un accent étranger peut dépendre du degré de motivation à apprendre, de la fréquence et des circonstances d'utilisation de la L1 par rapport à la L2, du temps de résidence dans un environnement dans lequel prédomine la L2 et de l'état du développement neuro-cognitif au moment de la première exposition à la L2 : selon une hypothèse répandue, plus la L2 est adoptée tôt, plus la prononciation sera correcte. Au plus tard vers la puberté, les représentations cérébrales et l'articulation des sons se figeraient ; une sorte de fenêtre se refermerait inévitablement et plus ou moins irrémédiablement. Mais l'âge d'acquisition de la L2 est le plus souvent corrélé avec la quantité d'utilisation de la L2, avec les années d'expérience en L2, et se confond avec bien d'autres facteurs.

Si un accent étranger résulte de la confrontation de deux systèmes phonologiques, en perception et en production, est-il gouverné davantage par la production ou par la perception ? On peut répondre qu'une boucle apparie les deux, la perception étant guidée par des mécanismes extrêmement complexes et encore mal connus.

## 4. Comment peut-on discerner divers accents ?

Des travaux ont cherché à modéliser les processus d'identification et de caractérisation d'accents régionaux, étrangers et sociaux en français. Des expériences perceptives ont été menées et des analyses acoustiques ont été effectuées. Au total, plus de 100 heures de parole en français avec accent régional, étranger ou social ont été analysées. La part des voyelles, des consonnes et de la prosodie a ainsi pu être hiérarchisée par des techniques de classification automatique.

La prononciation des voyelles nasales avec un appendice consonantique s'est montrée le trait le plus saillant de l'accent méridional, le dévoisement des consonnes sonores celui de l'accent alsacien, l'allongement de certaines voyelles celui de l'accent belge et l'accentuation de syllabes initiales celui de l'accent suisse. De même, en matière d'accents étrangers, les traits suivants apparaissent parmi les plus discriminants : dévoisement des plosives sourdes pour les accents allemand et anglais, mouvement du /e/ vers /i/ pour l'accent arabe, confusions /b/-/v/ et /s/-/z/ pour l'accent espagnol, /R/ « roulé » pour l'accent italien, postériorisation ou fermeture du schwa pour l'accent portugais. Pour l'accent de banlieue, enfin, la tendance à l'affrication des consonnes /t/ et /d/ devant des voyelles antérieures comme /i/ et /y/ a été mise en évidence.

D'autres travaux se sont concentrés sur le rôle de la prosodie dans la perception d'un accent régional, étranger ou social. Pour ce faire, différentes techniques de manipulation de la prosodie ont été utilisées. La contribution de la prosodie a ainsi été mise au jour, en particulier pour l'accent de banlieue (avec une chute abrupte de fréquence fondamentale avant une frontière prosodique). Toutefois, il se peut aussi que, combinés, certains indices aboutissent à la perception d'un accent, alors que chacun pris isolément n'a pas le même effet.

## 5. Conclusion

Ainsi, les travaux accumulés sur le français ont permis de dessiner les contours de certains accents régionaux, étrangers et sociaux. Ils ont bénéficié d'importantes quantités de données que les instruments de mesure dérivés du traitement automatique de la parole permettent aujourd'hui de manipuler.

Les accents, cependant, comme la société, évoluent. Il est possible que le paysage linguistique de la France et, plus largement, de la francophonie s'organise graduellement davantage autour des différences sociales qu'autour des régions. De nouvelles études sont nécessaires pour confirmer certaines tendances et prendre en considération une dimension sociale qu'on est bien souvent en peine d'appréhender finement.

## Références

Armstrong, N. & Pooley, T. (2010). *Social and Linguistic Change in European French*. Basingstoke : Palgrave Macmillan.

Boula de Mareüil, P. (2010). *D'où viennent les accents régionaux ?* Paris : Le Pommier.

Carton, F., Rossi, M., Autesserre, D. & Léon, P. (1983). *Les accents des Français*. Paris : Hachette.

Durand, J., Laks, B. & Lyche, C. (éds) (2009). *Phonologie, variation et accents du français*. Paris : Hermès.

Troubetzkoy, N. S. (1939). *Principes de phonologie*. Paris : Klincksieck.

**B.** LA VARIATION GÉOGRAPHIQUE

# 4 Le français méridional[1]

## 1. Introduction

Bien que le français parlé dans le Midi ne soit pas homogène, on peut identifier un faisceau de traits saillants qui caractérisent la plupart des variétés du sud de la France. Ce que nous nommerons « français méridional » (FM) recouvre les grandes aires dialectales que sont, d'ouest en est, le Pays basque, la Gascogne, le Limousin, le Languedoc, l'Auvergne et la Provence. Le français s'est diffusé dans le Sud assez tardivement (XVIe siècle dans la région toulousaine) et de manière progressive (langue majoritaire seulement au XXe) par l'intermédiaire des clercs et surtout de la graphie, liée à la scansion de la poésie classique et interagissant dans chaque aire dialectale avec le substrat local (variétés d'occitan, catalan ou basque).

## 2. Inventaire phonémique

### 2.1 Voyelles

Le système vocalique est l'aspect de la phonologie du FM qui diverge le plus clairement du FR. Le FM compte 8 voyelles orales phonémiques, que nous noterons /i y u E Ø O a ə/. Tandis que /a/ est souvent réalisé [a] comme en FR, les voyelles /E Ø O/ correspondent respectivement aux paires d'allophones [e] - [ɛ], [ø] - [œ] et [o] - [ɔ]. En effet, il n'existe pas d'opposition entre voyelles mi-fermées et mi-ouvertes : les paires *épée - épais* [epe], *jeune - jeûne* [ʒœnə], *beauté - botté* [bote] sont donc homophones en FM ⊙. Comme le montre la paire *jeune-jeûne*, le schwa est généralement réalisé en fin de mot, où il remplit souvent le rôle d'un marqueur morphologique, que ce soit pour le féminin (*net* [nɛt] vs *nette* [nɛtə]) ou la flexion verbale (*il donne* [ildɔnə]) ⊙.

Les voyelles nasales ont un degré de nasalisation variable selon les locuteurs et sont suivies d'un appendice nasal plus ou moins saillant. Noté ici /N/ en exposant en transcription phonologique, il est généralement réalisé dans la

---

1. Rédigé par Jacques Durand et Julien Eychenne.

région vélaire (par exemple *influence* [ɛⁿflyaⁿsə] en transcription étroite) 🔊. Il est fréquent qu'il assimile le point d'articulation de la consonne suivante si celle-ci est une occlusive (*composer* [kɔᵐpoze]) 🔊. On compte 4 voyelles nasales distinctives : /ɛᴺ/ vs /œᴺ/ vs /ɔᴺ/ vs /aᴺ/. Contrairement au FR, l'opposition /ɛᴺ/ vs /œᴺ/ est relativement stable (*brin* [bʁɛⁿ], *brun* [bʁœⁿ]) en FM 🔊.

## 2.2 Consonnes

Le système consonantique se distingue très peu de celui du FR. Le statut de la nasale vélaire /ŋ/, qui est une consonne d'emprunt, se confond souvent avec l'appendice nasal, en particulier lorsque celui-ci est proéminent : *shopping* [ʃopiⁿ], *kung-fu* [kuⁿfu] 🔊.

## 3. Allophonie et contraintes phonotactiques

### 3.1 Schwa et voyelles moyennes

Conformément à la loi de position, une voyelle moyenne est réalisée mi-fermée dans une syllabe ouverte (*sait* [se]) et mi-ouverte dans une syllabe fermée (*sel* [sɛl]) ; elle est également mi-ouverte dans une syllabe ouverte suivie d'une syllabe avec schwa (*selle* [sɛ.lə]). La réalisation du schwa est, quant à elle, tributaire de facteurs syntagmatiques. En fin de mot polysyllabique (*bête* [bɛtə]) ou en position interne (*bêtement* [bɛtəmaⁿ]), il est souvent réalisé comme une voyelle centrale 🔊. Dans les mots proclitiques (*je, ne,* etc.), il est normalement réalisé [ø]. En position initiale de polysyllabe, la voyelle orthographiée <e> est, dans l'accent traditionnel, un [ø] stable qui ne se distingue pas de la voyelle orthographiée <eu> (*petit* [pøti], *peuplé* [pøple]) 🔊. Dans les polysyllabes, le schwa est catégoriquement effacé lorsqu'il est suivi d'une voyelle (*petit(e) amie* [pøtitami]) 🔊. Il est normalement réalisé s'il est suivi d'une consonne ou devant pause (*petite salle* [pøtitəsalə]) 🔊 bien que, sous l'influence du FR, il s'efface de plus en plus. En revanche, en position initiale de polysyllabe, le schwa est en général stable (*mener* [møne] et non *[mne]) 🔊.

### 3.2 Glissantes

On trouve un plus grand nombre de diérèses que dans le FR (*tué* [ty.e] en FM, [tɥe] en FR). La voyelle [i] est la plus sujette à la synérèse (*pied* [pje]), alors que [u] et surtout [y] donnent très souvent lieu à une diérèse (*mouette* [mu.ɛ.tə], *muette* [my.ɛ.tə]). Lorsqu'il y a diérèse, /i/ provoque très souvent l'insertion de la glissante correspondante [j] (*scier* [sije]) ⓢ. La réalisation des voyelles fermées (notamment /i/) est sensible à la structure morphologique : lorsque la voyelle fermée et la voyelle suivante appartiennent au même morphème, la synérèse est très fréquente (*si̯este* [sjɛstə]), alors que la diérèse est privilégiée lorsque les deux voyelles appartiennent à deux morphèmes distincts (*mu̯er* [my.e], morphologiquement *mu- + -er*) ⓢ.

### *3.3 Assimilations consonantiques*

On trouve chez de nombreux locuteurs, surtout parmi les seniors, des cas d'assimilation régressive de voisement des obstruantes non voisées devant sonante : le phénomène est assez fréquent avec les constrictives (*socia̯lisme* [sosjalizmə], *s̯lip* [zlip]), moins avec les occlusives, avec souvent un voisement partiel (*te̯chnique* [tɛɡ̊nikə]) ⓢ.

### *3.4 Groupes consonantiques*

Il existe de fortes restrictions quant aux groupes possibles chez certains locuteurs (notamment seniors). En général, le schwa n'apparaît pas comme voyelle épenthétique dans des groupes complexes à la frontière de mot : là où le FR a le plus souvent *contact privé* [kɔ̃taktəpʁive], la plupart des variétés du FM ont [kɔⁿtakpʁive], où le /t/ est effacé ⓢ. Par ailleurs, les groupes d'obstruantes sont souvent simplifiés (*expert* [ɛspɛʁ]), alors que les groupes liquide+consonne peuvent donner lieu à l'effacement de la consonne (*Tarn* [taʁ]) ou à l'insertion d'un schwa (*film* [filmə] par analogie avec les formes du type *calme* [kalmə]) ⓢ.

## 4. Aspects prosodiques

### *4.1 Accent de mot et schwa*

En fin de polysyllabe ou en position interne, le schwa est une voyelle atone (non accentuée). Les mots qui se terminent par schwa ont donc un patron paroxytonique (accent sur l'avant-dernière syllabe, par exemple *facile* [fa.ˈsi.lə]) alors que les mots qui se terminent par une consonne ou par une voyelle autre que le schwa ont un patron oxytonique (accent sur la dernière syllabe, par exemple *terminal* [tɛʁ.mi.ˈnal]) ⓢ. Les schwa internes donnent généralement lieu à un accent secondaire sur la syllabe précédente (*gouvernement* [gu.ˌvɛʁ.nə.ˈmaⁿ]) ☉. La présence de schwa a également pour effet de favoriser des structures syllabiques plus simples qu'en FR, en privilégiant les syllabes ouvertes (*saleté* FR : [sal.te] vs FM : [sa.lə.te]) ☉.

## *4.2 Intonation*

L'intonation du FM a été peu explorée mais divers travaux récents mettent en lumière certaines caractéristiques de ses variétés. Par exemple, les locuteurs de la région marseillaise utilisent parfois une configuration en « chapeau mou » qui se caractérise par une montée mélodique, un plateau s'étendant sur plusieurs syllabes et une descente mélodique (*je te dis pas <u>ça parce que c'est ton frè</u>re*, avec montée sur *ça* et amorce de la descente sur *frè*-) ☉.

# 5. Variation diatopique

## *5.1 Exceptions à la loi de position*

Dans le Sud Ouest, les voyelles moyennes [o], [e], [ø] en syllabe ouverte non accentuée tendent à s'ouvrir en [ǫ], [ę], [ø̜] chez certains locuteurs (*variétés* [vaʁjęte], *chemise* [ʃø̜mizə], *commerce* [kǫmɛʁsə]) ☉. Ces traits semblent cependant absents chez les plus jeunes.

## *5.2 Schwa final*

Le schwa étant une voyelle atone, il connaît une certaine instabilité phonétique. S'il est souvent réalisé comme une véritable voyelle centrale ([ə]), se rapprochant parfois de [ø] et [œ], on trouve également des réalisations telles que [e], [ʌ] ou [ɐ] (*pâte* [ˈpatɐ] ou [ˈpate]) ☉, surtout chez les locuteurs influencés par le substrat languedocien ou provençal.

## *5.3 Voyelles nasales*

La voyelle moyenne antérieure non arrondie est généralement réalisée [eⁿ] en Languedoc chez les locuteurs conservateurs (*brin* [bʁeⁿ]). La variante mi-ouverte [ɛⁿ] tend néanmoins à se généraliser. La voyelle nasale ouverte est généralement réalisée comme relativement centrale [aⁿ] (*blanc* [blaⁿ]) ☉. Il existe une tendance à se rapprocher du FR avec parfois d'authentiques voyelles nasales mais ayant une qualité différente.

## 5.4 Inventaire consonantique

On peut relever quelques traits archaïques chez certains locuteurs âgés. On trouve au Pays basque une glottale /h/ (*hasard* /hazaR/) ainsi qu'une latérale palatale /ʎ/, laquelle correspond historiquement à la graphie <ill> (*étrier* [etχije] vs *étriller* [etriʎe]) ⓢ.

## 5.5 Réalisation de /R/

La plupart des locuteurs ont une variante d'arrière, généralement uvulaire voisée, [ʁ]. On rencontre néanmoins dans le Sud Ouest, chez certains locuteurs âgés en milieu rural, une variante apicale, le plus souvent réalisée comme une battue [ɾ] mais parfois aussi comme une vibrante [r] (*maire* [mɛɾə] ; *roc* [rɔk]) ⓢ. En France métropolitaine, la prononciation apicale est un marqueur fort d'un accent rural. Il n'est donc pas surprenant qu'elle ait été supplantée par un /R/ d'arrière chez les plus jeunes. Celui-ci n'est pas pour autant uniforme puisque l'on trouve des réalisations allant d'une fricative vélaire (*tri* [txi]) à une approximante uvulaire (*rat* [ʁa]) ⓢ. Au Pays basque, le /R/ est généralement uvulaire très fricatif, très souvent non voisé (*rugby* [χygbi]) ⓢ.

## Références

Coquillon, A. (2005). *Caractérisation prosodique du parler de la région marseillaise.* Thèse de doctorat, Université Aix-Marseille I.

Durand, J. (2009). Essai de panorama critique des accents du midi. In L. Baronian & F. Martineau (éds), *Le français, d'un continent à l'autre : Mélanges offerts à Yves Charles Morin.* Québec : Presses de l'Université Laval, 123-170.

Eychenne, J. (2006). *Aspects de la phonologie du schwa dans le français contemporain : optimalité, visibilité prosodique, gradience.* Thèse de doctorat, Université de Toulouse II.

Moreux, B. (1985). La "loi de position" en français du Midi. 1. Synchronie (Béarn). *Cahiers de grammaire* 9 : 45–138.

Séguy, J. (1951). *Le français parlé à Toulouse.* Toulouse : Privat.

# 5 Le français en Belgique[1]

## 1. Introduction

En Belgique, le français partage avec le néerlandais et l'allemand le statut de langue nationale et officielle. Il est essentiellement parlé en Wallonie, région qui se situe dans la moitié sud du pays et qui comprend cinq provinces – Brabant-wallon, Hainaut, Liège, Luxembourg et Namur[2]. La capitale, Bruxelles, est officiellement bilingue français-néerlandais, même si les francophones y sont largement majoritaires et que, dans les faits et de par son statut de capitale européenne, plusieurs dizaines de langues y sont parlées.

La partie francophone de la Belgique couvre plusieurs zones dialectales. Ainsi, si l'ouest correspond à la zone dialectale picarde, le centre et l'est appartiennent à la zone dialectale wallonne, qui comprend le wallo-picard, le namurois, le liégeois et le wallo-lorrain. Le territoire bruxellois, quant à lui, recouvre une zone dialectale germanique. Le français parlé en Belgique se caractérise par le fait que le passage des langues régionales au français est relativement récent – début du XXe siècle – et qu'il s'y est donc fait en quelques générations seulement.

Les études récentes ont relevé des différences dans la prononciation du français selon les régions et selon les profils sociolinguistiques des locuteurs. Ainsi, même s'il paraît plus adéquat de parler de variétés belges au pluriel, on peut tout de même identifier certains traits saillants qui caractérisent la plupart d'entre elles, tant au niveau segmental que prosodique.

## 2. Inventaire phonémique

### 2.1 Voyelles

Contrairement au FR, dans les variétés belges, la durée vocalique joue un rôle phonologique en syllabe finale ouverte, notamment pour des formes

---
1. Rédigé par Alice Bardiaux, Isabelle Racine, Anne Catherine Simon et Philippe Hambye.
2. À noter qu'une petite partie de l'est de la Wallonie est germanophone.

féminines (*soutenu* [sutny] vs *soutenue* [sutny:], *compagnie* [kɔ̃paniː]) 🔊. En outre, certains mots ont conservé leur voyelle historiquement longue. Ainsi, *fête* [fɛːt] s'oppose encore à *faites* [fɛt] 🔊.

Au niveau du timbre, si l'inventaire phonémique des variétés belges est globalement similaire à celui du FR, les différences se situent plutôt dans la distribution et les règles de combinaison. Concernant les voyelles moyennes, l'opposition entre /ɔ/ et /o/ se maintient, à la fois en syllabe finale (*pomme* vs *paume*) et en position non accentuée (*botté* vs *beauté*) 🔊. Pour /ɛ/ et /e/, si l'opposition est aussi observée en syllabe finale (*piquet*/*piquais* vs *piqué*/*piquer*) 🔊, elle est moins stable en position non accentuée. Toutes ces oppositions semblent toutefois en perte de vitesse puisqu'elles sont moins attestées chez l'ensemble des locuteurs jeunes. Enfin, même si la plupart des locuteurs n'opposent pas les voyelles de *jeune* et *jeûne*, les deux voyelles [œ] et [ø] coexistent, sans obéir à la loi de position ([ø] dans *creux* et *creuse* et [œ] pour *meurtre* et *peuple*) 🔊. L'opposition entre [a] et [ɑ], souvent mentionnée comme une particularité des variétés belges dans les descriptions traditionnelles, n'a jamais été systématique et semble avoir disparu chez l'immense majorité des locuteurs. Si toutefois elle est présente, elle se combine systématiquement avec une différence de durée (*patte* [pat] vs *pâte* [pɑːt]) 🔊. Enfin, concernant les nasales, on peut relever la disparition progressive de l'opposition /ɛ̃-œ̃/ au profit de /ɛ̃/ puisque, dans les enquêtes récentes, seule la moitié des locuteurs distinguent encore *brun* [bʁœ̃] de *brin* [bʁɛ̃], l'autre moitié produisant les deux mots avec la même voyelle ([bʁɛ̃]) 🔊.

### 2.2 Glissantes et consonnes

Toutes les glissantes et les consonnes du français parlé en Belgique font également partie de l'inventaire consonantique du FR.

## 3. Allophonie et contraintes phonotactiques

### 3.1 Voyelles

Si, au niveau du timbre, les variations ont déjà été commentées ci-dessus, concernant l'allongement vocalique, on peut relever qu'il est parfois accompagné, chez les locuteurs âgés ou moins éduqués, de l'insertion d'un appendice semi-vocalique (*épée* [epeːʲ]) 🔊.

## 3.2 Glissantes

Les variétés belges se démarquent du FR par une tendance plus marquée à la diérèse, accompagnée parfois pour /i/ de l'insertion de la glissante correspondante [j] (*nier* [ni.je], *scier* [si.je], contre [nje] et [sje] en FR) ⊚. L'âge semble toutefois avoir un effet puisque la diérèse est plus fréquente chez les locuteurs âgés. Par ailleurs, les variétés belges connaissent souvent [w] là où en FR on trouve [ɥ] (*huit* [wit]) ⊚. [ɥ] fonctionne tout de même comme allophone de /y/ dans certaines positions (*muette* peut être prononcé [mɥɛt] ou [my.ɛt] mais jamais *[mwɛt]).

## 3.3 Consonnes

Les consonnes en position finale de mot sont soumises à dévoisement, ce qui peut s'expliquer de deux manières différentes en fonction des régions. Dans les régions appartenant à la zone dialectale wallonne, les locuteurs semblent avoir intégré une contrainte qui favorise le dévoisement consonantique en fin de syllabes, de mots ou d'unités prosodiques[3] (*moi, je vois Claude* [mwaʒvwaklot] ⊚ ; *passage à niveau* [pasaʃanivo] ⊚ ; *sa mère lui lave les cheveux* [lɥilafleʃfø] ⊚). Ce trait étant socialement marqué, il est moins présent chez les jeunes générations et les locuteurs avec un haut degré d'éducation. Ce dévoisement est à distinguer de l'assimilation régressive, qui se produit généralement en FR devant une consonne sourde et que l'on trouve également dans les variétés belges (*les choses qu'il a faites* [leʃoskilafɛt]). En outre, chez les locuteurs belges âgés, on observe une tendance à la palatalisation des occlusives apico-dentales devant [j] (*entier* [ɑ̃tʲe]) ⊚.

# 4. Aspects prosodiques

Des études perceptives ont montré que les Belges sont capables de distinguer assez aisément leurs pairs de locuteurs français. Un certain nombre d'auteurs ont suggéré que cette capacité d'identification est également basée sur des caractéristiques prosodiques. Deux éléments de variation ont été mis en évidence : d'une part des différences au niveau de l'accentuation et de l'intonation et, d'autre part, au niveau de la vitesse de parole.

---

3. Suite d'un ou plusieurs mots lexicaux et les clitiques associés terminée par une syllabe accentuée.

## 4.1 Accentuation et intonation

Les variétés belges se distinguent du FR par la présence de contours mélodiques spécifiques, portant généralement sur les deux ou trois dernières syllabes d'un groupe prosodique. Des études récentes ont montré que ces contours typiques sont caractérisés par des allongements vocaliques. Ainsi, un allongement important de la syllabe pénultième de groupe prosodique par rapport à la syllabe finale, elle-même particulièrement longue également (*seraient témoins des millions d'électeurs*) 🔊, constituent des indices acoustiques perçus comme régionalement marqués. Cet allongement de la syllabe pénultième (*le traitement* [tʁɛːtmɑ̃]) 🔊 est parfois associé à une hauteur mélodique plus importante, rendant la syllabe pénultième d'autant plus saillante (*elle a un lancement*) 🔊.

## 4.2 Vitesse d'articulation

L'un des stéréotypes souvent attribué aux Belges est qu'ils parlent lentement. Des études récentes confirment en partie cette hypothèse. Les locuteurs belges ayant un accent régional marqué parlent en effet moins vite que ceux ayant un français perçu comme plus standardisé. Ce paramètre paraît toutefois sensible à l'âge – les jeunes articulant d'une manière générale plus rapidement que les locuteurs plus âgés – tendance que l'on observe également dans d'autres régions, dans les variétés suisses romandes notamment.

## 5. Variation diatopique

### 5.1 Voyelles

En syllabe pénultième, dans la région liégeoise, la longueur vocalique semble se combiner avec des contours prosodiques spécifiques (syllabe pénultième longue et haute) et une fermeture des voyelles ouvertes, notamment sur des mots contenant la graphie <ai> (*maison* [meːzɔ̃], *vraiment* [vʁeːmɑ̃], *caisse* [keːs]) 🔊. En outre, dans les enquêtes menées à Liège et à Gembloux, on observe une tendance, chez certains locuteurs âgés ou moins éduqués, à ouvrir certaines voyelles (*pied* [pjɛ], *ici* [ɪsɪ]) 🔊, surtout en position non accentuée, mais rien ne suggère cependant qu'il s'agit de spécificités restreintes uniquement à ces deux régions. Enfin, si les oppositions /ɔ/-/o/ et /ɛ/-/e/ semblent en perte de vitesse chez les locuteurs jeunes, on observe également cette tendance dans la région de Tournai, proche de la frontière avec la France et où le français parlé se rapproche davantage du FR.

## *5.2 Consonnes*

Chez certains locuteurs âgés de la région liégeoise, on note la présence d'une fricative glottale [h] dans certains mots avec un <h> graphique à l'initiale (*Henri* [hãʁi]) 🔊.

## **Références**

Bardiaux, A., Simon, A. C. & Goldman, J.-P. (2012). La prosodie de quelques variétés de français parlées en Belgique. In A. C. Simon (éd.), *La variation prosodique régionale en français*. Bruxelles : De Boeck/Duculot, 65-87.

Francard, M. (1993). Entre *Romania* et *Germania* : la Belgique francophone. In D. de Robillard & M. Beniamino (éds), *Le français dans l'espace francophone*, tome 1. Paris : Honoré Champion, 317-336.

Hambye, P. (2005). *La prononciation du français contemporain en Belgique. Variation, normes et identités*. Thèse de doctorat, Université catholique de Louvain.

Simon, A. C. & Hambye, P. (2012). The variation of pronunciation in Belgian French: from segmental phonology to prosody. In R. Guess, C. Lyche & T. Meisenburg (éds), *Phonological Variation in French. Illustrations from Three Continents*. Amsterdam/Philadelphie : John Benjamins, 129-149.

Warnant, L. (1997). Phonétique et phonologie. In D. Blampain, A. Goosse, J.-M. Klinkenberg & M. Wilmet (éds), *Le français en Belgique. Une langue, une communauté*. Louvain-la-Neuve : Duculot, 63-174.

# 6 Le français en Suisse[1]

## 1. Introduction

La Suisse possède quatre langues nationales. L'allemand y est largement majoritaire puisqu'il constitue la langue principale de 63,7% de la population, contre 6,5% pour l'italien et 0,5% pour le romanche[2]. Le français est parlé, dans l'ouest du pays, par 20,4% de la population et est langue officielle unique de quatre cantons (Genève, le Jura, Neuchâtel et Vaud), alors que trois autres (Berne, Fribourg et le Valais) sont officiellement bilingues français-allemand.

La majeure partie de la Suisse francophone, appelée Suisse romande (désormais SR), se situe dans l'espace dialectal franco-provençal. L'usage des dialectes franco-provençaux a commencé à décliner en SR dès le XVIe siècle au profit du français et ils sont en train de disparaître : il n'y a en effet plus aujourd'hui de locuteurs monolingues et seul 0,9% de la population se déclarait bilingue patois-français en 2000.

Outre le fait que le français parlé en SR n'est pas homogène, il ne peut être séparé des variétés hexagonales voisines du fait de leur passé linguistique commun. Ses particularismes montrent donc une répartition géographique très variée : ils sont diffusés sur une partie plus ou moins étendue du territoire, débordent ou non des frontières, et se retrouvent ou non en Belgique, au Canada ou ailleurs. Toutefois, même s'il paraît plus approprié de parler de variétés romandes au pluriel, on peut identifier un ensemble de traits saillants qui caractérisent la plupart d'entre elles.

## 2. Inventaire phonémique

### 2.1 Voyelles

Contrairement au FR, les variétés romandes ont conservé l'opposition de longueur en syllabe finale fermée (*belle* /bɛl/ vs *bêle* /bɛːl/) et ouverte (*vit* /vi/ vs *vie* /viː/, *nu* /ny/ vs *nue* /nyː/, *bout* /bu/ vs *boue* /buː/), où elle remplit

---

1. Rédigé par Isabelle Racine.
2. Ajoutons que 8,9% de la population suisse parle des langues non nationales.

souvent le rôle de marqueur morphologique de féminin (*bleu* /blø/ vs *bleue* /blø:/) ⊚.

Au niveau du timbre, si l'inventaire phonémique des variétés romandes est globalement similaire à celui du FR, les différences se situent plutôt dans la phonotactique et varient selon les régions. Concernant les voyelles moyennes, l'opposition /o-ɔ/ se maintient de manière générale en position non accentuée (*beauté* [bote] vs *botté* [bɔte]) ⊚ et, différemment selon les régions en syllabe finale accentuée (*maux* [mo] vs *mot* [mɔ]) ⊚ : présente dans les régions de Neuchâtel, Vaud, Fribourg, Jura et Jura bernois, elle semble avoir disparu à Genève et en Valais. L'opposition /e-ɛ/ en syllabe finale ouverte (*pourrai* [puʁe] vs *pourrais* [puʁɛ]) ⊚ semble stable en SR, excepté en Valais où elle est moins systématique. La position non accentuée connaît de nombreuses variations, avec par exemple des voyelles beaucoup plus fermées en Valais (*époque* [epɔk]) qu'à Neuchâtel ([ɛpɔk]) ⊚. Enfin, si en SR /ø/ et /œ/ ne s'opposent plus systématiquement dans la paire *jeûne-jeune*, ils coexistent avec une distribution qui n'obéit pas à la loi de position ([ø] dans *creux* et *creuse* vs [œ] pour *peuple*) ⊚. Dans certaines régions seulement (par exemple Vaud), on observe la vitalité de l'opposition entre [a] et [ɑ] en syllabe finale, qui se combine parfois avec une différence de durée (*patte* [pat] vs *pâte* [pɑːt]), alors que, dans d'autres régions (par exemple Neuchâtel), seule la durée permet d'opposer ces deux mots (*pâte* [paːt]) ⊚. Enfin, pour les nasales, on peut relever le processus de neutralisation de l'opposition /ɛ̃-œ̃/ vs au profit de /ɛ̃/, qui, s'il est achevé à Genève, semble encore en cours dans les autres régions. Ainsi, si les locuteurs romands plus âgés opposent toujours les nasales de *brun* et de *brin*, cela ne semble plus être le cas chez les plus jeunes ⊚.

## 2.2 Consonnes

Si toutes les consonnes du FR sont aussi des consonnes en SR, deux consonnes de l'adstrat germanique s'y ajoutent pour les emprunts, plus ou moins solidement selon les régions : il s'agit de /h/ en attaque syllabique (*hochdeutsch* [hoχdɔjt͡ʃ])[3] et de la fricative /χ/ (*Bach* [baχ]).

---

3. Terme qui désigne l'allemand standard par opposition aux dialectes alémaniques et qui peut aussi être prononcé [ʔoχdɔjt͡ʃ] avec un coup de glotte /ʔ/ ou avec absence de liaison (*en // hochdeutsch*, [ãoχdɔjt͡ʃ]).

Les affriquées /t͡s/, /d͡z/, /t͡ʃ/, /d͡ʒ/ et /k͡χ/ des patois et/ou de l'alémanique sont intégrées au français le plus souvent en tant que groupes de phonèmes, en coda ou attaque de syllabe (*Zurich* ([t͡syʁik]). À noter toutefois que /t͡s/, représenté par la graphie <z>, est souvent concurrencé par /d͡z/ et /z/ (*Zurich* [d͡zyʁik] ou [zyʁik]). Le groupe /k͡χ/ n'est diffusé que dans les emprunts à l'alémanique, où il alterne librement avec /k/ (*stöck* [ʃtœk͡χ] ou [ʃtœk])[4] 🔊.

## 3. Allophonie et contraintes phonotactiques

### 3.1 Schwa

En initiale de polysyllabes, le schwa – dont la réalisation en SR est proche ou similaire à [œ] – semble plus enclin à ne pas être réalisé en SR, en comparaison avec le FR. Des différences en fonction des mots ont également été relevées. Ainsi, si dans le mot *femelle*, le schwa semble très stable en FR, la forme [fmɛl] est courante en SR 🔊.

### 3.2 Glissantes

Les variétés suisses romandes se démarquent du FR par une tendance marquée à la diérèse (*mouette* [mu.ɛt] et *nuage* [ny.aʒ] en SR, contre [mwɛt] et [nɥaʒ] en FR). Lorsqu'il y a diérèse, /i/ s'accompagne généralement de l'insertion de la glissante correspondante [j] (*lion* [li.jɔ̃], *reliure* [ʁœ.li.jyʁ] en SR, contre [ljɔ̃], [ʁœ.ljyʁ] en FR) 🔊.

## 4. Aspects prosodiques

Les variétés romandes sont aussi connues pour se démarquer du FR sur le plan prosodique. Toutefois, aucune des caractéristiques présentées ci-dessous n'est spécifique à la SR, puisqu'on les retrouve également dans d'autres variétés. En outre, elles ne semblent pas revêtir de fonction communicative particulière mais plutôt constituer une marque d'identification régionale.

### 4.1 Accentuation et intonation

Alors qu'en FR, la dernière syllabe d'un groupe prosodique est marquée d'un accent primaire, les variétés romandes connaissent quant à elles un contour intonatif porté par les deux dernières syllabes d'un groupe

---

4. Annonce faite au jass (jeu de cartes populaire en Suisse).

prosodique et caractérisé par une montée mélodique sur la syllabe pénultième (*tu as toute une ambiance*) ⊚. Ce contour particulier semble sensible à la fois à l'âge des locuteurs ainsi qu'à la vitesse d'articulation : plus un locuteur est âgé et plus la vitesse d'articulation est lente, plus il y a de chance de percevoir une syllabe pénultième comme proéminente. En outre, des études acoustiques fines ont montré des différences assez complexes – entre le FR et les variétés romandes mais également entre les variétés romandes elles-mêmes – dans l'utilisation des paramètres acoustiques (F0, durée et intensité) permettant de mettre en relief les syllabes pénultièmes.

### 4.2 Débit

Les médias ont depuis très longtemps véhiculé l'idée que les Suisses romands ont un débit de parole lent. Des études récentes le confirment en partie. Elles montrent en effet que, d'une manière générale, les locuteurs suisses romands articulent plus lentement que les locuteurs parisiens. Ce paramètre semble toutefois sensible à l'âge – les jeunes articulant plus rapidement que les locuteurs plus âgés – mais de manière différente selon les variétés romandes concernées, les Genevois, Vaudois et Neuchâtelois se démarquant des Valaisans, chez qui le facteur âge est moins prépondérant.

## 5. Variation diatopique

### 5.1 Voyelles

Dans les cantons de Genève, de Vaud et du Valais, l'opposition de longueur en syllabe finale ouverte s'accompagne très souvent pour /e/, et parfois pour /i/, d'une diphtongaison (*année* [aneːj], *vie* [viːj]). Dans le haut du canton de Neuchâtel ainsi que dans le Jura bernois, on trouve également, pour [ɛ], un allongement combiné avec une fermeture de la voyelle dans certains mots (*tête* [teːt], *caisse* [keːs]) ⊚.

### 5.2 Schwa

Le comportement du schwa en initiale de polysyllabe (*regarder*) est soumis à la variation régionale. Une étude comparative des variétés neuchâteloise, vaudoise et valaisanne montre en effet d'une part un taux moins élevé de maintien du schwa dans la variété neuchâteloise et, d'autre part, une durée du schwa plus courte dans les variétés vaudoises et valaisannes, souvent accompagnée d'une montée mélodique (*ah mais il y a pas de problème, ça va venir*) ⓞ.

## *5.3 Consonnes*

Les variétés de la zone recouvrant approximativement les cantons de Neuchâtel, de Berne et du Jura sont aisément identifiables de par la présence d'une réalisation assourdie de /R/ et produite avec un haut degré de friction (*ça crée* [sakʀ̥eː]) ⓞ. À Genève, on trouve parfois une palatalisation de /k/ devant une voyelle antérieure ou devant pause (*quatre* [kʲatʁ] ⓞ, époque [ɛpɔkʲ]). Enfin, certains particularismes peuvent être attribués au substrat dialectal. Ainsi, en Valais, /tj/ tend à une affrication plus ou moins prononcée (*tient* [tɕẽ]) ⓞ. De même, on a pu observer, chez certains locuteurs valaisans et jurassiens bernois notamment – mais ce trait s'étend probablement aussi à d'autres régions romandes – une simplification du groupe /vw/ en position initiale en [ʋ] ou en [w] (*tu vois* [tywa]) ⓞ.

# Références

Andreassen, H. N., Maître, R. & Racine, I. (2010). La Suisse. In S. Detey, J. Durand, B. Laks & C. Lyche (éds), *Les variétés du français parlé dans l'espace francophone : ressources pour l'enseignement*. Paris : Ophrys, 211-233.

Avanzi, M., Schwab, S. Dubosson, P. & Goldman, J.-P. (2012). La prosodie de quelques variétés de français parlées en Suisse romande. In A.-C. Simon (éd.), *La variation prosodique régionale en français*. Bruxelles : De Boeck/Duculot, 89-119.

Knecht, P. (1979). Le français en Suisse romande : aspects linguistiques et sociolinguistiques. In A. Valdman (éd.), *Le français hors de France*. Paris : Honoré Champion, 249-258.

Métral, J.-P. (1977). Le vocalisme du français en Suisse romande. Considérations phonologiques. *Cahiers Ferdinand de Saussure* 31 : 145-176.

Schoch, M., Furrer, O., Lahusen, T. & Mahmoudian-Renard, M. (1980). Résultats d'une enquête phonologique en Suisse romande. *Bulletin de la Section de linguistique de la Faculté des lettres de Lausanne* 1980/2 : 1-38.

# 7 Le français au Canada[1]

## 1. Introduction

Le Canada comprend la plus importante communauté historique de locuteurs de français langue maternelle hors de France. Le français parlé au Canada est issu de la colonisation française en Nouvelle-France aux XVII$^e$ et XVIII$^e$ siècles. Deux variétés s'y sont développées historiquement : le français acadien, aujourd'hui parlé par 275 000 locuteurs dans les provinces bordant l'Océan Atlantique, et le français laurentien[2], langue maternelle de plus de 7 millions de locuteurs qui, depuis la vallée du Saint-Laurent, ont essaimé au Québec et dans les provinces plus à l'ouest. Le français de la Nouvelle-France était perçu comme proche du standard pré-révolutionnaire de France. L'écart entre les normes et usages linguistiques du français des deux côtés de l'Atlantique s'est ensuite accentué, sous l'effet, en Europe, des suites de la révolution de 1789 et de l'expansion progressive du français et, au Canada, du contact avec l'anglais.

Cet écart, aujourd'hui, est souvent perçu négativement par les francophones du Canada, qui tendent à dévaloriser leurs traits spécifiques (ou qu'ils croient tels), par rapport aux formes prescrites ou d'usage en France. Des efforts sont cependant déployés pour assurer la légitimité d'un français laurentien « standard », surtout sur le plan du lexique, mais également de la prononciation.

C'est le français laurentien (FL) qui est décrit ici, tel qu'il est parlé au Québec, seule province majoritairement francophone et où sont concentrés plus de 85% des locuteurs de français au Canada.

## 2. Inventaire phonémique

### 2.1 Voyelles

Le FL se distingue par la richesse de son système vocalique, tant du point de vue des oppositions phonémiques que de la réalisation des phonèmes.

---

[1]. Rédigé par Marie-Hélène Côté.
[2]. Le français laurentien est aussi appelé « français québécois » ou « canadien », termes qui ne rendent compte ni de l'expansion géographique de cette variété hors du Québec, ni de sa cohabitation au Canada avec le français acadien.

Toutes les oppositions du FR sont fermement établies, notamment celle entre les voyelles mi-fermées /e ø o/ et mi-ouvertes /ɛ œ ɔ/ : les mots *épée*, *jeûne*, *rauque* et *beauté*, avec voyelle mi-fermée, se distinguent nettement de *épais*, *jeune*, *roc* et *botté*, avec voyelle mi-ouverte ⊚. Le FL maintient deux voyelles ouvertes /a ɒ/ (*patte* vs *pâte*) ⊚ ; la postérieure est cependant arrondie, contrairement au /ɑ/ écarté du FR. L'opposition entre 4 voyelles nasales est stable (*brin, brun, blanc, blond*), mais le FL leur donne les timbres caractéristiques [ẽ œ̃ ã ɔ̃] ⊚.

À ces oppositions standard, le FL ajoute celle entre /ɛ/ et /ɜ/ (*faites* vs *fête*) ⊚. La voyelle /ɜ/ de *fête*, traditionnellement notée /ɛː/, a un timbre plus ouvert et central que le /ɛ/ de *faites*. Plus marginalement, un contraste s'est établi en syllabe finale fermée entre deux séries de voyelles fermées, les tendues /i y u/ et les relâchées /ɪ ʏ ʊ/, comme dans *frise* /i/ vs *quiz* /ɪ/ ⊚ ou *cool* /u/ vs *coule* /ʊ/.

### 2.2 Consonnes

L'inventaire des consonnes ne se distingue pas de celui du FR. Notons seulement l'absence d'une opposition entre les nasales palatale /ɲ/ et vélaire /ŋ/, du fait de la vélarisation régulière de /ɲ/ en [ŋ] en fin de mot (*compagne, souligne*) ⊚.

## 3. Allophonie et contraintes phonotactiques

### 3.1 Longueur, diphtongaison et distribution des voyelles

Une des particularités du système vocalique laurentien est l'opposition régulière entre les voyelles longues /i y u e ø o ɜ ɒ/ et brèves /ɪ ʏ ʊ ɛ œ ɔ a/ ; les voyelles nasales sont longues. Cette opposition ne se manifeste systématiquement qu'en syllabe finale fermée, où les voyelles longues sont régulièrement diphtonguées. La diphtongue adopte le lieu d'articulation (antérieur/postérieur), l'arrondissement et la nasalité de la voyelle sous-jacente. Le degré d'aperture initial correspond à celui de la voyelle sous-jacente ou un degré plus ouvert, le timbre final est variable mais toujours plus fermé que l'initial. Les exemples abondent : *cuve* [ky͡yv] *chaude* [ʃo͡od], *fête* [fɜ͡it], *nage* [nɒ͡oʒ], *lente* [lɔ̃͡ũt] ⊚.

À part les exceptions lexicales qui donnent lieu à l'opposition de type *frise-quiz* et *cool-coule* notée plus haut, la distribution des voyelles fermées en syllabe finale fermée est prévisible : /i y u/ devant /v z ʒ/ (*frise, cuve, rouge*) ⊚ et /ɪ ʏ ʊ/ devant les autres consonnes (sauf /R/) (*slip, tube, couple*) ⊚.

Devant /R/ final, la distribution des voyelles orales est réduite à [iː yː uː ɜː œː ɔː ɒː], la distinction entre [ɔː] et [ɒː] étant largement neutralisée (*dire, dur, court, père, beurre, port, boulevard*) 💿. Ces voyelles sont longues, donc diphtonguables. La voyelle [a], non diphtonguable, apparaît dans quelques mots (*prépare*) 💿.

En syllabe finale ouverte, l'inventaire oral est limité à /i y u e ɛ ø o ɒ/. L'opposition entre /a/ et /ɒ/, en particulier, est neutralisée en faveur de /ɒ/, qui tend à être réalisé [ɔ] (*rat, sauna*) 💿. La voyelle /a/ est restreinte aux formes avec syllabe rédupliquée (*papa*) et à l'enclitique *la* (*retournez-la*) ; /a/ apparaît aussi dans les proclitiques *ma, ta, sa, la, ça*, qui ne sont cependant pas en syllabe finale du point de vue prosodique (*ça t'isolait*) 💿. La diphtongue <oi> maintient cependant une opposition entre /wa/ et /wɒ/, tant en syllabe finale ouverte que fermée : /wa/ dans *(il) boit, moi, (je) boite, poil* vs /wɒ/ dans *(du) bois, mois, boîte, poêle*, avec réalisation courante de /wɒ/ en [wɔ] 💿. Des variantes historiques de [wa wɒ], notamment [we wɛ wɜ], sont par ailleurs encore attestées, avec diphtongaison possible de [e ɜ] en syllabe fermée (*moi* [mwe], *poil* [pwɛl], *poêle* [pw͡ɜel] [pw͡eil], *soirée* [sw͡ɜʁe]) 💿.

En syllabe non finale, la réalisation de la longueur et du timbre vocaliques est plus variable, dépendant à la fois de la voyelle et du contexte prosodique et morphologique, et la diphtongaison est réduite ou absente (*fêter* [fɜte] vs *fête* [f͡ɜit]) 💿. Les voyelles fermées sont sujettes à dévoisement entre deux consonnes sourdes (*équiper* [ekip̥e]) 💿.

### 3.2 Schwa et groupes consonantiques

Le schwa en FL est systématiquement prononcé avec le timbre [œ] (*chemise*) 💿 et il tend à être omis plus régulièrement que dans d'autres variétés. Il est normalement absent aux frontières de mots, peu importe le contexte consonantique. Certains groupes consonantiques sont plutôt simplifiés, notamment les groupes obstruante+liquide et /st/ (*contre* [kɔ̃t] *les gars* ; *juste* [ʒʏs] *français*) 💿, y compris devant voyelle (*l'autre* [ot] *année*) 💿. À l'intérieur des morphèmes et dans les clitiques, le schwa peut être omis même s'il est précédé de deux consonnes (*trois grandes fenêtre* [gʁɑ̃dfnɜt]) 💿.

### 3.3 Autres processus consonantiques

Les processus consonantiques les plus saillants en FL incluent :
• L'assibilation (ou affrication) de /t d/ en [ts dz] devant /i y j ɥ/. Ce processus est catégorique à l'intérieur des mots (*tube* [tsʏb]) 💿.

• La prononciation régulière d'un [t] final dans plusieurs mots (*bout* [bʊt], *tout/tous* [tʊt], *ici(tte)* [isɪt], le nom et le participe passé *fait* [fɛt]) ⊚.
• Des règles de liaison particulières : la généralisation du [t] de liaison à toutes les personnes du verbe *être* au présent (*je suis* [t] *arrivé*) ⊚ et la possibilité d'un [l] de liaison après le pronom *ça* (par exemple *ça* [l] *explose*) ⊚.

## 4. Aspects prosodiques

La prosodie du FL est directement liée aux distinctions de longueur vocalique caractéristiques de cette variété. En FR, la syllabe la plus proéminente est la finale, qui est nettement plus longue que les syllabes inaccentuées qui la précèdent. En FL, ces deux généralisations n'ont pas le même caractère de régularité, en raison de la fréquence des syllabes allongées en position non finale.

## 5. Variation diatopique

Le français acadien et le FL partagent essentiellement les mêmes oppositions phonémiques, mais ils se distinguent par leur réalisation. Deux des traits les plus saillants du FL, l'assibilation et la diphtongaison, ne sont pas caractéristiques de la variété acadienne. Le timbre des voyelles nasales acadiennes est plus proche de celui du FR, mais on observe une neutralisation partielle de /ɑ̃/ et /ɔ̃/. L'acadien se distingue également par la généralisation de la diphtongue [wɒ], à l'exclusion de [wa], en finale de mot (*moi* [mwɒ]) et la palatalisation de [t d] et [k g], notamment devant [j] (*acadien* [akadʒɛ̃]).

Le FL, malgré l'immensité du territoire qu'il occupe, est considéré comme relativement homogène. On distingue deux zones traditionnelles à l'intérieur du domaine laurentien, sur la base du lieu d'articulation de /R/ : apical [r ɾ] à l'ouest et dorsal [ʁ χ ʀ] à l'est (*rhinocéros*) ⊚. Les variantes apicales sont cependant en nette régression et maintenant pratiquement confinées, au Québec, aux locuteurs plus âgés.

Plusieurs des traits aujourd'hui caractéristiques du FL semblent s'être répandus à partir de la région montréalaise, notamment l'assibilation, le relâchement des voyelles fermées et la diphtongaison des voyelles longues. Ces traits sont généralisés chez les jeunes, mais les locuteurs âgés dans certaines zones périphériques de l'est du domaine laurentien peuvent encore y échapper (Saguenay-Lac-Saint-Jean, péninsule gaspésienne) (*tube* [tyb], *pâte* [pɒt]) ⊚.

Le contact intense avec l'anglais est une autre source de variation diatopique. Les communautés hors-Québec fortement minoritaires se caractérisent, surtout chez les plus jeunes, par certains traits phonétiques empruntés de l'anglais (aspiration des occlusives sourdes, intonation) ⊚.

**Références**

Côté, M.-H. (2012). Laurentian French (Quebec): Extra vowels, missing schwas and surprising liaison consonants. In R. Gess, C. Lyche & T. Meisenburg (éds), *Phonological Variation in French. Illustrations from Three Continents*. Amsterdam/Philadelphie : John Benjamins, 235-274.

Dumas, D. (1987). *Nos façons de parler : les prononciations en français québécois*. Sillery : Presses de l'Université du Québec.

Ostiguy, L. & Tousignant, C. (2008). *Les prononciations du français québécois : normes et usages*. 2ᵉ édition. Montréal : Guérin.

Paradis, C., Dolbec, J. & Arnaud, V. (1998/2008). *PHONO : les principales caractéristiques phonétiques du français québécois* [http://phono.uqac.ca/].

Walker, D. (1984). *The Pronunciation of Canadian French*. Ottawa : University of Ottawa Press.

# 8 Le français en Louisiane[1]

## 1. Introduction

La Louisiane compte moins de 200 000 francophones (y compris quelques milliers de créolophones) pour une population qui approche les 5 millions. Le français, qui ne se transmet plus dans les foyers, est partout menacé de disparition. Les locuteurs, pour la plupart âgés de plus de 70 ans, sont tous bilingues français-anglais et ils pratiquent tous l'alternance codique. La Louisiane exhibe une très riche variété linguistique qui s'explique par les origines de ses migrants au cours des XVIIIe et XIXe siècles : francophones venus de France, du Canada, de l'Acadie, de Haïti. Bien que la Louisiane soit devenue américaine au début du XIXe siècle, le français s'y est très bien maintenu jusqu'à la guerre de Sécession qui a sonné le glas de la prépondérance culturelle du français. En l'absence de variété de référence reconnue comme telle, nous décrirons ici le français de la Ville Platte dans la paroisse civile d'Évangéline, qui nous semble représenter une variété relativement neutre.

## 2. Inventaire phonémique

### 2.1 Voyelles

Le français louisianais (FL) compte 8 voyelles orales phonémiques : /i y u E Œ ə O a/. Aux phonèmes /E Œ O/ correspondent une série de voyelles mi-fermées ([e ø o]) et mi-ouvertes ([ɛ œ ɔ]) dont la distribution suit en général la loi de position (voir ch. 2).

On relève 3 (ou 4) voyelles nasales : /ɛ̃ (œ̃) ã ɔ̃/. Si on observe une tendance à confondre /ã/ et /ɔ̃/ en parole spontanée, l'opposition semble être stable lors de la production de paires minimales : *blanc* [blã] - *blond* [blɔ̃]. Le statut du phonème /œ̃/ est incertain. L'opposition /ɛ̃/ vs /œ̃/ se limite exclusivement à la paire *brin* [brɛ̃] - *brun* [brœ̃], et la réalisation [œ̃] est extrêmement rare (on peut l'entendre dans des mots comme *quelqu'un, lundi, alun*).

---

1. Rédigé par Nathalie Dajko, Thomas A. Klingler et Chantal Lyche.

*2.2 Consonnes*

L'inventaire consonantique du FL compte jusqu'à 22 phonèmes, si on inclut les nasales /ɲ/ et /ŋ/, dont le statut phonémique est douteux : /p b t d k g tʃ dʒ f v s z ʃ ʒ h l R j m n (ɲ ŋ)/. Les affriquées /tʃ dʒ/ se trouvent souvent dans des emprunts, tels *jug* [dʒɔg] 'cruche' ⓢ, *tchac* [tʃak] 'saoul', et *tchaurisse* [tʃoris] 'chorizo'. Lorsque ces consonnes apparaissent dans des mots français, elles alternent le plus souvent avec une séquence d'occlusive dentale ou alvéolaire + glissante antérieure : *diable* [dʒab] ou [djab] ⓢ. Des affriquées apparaissent parfois aussi là où en FR on trouve une occlusive vélaire suivie d'une glissante ou d'une voyelle antérieure moyenne, mais ce phénomène ne concerne que quelques mots (*queue* [tʃø], *gueule* [dʒœl]) ⓢ et ne peut pas être considéré comme un processus généralisé en FL.

Contrairement à ce qu'on pourrait croire, la fricative glottale /h/ ne représente pas une influence de l'anglais mais est héritée des variétés de français parlées en Louisiane au XVIIIe et au XIXe siècles. On la trouve dans des mots qui comportent un 'h aspiré' en FR : *hache* [haʃ], *haut(e)* [ho, hɔt], *honte* [hɔ̃t] ⓢ (mais : *heure* [œɾ]).

## 3. Allophonie et contraintes phonotactiques

*3.1 Voyelles*

Comme ailleurs en Amérique du Nord, les voyelles hautes ont tendance à être relâchées en syllabe finale fermée, mais ce relâchement n'est pas systématique et, contrairement à ce qu'on observe au Canada, où il est limité aux contextes non allongeants, il peut avoir lieu devant toute consonne : *Évangeline* [evɑ̃ʒelɪn], *Vidrine* [vidɾɪn], *brune* [bɾʏn], *futur* [fytsʏɾ] ⓢ. Devant /R/, /ɛ/ a une forte tendance à s'ouvrir en [æ], surtout en position finale : *frère* [fɾæɾ] ⓢ. Il n'existe pas d'opposition /a/ vs /ɑ/, mais la voyelle que nous notons /a/ est plus postérieure que son homologue en FR, et ce dans toutes les positions (*mal – mâle* [mal] ⓢ, *maladie* [maladi] ⓢ, *matelas* [matla]).

Le schwa en FL montre un certain nombre de particularités par rapport au FR. Il peut être accentué par le biais d'un accent initial très répandu et, dans ce cas, son timbre, le plus souvent [i] ou [e], varie en fonction de la voyelle suivante par un processus d'harmonisation vocalique : *chemise* [ʃəmiz] ou [ʃimiz], *petit* [pəti] ou [piti] 🔘, *venait* [vəne] ou [vene]. Son absence est catégorique à l'intérieur des mots polysyllabiques et, grâce en partie à la simplification de groupes consonantiques, en fin de mot. On observe dans les clitiques *je, le* et le préfixe *re-* un phénomène de métathèse (*Je* [əʒ] *me rappelle plus, je* [əʒ] *dis, le* [əl, el] *mot* 🔘). Par ailleurs, un véritable schwa épenthétique s'intercale souvent dans des groupes d'obstruante + liquide en position initiale de mot : *creuse* [kərøz], *blanc* [bəlɑ̃], *brun* [bərœ̃] 🔘.

La nasalisation contextuelle des voyelles non fermées devant une consonne nasale à l'intérieur du mot est très répandue : *pleine* [plɛ̃n], *liane (de patate douce)* [ljɑ̃n], *pomme* [pɔ̃m], *compagnie* [kɔ̃pɑ̃jẽ]. Dans le cas de [ø] et de [œ], cette nasalisation s'accompagne le plus souvent du désarrondissement de la voyelle (*jeune* [ʒɛ̃n]) 🔘.

### 3.2 Consonnes

La nasale palatale /ɲ/ ne s'entend que très rarement en FL et semble être limitée à la position finale après /i/ (*ligne* /liɲ/) ; mais même ici, comme après d'autres voyelles, le /ɲ/ du FR est plus souvent réalisé comme [n], [ŋ], [j] ou [j̃]. En position intervocalique, cette consonne prend la forme [n], [nj], [j] ou [j̃] et provoque la nasalisation de la voyelle précédente : *manière* [mɑ̃jɛɾ], *espagnol* [spɑ̃jɔl, spɑ̃njɔl, ɛspɑ̃njɔl], *magnifique* [mɑ̃nifik] 🔘. La vélaire nasale [ŋ], en plus d'être une réalisation possible d'une palatale nasale étymologique (*ligne* [liɲ] – [liŋ]), résulte souvent de l'assimilation d'un /g/ final précédé d'une voyelle nasale : *langue* [lɑ̃ŋ] 🔘.

En attaque de syllabe, la liquide /R/ a toujours une réalisation apico-alvéolaire, le plus souvent comme une battue [ɾ]. En coda après voyelle elle a tendance à s'affaiblir, voire à disparaître ou à laisser sa trace uniquement dans l'allongement de la voyelle (*arbre* [aɾb] ou [aːb], *citerne* [sitæɾn], *parler* [paɾle] ou [paːle], *char* [ʃaɾ] ou [ʃaː]) 🔘. En fin de mot devant une pause ou un mot à initiale consonantique, les liquides /l/ et /R/ tombent de façon catégorique après une obstruante : *table* [tab], *pauvre* [pɔv], *quatre* [kat] (mais : *quatre ans* [katrɑ̃]) 🔘. Le groupe /kt/ est lui aussi systématiquement simplifié en position finale par la chute de /t/ : *exact* [ɛgzak], *correct* [kɔɾɛk] (mais : *exactement* [ɛgzaktəmɑ̃]) 🔘.

En FL, le rôle principal de la liaison en /z/ est de marquer le pluriel : *des petites* [z]*affaires, Mam nous* [z]*a dit*. Le rôle morphologique de la liaison apparaît clairement après les chiffres : *une école* [ynekɔl] mais *quatre* [z]*écoles, cinq* [z]*écoles, sept* [z]*écoles,* etc. ⓘ. Avec le mot *heures*, les locuteurs font une distinction entre l'indication de l'heure et la durée temporelle : *il est cinq* [k]*heures* vs *cinq* [z]*heures de temps*. La liaison se fait rarement entre un adjectif et un nom singulier : *un bon // éduqueur, un gros // homme* (mais *un 'tit* [t]*enfant* ou *un 'tit // enfant*) ⓘ. Certains mots couramment employés au pluriel ont été lexicalisés avec une fricative initiale : *un indien* ou *un zindien*.

En plus de /z/, on entend /n/ comme consonne de liaison après le déterminant *un*, après le pronom *on*, et après le pronom et la préposition *en* (*un* [n]*œuf, on* [n]*a été à l'école, il s'en* [n]*a venu, en* [n]*hiver*). On trouve également /t/ après la forme conjuguée de l'auxiliaire *est*, qui semble constituer le seul contexte de liaison variable en FL : *est // arrivé* ou *est* [t]*arrivé*.

## 4. Le système prosodique

Le domaine de l'accent en FL est le mot lexical et non le groupe prosodique comme en FR. L'accent en FL tombe le plus souvent sur la dernière syllabe du mot lexical et est accompagné d'une montée mélodique, même en fin de groupe prosodique où on s'attendrait en FR à une chute. L'accent initial est lui aussi fréquent dans cette variété, en discours normal aussi bien que pour exprimer l'emphase : *je m'ai mariée* [ʒmeˈmaʁje] ⓘ. Le FL est également caractérisé par la possibilité d'accentuer des syllabes contiguës créant ainsi une collision accentuelle : *laisser les ˈbons ˈtemps rouler*.

## 5. Variation diatopique

### 5.1 La perte de l'opposition /ɑ̃/ vs /ɔ̃/

Cette opposition est affaiblie partout en Louisiane francophone, et en particulier dans les paroisses civiles Lafourche et Terrebonne, qui forment la plus grande partie de la côte sud-est de l'État. Cependant, comme nous l'avons vu en 2.1, elle reste relativement solide à la Ville Platte, où nos locuteurs distinguent systématiquement entre les deux voyelles dans la paire minimale *blanc - blond*.

### 5.2 La prononciation variable de /wa/ comme [we] ou [wɛ]

Dans la paroisse civile Vermilion, qui se trouve dans le sud-ouest de l'État, l'alternance [wa] - [we] est très courante et concerne un grand nombre de mots, tels *poisson, soixante* et *voisin*. Dans la plupart des autres régions elle est surtout limitée à *boîte* [bwɛt] 🔊.

### 5.3 La glottalisation de /ʒ/

Dans les paroisses civiles Lafourche et Terrebonne, les fricatives /ʒ/ et, à un moindre degré, /z/, /ʃ/ et même /s/ peuvent être réalisées comme [h] : *j'ai* [ha], *jambon* [hãbɔ̃], *maison* [mehɔ̃] 🔊.

### 5.4 L'assibilation de /t/ et /d/

Dans la paroisse Évangeline, où se trouve la Ville Platte, les occlusives /t/ et /d/ ont une forte tendance à subir l'assibilation devant /i/ et /y/, comme dans le français laurentien : *petit* [pətsi], *dit* [dzi], *Arthur* [aɾtsʏɾ], *durait* [dzyɾe] 🔊. Ce type d'assibilation est très rare en FL en dehors de cette région.

### 5.5 /R/ dorsal

Dans le français (bientôt disparu) de la Nouvelle-Orléans et de ses alentours, /R/ se réalise avec une constriction dorso-vélaire ou uvulaire. Ailleurs en Louisiane, le /R/ affaibli en coda peut aussi avoir une réalisation qui s'approche de celle d'une approximante.

## Références

Conwell, M. & Juilland, A. (1963). *Louisiana French Grammar.* La Haye : Mouton.

Dajko, N. (2009). *Ethnic and Geographic Variation in the French of the Lafourche Basin.* Thèse de doctorat, Université Tulane.

Klingler, T. & Lyche, C. (2012). "Cajun" French in a non-Acadian community: A phonological study of the French of Ville Platte, Louisiana. In R. Gess, C. Lyche & T. Meisenburg (éds), *Phonological variation in French. Illustrations from Three Continents.* Amsterdam/Philadelphie : John Benjamins, 275-312.

Lyche, C. (1995). The nature of schwa in Cajun French. In I. Moen, H.G. Simonsen & H. Lødrup (éds), *Papers from the XVth Conference in Scandinavian Linguistics.* Oslo : University of Oslo, 350-361.

Papen, R. & Rottet, K. (1997). A structural sketch of the Cajun French spoken in Lafourche and Terrebone Parish. In A. Valdman (éd.), *French and Creole in Louisiana.* New York : Plenum Press, 71-108.

# 9 Le français au Maghreb et au Machreq[1]

## 1. Introduction[2]

Le français jouit d'un statut privilégié dans plusieurs pays arabes, au Maghreb et au Machreq, en raison d'un ancrage historique lié à l'expansion coloniale française à partir de la fin du XVIIIe siècle. Le Maghreb, littéralement « couchant », fait référence d'un point de vue géopolitique, à cinq pays que sont l'Algérie, le Maroc, la Tunisie, la Mauritanie et la Libye. Hormis la Libye, les quatre autres ont été occupés par la France, et le français s'y est imposé comme langue officielle : il y est toujours utilisé dans un grand nombre de domaines de la vie courante. Le Machreq, littéralement « Levant », inclut le Liban, la Syrie, la Jordanie et la Palestine, mais aussi pour certains auteurs, l'Égypte voire l'Irak. Le statut du français y est loin d'être homogène puisque le Liban francophone fait figure d'exception, ayant été sous occupation française contrairement aux pays voisins de la région, qui ont été sous mandat britannique.

Le français fait partie d'un paysage linguistique complexe constitué de l'arabe, langue officielle, et ses multiples variétés, ainsi que des dialectes correspondant aux cinq aires géodialectales répertoriées dans la littérature : les dialectes de la péninsule arabique, mais aussi mésopotamiens, levantins, égyptiens et maghrébins. Le français est ainsi en contact avec l'arabe et ses variétés, mais aussi avec le copte, les langues berbères, l'amharique, le sud-arabique, l'araméen, le turc, l'arménien, le kurde, le perse, l'hébreu, etc., sans oublier d'autres langues de la colonisation telles que l'anglais ou l'espagnol.

Dans ce paysage sociolinguistique riche, la pérennisation du français a bénéficié de plusieurs facteurs historiques. Au XIXe siècle, des cadres, ingénieurs et techniciens égyptiens suivent des formations linguistiques et disciplinaires en France. À la même époque, l'implantation de congrégations religieuses dans certains pays permet la diffusion massive du français, associé à la chrétienté, comme langue de scolarisation.

---

1. Rédigé par Laura Abou Haidar, Chakir Zeroual, Mohamed Embarki et Randa Naboulsi.
2. Concernant les caractéristiques phonético-phonologiques du français au Maghreb et au Machreq, voir aussi ch. 16.

Il existe cependant des disparités régionales et sociales très importantes dans la diffusion du français au Maghreb et au Machreq.

## 2. Le français au Maghreb

Au Maghreb, le français est avant tout une langue d'héritage colonial, avec toutefois des conditions d'implantation et de diffusion différentes selon les pays. Soulignons tout d'abord l'importance du berbère en Algérie, en Tunisie et au Maroc (langue officielle à côté de l'arabe depuis la Constitution de 2011). Au Maroc, le français est présent depuis 1862 dans quelques établissements scolaires de l'Alliance Israélite universelle, soit bien avant la colonisation française. Sous le protectorat français (1912-1956), les écoles françaises étaient réservées aux enfants français et européens. Après une bataille de plusieurs années, elles s'ouvrirent aux enfants des élites marocaines entre 1930 et 1950. Depuis la fin du Protectorat, en 1956, le français conserve un statut privilégié et il est de fait la première langue étrangère dans le pays. Malgré le mouvement d'arabisation mis en place dans le système scolaire à partir de la fin des années 1970, le français demeure un outil de distinction sociale. Il reste très utilisé dans l'administration (secteurs économique, technologique et professionnel) et dans les médias (bulletins d'information, émissions culturelles, films et séries occidentales). L'élite sociale (l'enseignement privé représente environ 5% des établissements scolaires) et la classe dirigeante (formée principalement en France) maîtrisent un français plus proche du FR, utilisé par 10 à 15% de la population globale. Au Maroc comme dans tout le Maghreb, le français est globalement utilisé comme langue véhiculaire dont le statut varie selon les régions, les milieux et les parcours langagiers : langue étrangère, langue seconde ou « langue privilégiée ».

Hormis la Libye, le français joue un rôle majeur dans les pays du Maghreb (Algérie, Maroc, Tunisie et Mauritanie) dans des secteurs clefs comme l'éducation, l'économie, les médias, etc., avec toutefois un statut variable d'un pays à l'autre. Le cas de l'Algérie est représentatif des rapports qu'entretiennent les Maghrébins avec la langue française. C'est à la fois la langue de la promotion sociale, mais aussi la langue de l'Autre, du colonisateur ; c'est une langue universellement présente dans les sphères publiques et privées, mais totalement ignorée par le législateur.

Le Maroc est marqué par la diversité linguistique et le contact de langues. C'est un espace plurilingue avec la présence de plusieurs langues, chacune s'actualisant sous des variétés différentes, souvent mêlées à des enjeux d'ordre politique, idéologique et identitaire. Pour les surmonter, et pour se réconcilier avec le FR, considéré comme une norme exogène, une partie importante de locuteurs marocains (notamment de la classe moyenne) s'est appropriée une variété dite mésolectale, utilisée aussi bien à des fins de communication écrite qu'orale dans différents domaines (presse, médias, enseignement, administration, littérature, etc.). Cette variété, considérée comme norme endogène, révèle un dynamisme langagier tout à fait remarquable, et le métissage linguistique qui en résulte est caractérisé par une grande créativité.

## 3. Le français au Machreq

Au Machreq, le Liban fait figure d'exception car le français est peu ancré dans le paysage sociolinguistique moyen-oriental. Si le français est la langue principale de scolarisation dans les établissements libanais des congrégations religieuses francophones, ce n'est pas le cas des établissements scolaires publics qui ont des effectifs plus importants, une population exclue des établissements religieux privés, et un corps enseignant moins valorisé et travaillant dans des conditions moins avantageuses que leurs collègues du privé. On assiste donc à une scission entre des communautés dans lesquelles une partie des usagers possède une bonne maîtrise de la langue française alors que pour d'autres le français demeure une langue étrangère.

Parmi les facteurs liés à la maîtrise du français au Liban, on relève la zone de résidence, les catégories socio-économiques, et l'appartenance ethno-confessionnelle : la guerre du Liban, avec les mouvements migratoires internes et externes qui en ont découlé ainsi que les bouleversements socio-culturels et économiques, s'est traduite par des mutations profondes quant au statut traditionnel du français dans le paysage linguistique du pays. D'un côté, on a pu observer une perte de terrain et une certaine marginalisation du français dans des domaines habituellement francophones comme les médias. Mais paradoxalement, de nouveaux besoins ont émergé dans certaines régions du sud du Liban ou de la périphérie de la capitale, avec un renforcement du français et des demandes accrues pour la formation des enseignants des établissements scolaires.

Dans les autres pays du Machreq, l'usage du français reste globalement cantonné aux départements de langues vivantes dans les établissements d'enseignement supérieur et rares sont les pays qui ont introduit son enseignement au lycée.

Au Liban, l'alternance codique est relativement importante, avec un transfert du français vers une variété de l'arabe qui a été désignée comme étant le *parler libanais blanc* dans la littérature spécialisée. Ce *parler libanais blanc* est pratiqué principalement dans la région de Beyrouth par un groupe social ayant un certain niveau éducatif et dont il est impossible de deviner l'origine sociogéographique. Ce parler des animateurs, des journalistes, etc., se distingue de l'arabe littéral par sa richesse en voyelles due à l'emprunt ([ã] dans [aʒãs], [parləmã]) et à son assimilation des mots étrangers français puis anglais : [programeːt], [profajleːt] ⊚ où [eːt] est le morphème arabe du féminin pluriel.

## Références

Benzakour, F. (2010). Le français au Maroc. Enjeux et réalité. *Le français en Afrique. Revue du réseau des observatoires du français contemporain en Afrique* 25 : 33-41.

Boukous, A. (1996). La francophonie au Maroc : situation sociolinguistique. In D. de Robillard & M. Beniamino (dir.), *Le français dans l'espace francophone*. Paris : Honoré Champion, 691-704.

Gueunier, N. (1996). Les francophones du Liban : « fous des langues ». In D. de Robillard & M. Beniamino (dir.), *Le français dans l'espace francophone*. Paris : Honoré Champion, 263-279.

Quitout, M. (2007). *Paysage linguistique et enseignement des langues au Maghreb*. Paris : L'Harmattan.

Vermeren, P. (2002). *La formation des élites marocaines et tunisiennes – Des nationalistes aux islamistes 1920-2000*. Paris : La Découverte.

# 10 Le français en Afrique subsaharienne[1]

## 1. Introduction

Le français parlé en Afrique est en pleine expansion. L'Organisation Internationale de la Francophonie (OIF) dénombre officiellement 82,7 millions de francophones africains, répartis dans 25 pays membres de l'OIF à ce jour. Un nombre beaucoup plus important de locuteurs de ces pays a une compétence au moins en compréhension du français, et peut l'utiliser avec aisance dans des conversations courantes. En outre, le français est privilégié comme langue étrangère enseignée dans les pays anglophones, lusophones et hispanophones africains. Le français a un statut de langue officielle dans tous les pays africains qui ont été colonisés par un pays européen francophone (France et Belgique). Pourtant, loin d'être homogène, il se différencie selon les pays et les communautés de locuteurs, dans sa morphosyntaxe et surtout sa prononciation, au point qu'on ne peut parler d'un seul « français d'Afrique ».

## 2. Situation sociolinguistique : quelle variété de référence ?

La diversification du français est liée en partie à ses fonctions, qui varient à l'intérieur d'un même pays, selon les régions et les villes. Lorsque le français se trouve en concurrence avec une ou plusieurs langues nationales dominantes, comme au Sénégal (RS), au Mali (RM), au Centrafrique (RCA), il n'est pas une langue de proximité et tend à être limité aux usages formels : école, administration, média, littérature, etc. Dans les villes africaines où aucune langue locale ne fait l'unanimité des locuteurs, par exemple à Ouagadougou (Burkina Faso/BF), il est utilisé comme langue véhiculaire. Dans plusieurs métropoles (Abidjan, Côte d'Ivoire/RCI ; Libreville, Gabon/RG ; Yaoundé, Cameroun/RC), il s'est vernacularisé et est parlé par des natifs plus ou moins nombreux, souvent plurilingues, mais parfois uniquement francophones ; il est alors majoritairement utilisé dans toutes les fonctions sociales y compris dans les foyers, et a un rôle identitaire dans ces communautés. Cette situation, loin d'être réservée à une élite cultivée, est celle de la plupart des jeunes citadins.

---
1. Rédigé par Béatrice Akissi Boutin et Ibrahima Cissé.

Le français en Afrique, bien qu'il ait été importé il y a relativement peu de temps[2], donc sous des formes proches des français européens actuels, n'est pas un simple calque des français européens même lorsqu'il est langue première d'une importante partie de la population comme en Côte d'Ivoire. Plusieurs tensions apparaissent autour du français en Afrique, notamment d'ordre sociolinguistique. En effet, la forte charge normative qui accompagne habituellement le français, en favorise des représentations élitistes depuis l'époque coloniale et une recherche de valorisation par la langue. D'autre part, la quête d'autonomie politique, économique et culturelle entraine soit l'apparition et la défense de normes endogènes, soit le cantonnement du français aux usages officiels et internationaux au profit d'autres langues locales qui assurent mieux les communications quotidiennes. Par ailleurs, l'émergence de contre-normes, de langues jeunes et de parlers métissés (*nouchi, franlof, camfranglais*) exerce une pression grandissante sur le français.

Concernant les formes orales, les conflits se situent entre les contraintes phonologiques du français et celles des langues africaines (fort diversifiées entre elles), que ce soit au niveau du locuteur plurilingue lui-même, ou au niveau des sociétés plurilingues, urbaines et rurales, où des traits caractéristiques émergent sans que l'on ne puisse plus les attribuer à l'influence de l'une ou l'autre langue en contact. Des variétés de français différenciées émergent selon les régions, ou les villes, mais les quelques études qui existent ne permettent pas une généralisation à l'ensemble du français parlé en Afrique, ni même au français de tel pays ou de tel autre.

Jusqu'à aujourd'hui, aucun pays africain n'a pris en charge une norme nationale de français et très peu d'États (Tchad, Rwanda, Burundi, Centrafrique, Djibouti) ont octroyé le titre de langue co-officielle à une langue nationale. Bon gré mal gré, le seul modèle de langue est le FR et c'est dans cette variété que sont censés être délivrés les textes officiels, les discours institutionnels et l'enseignement. Un certain décalage existe cependant, plus ou moins perçu par les locuteurs, entre cet idéal et le réel des usages et des discours prescriptifs.

---

2. La colonisation européenne de l'Afrique subsaharienne a commencé de façon officielle avec la 2ᵉ Conférence de Berlin en 1884-85. Auparavant, de nombreux territoires étaient déjà occupés par des exploitants européens, et des comptoirs de traite européens existaient sur toute la côte depuis plusieurs siècles. Le français s'est peu répandu durant ces époques, si ce n'est à Gorée (depuis 1677). Les établissements français de Dakar et belges du Congo sont plus tardifs, respectivement en 1857 et 1877.

## 3. Les systèmes phonologiques

Observons ce décalage dans les systèmes phonologiques de quelques variétés du français parlées sur le continent noir.

### *3.1 Les systèmes vocaliques*

L'analyse des systèmes vocaliques des variétés du français parlées en Afrique subsaharienne montre que des difficultés de réalisation sont rencontrées par les locuteurs francophones principalement avec les voyelles moyennes du FR. Cependant, avant de développer ce point, considérons les voyelles fermées et ouvertes dans la réalisation desquelles quelques différences ont également été relevées.

Pour les voyelles fermées, seule la voyelle /y/ est susceptible d'être réalisée différemment, moins arrondie que le /y/ du FR, par les locuteurs africains francophones. C'est le cas de ceux qui ont le wolof comme L1 (RS), alors qu'en RM, un bon degré d'arrondissement des lèvres est observé chez les francophones. Aucune des variétés étudiées ne présente d'opposition entre un /a/ antérieur et un /ɑ/ postérieur.

Les voyelles moyennes arrondies des francophones en Afrique subsaharienne divergent davantage de celles du FR. On note parfois une certaine neutralisation entre les voyelles arrondies /œ/ et /ø/, et entre les voyelles moyennes arrondies et non arrondies /ø/ et /e/. Par ailleurs, il semble que la loi de position ne tende pas à s'imposer comme en FR pour les voyelles moyennes. En RCA et RCI, par exemple, /e/ et /ɛ/ sont relevées en syllabe ouverte en position finale de mot (*parler/parlé* [paʁle] vs *parlais/parlait* [paʁlɛ]), et /o/ et /ɔ/ le sont aussi en RCI en position finale de mot. Dans des syllabes fermées en finale de mot, /œ/ et /ø/ sont attestées en RCA et /ɛ/ et /e/ en RS (*quatrième* [katrijem], *seize* [sez]). En RS, on peut quelquefois observer une harmonie vocalique (régressive et/ ou progressive) sur le degré d'aperture (*escarpée* [ɛskarpɛ], *botté* [bɔtɛ], *était* [etɛ] vs *beauté* [bote], *piquet/piquais* [pike], *église* [egliz]).

Quant à la quantité vocalique, elle est surtout utilisée à des fins rhétoriques. Des exceptions ont été relevées, comme en RS où certains locuteurs du français qui ont le wolof comme L1 se servent de l'allongement vocalique pour opposer deux phonèmes à savoir /ə/ et /ə:/ au lieu de /œ/ et /ø/ (*jeune* [ʒən] vs *jeûne* [ʒə:n]).

Le schwa est attesté en position finale de mot (clitiques et polysyllabiques) et en position médiane de mots. Ainsi, le schwa dans les syllabes initiales des mots polysyllabiques est réalisé à plus de 99% en RCA tandis qu'en RS, dans ce même contexte, le schwa est réalisé à 100% en lecture et 95,5% dans les conversations. Concernant le schwa dans les syllabes médianes, 41% des schwas dans ce contexte ont été réalisés dans le corpus de RS. En finale de mot, en RM, 5,29% de réalisations de schwa contre 94,71% d'absences de réalisation ont été relevées après une consonne.

### 3.2. Les systèmes consonantiques

Plusieurs consonnes non attestées en FR sont relevées dans les variétés du français parlées au Sud du Sahara. Ainsi, en RS, des francophones qui ont le wolof comme L1 utilisent /c ɟ ʔ/ (*fou à lier* [fu.ʔa.lje]) et des prénasales (*tendance* [tã.ndãs]) tandis que des affriquées (*attiéké* [atʃeke]) et des consonnes à double articulation (*gbaka* [gbaka]) sont attestées dans le français parlé en RCI.

La prononciation de certaines fricatives du FR peut être modifiée par les francophones d'Afrique. Les fricatives /v/ et /ʃ/ sont adaptées respectivement en /w/ et /s/ (RS, RM), /ʃ/ peut être prononcé [ç] (BF). La prononciation de /R/ en Afrique subsaharienne est particulièrement intéressante à observer. Les lieux articulatoires relevés pour la production de cette consonne sont très variés et couvrent une zone allant de la zone alvéolaire jusqu'à la glotte. Idem pour le mode : /R/ peut être roulé, battu, fricatif, etc. La réalisation FR de /R/ se trouve chez des habitants de l'Ile de Gorée de RS ; ailleurs, elle est typique de l'imitation de l'accent français. Le /R/ apical correspond aux normes didactiques depuis l'époque coloniale.

Dans toutes les variétés observées, les consonnes en position finale de mot et de syllabe (coda, même en position interne de mot) peuvent être affaiblies (non relâchées, dévoisées) voire même élidées.

Les groupes consonantiques ($C_1C_2$) initiaux ou finaux de syllabe sont simplifiés : les locuteurs francophones soit insèrent une voyelle épenthétique entre $C_1$ et $C_2$ ou avant $C_1$, soit suppriment l'une des consonnes.

### 3.3. La prosodie

Nombre de locuteurs africains ont une prosodie très proche de celle du FR, accentuant généralement la dernière syllabe des syntagmes ou groupes rythmiques. La principale divergence qui peut se produire avec le FR est la portée de l'accent. Alors que le FR a un accent de groupe, la plupart des langues africaines ont un accent de mot, susceptible d'influer sur la prosodie du français. En outre, les traits pertinents de l'accentuation ne sont pas toujours les mêmes qu'en FR. En FR, l'accent se décrit par une augmentation de la durée, accompagné d'un glissando montant ou descendant avec une forte pente de déclinaison, portant sur la dernière syllabe de l'unité rythmique, qui correspond le plus souvent à une unité syntagmatique, et l'intensité n'est pas affectée. Au contraire, certains accents africains se manifestent par un surcroît d'intensité (RS), ou un ton haut, qui porte sur la première syllabe du mot (RC). Un transfert des tons des L1 vers les variétés locales du français a été observé en RCI et en RCA. La durée peut avoir une fonction lexicale distinctive (RS, RCI, BF) alors qu'elle a n'en n'a pas en FR.

### 3.4. La liaison

Concernant les réalisations de la liaison, une certaine généralisation des comportements apparaît en Afrique subsaharienne. Les contextes de réalisation des liaisons obligatoires sont les mêmes que ceux du FR : seules les liaisons entre clitique et verbe, entre déterminant monosyllabique et groupe nominal, entre verbe et proclitique, et après *en* sont catégoriques. Les contextes de liaisons variables sont peu nombreux et ont un faible pourcentage de réalisation : après des déterminants polysyllabiques (*quelques, aucun…*), *dans, chez, très, est/c'est, suis* + participe passé, et dans quelques combinaisons adjectifs + noms ou noms + adjectifs (*longues* [z] *études, dernières* [z]*élections, premières* [z]*années, relations* [z]*humaines, produits* [z]*agricoles*). Les francophones de RS et RCI utilisent fréquemment un coup de glotte au début d'un mot à initiale vocalique, ce qui empêche la réalisation de la liaison (*on est en train de recruter* [ɔ̃neʔɑ̃tʁɛ̃dəʁəkʁyte]).

### Références

Bordal, G. (2012). A phonological study of French spoken by multilingual speakers from Bangui, the capital of the Central African Republic. In R. Gess, C. Lyche & T. Meisenburg (éds), *Phonological Variation in French. Illustrations from Three Continents*. Amsterdam/Philadelphie : John Benjamins, 23-43.

Boutin, B. A. & Gueye, G. M. (2012). French in Senegal after three centuries: A phonological study. In R. Gess, C. Lyche & T. Meisenburg (éds), *Phonological Variation in French. Illustrations from Three Continents*. Amsterdam/Philadelphie : John Benjamins, 45–72.

Boutin, B. A. & Prignitz, G. (2010). Conversation à Ouagadougou (Burkina Faso) : parenté à plaisanterie entre Gurma et Yatenga. In S. Detey, J. Durand, B. Laks & C. Lyche (éds), *Les variétés du français parlé dans l'espace francophone. Ressources pour l'enseignement*. Paris : Ophrys, 259–272.

Boutin, B. A. & Turcsan, G. (2009). La prononciation du français en Afrique: la Côte d'Ivoire. In J. Durand, B. Laks & C. Lyche (éds), *Phonologie, variation et accents du français*. Paris : Hermès, 131–152.

Lyche, C. & Skattum, I. (2012). The phonological characteristics of French in Bamako, Mali. In R. Gess, C. Lyche & T. Meisenburg (éds), *Phonological Variation in French. Illustrations from Three Continents*. Amsterdam/Philadelphie : John Benjamins, 73-101.

# 11 Le français dans les DROM[1]

## 1. Introduction

La Martinique, La Guadeloupe, La Guyane, La Réunion et, depuis 2011, Mayotte forment les DROM (Départements et Régions d'Outre-Mer) de la France. Ces régions sont géographiquement très éloignées les unes des autres, les deux premières se situant dans la mer Caraïbe, la troisième en Amérique du Sud, et les deux dernières dans l'océan Indien. Ils entretiennent peu de contacts entre eux, mais bien plus avec la France. Ces régions sont ici regroupées pour diverses raisons. En effet, elles partagent non seulement leur histoire en tant qu'anciennes colonies, départementalisées depuis 1946, mais aussi leur histoire linguistique : ici sont nées dans les plantations du XVII$^e$ et XVIII$^e$ siècle de nouvelles langues, les créoles ; en même temps, le français a subsisté au sein des familles de colons et de planteurs et se trouve donc depuis lors et jusqu'à nos jours en contact avec le créole. Vu que les français coloniaux des régions en question présentaient des traits communs, dus à l'origine sociale et géographique des colons (avec une certaine dominance des régions situées à l'ouest d'une ligne Bordeaux-Paris), non seulement les créoles de ces régions se ressemblent jusqu'à un certain point, mais aussi les « français des îles » – sans oublier les variétés de l'Amérique du Nord. Les situations sociolinguistiques actuelles sont également fort semblables : il s'agit de communautés de type diglossique, dans lesquelles le français jouit d'un haut prestige et le créole d'un bas prestige, toutefois contrebalancé par un attachement identitaire fort et donc d'un « prestige latent » (angl. *covert prestige*). Concernant les pratiques, les deux derniers siècles ont vu des changements importants. En effet, depuis l'abolition de l'esclavage, mais surtout depuis la départementalisation et l'introduction de l'école pour tous en 1946, la majorité de la population, jusque-là essentiellement créolophone, s'est mise au français, dans un premier temps comme L2, puis – de façon variable selon les régions – comme L1. Actuellement, le créole est encore le plus vivant à La Réunion, tandis que le français est le plus répandu en Martinique ; les situations de la Guyane et de Mayotte sont

---

[1]. Rédigé par Elissa Pustka et Gudrun Ledegen.

quelque peu différentes parce qu'elles constituent le creuset de davantage de langues, en plus des créoles. Dans toutes ces situations, la norme qui bénéficie du « prestige ouvert » (angl. *overt prestige*) est sans conteste le « français de France », comme l'expriment les locuteurs eux-mêmes, c'est-à-dire la norme écrite scolaire et la prononciation véhiculée par les médias parisiens. Cette réalité n'empêche pas l'attestation d'une norme endogène du français, de facto dans les pratiques, et à un moindre degré dans les discours épilinguistiques revendiquant cette norme. Ce sont ces éléments que nous souhaiterions présenter dans ce chapitre pour les terrains de la Guadeloupe et de La Réunion : des traits particularisants qui permettent d'identifier ces français (L1), en révélant ainsi plus particulièrement les points communs entre ces deux îles très éloignées.

## 2. Inventaire phonémique

### 2.1 Voyelles

L'inventaire vocalique des deux îles se rapproche globalement de celui du français méridional (voir ch. 4) : il réunit 7 voyelles orales /i y u E Ø O a/ (auxquelles on pourrait éventuellement encore rajouter /ɛ/), et les voyelles nasales sont au nombre de 3 pour La Réunion /ɛ̃ ɔ̃ ɑ̃/, et de 4 pour la Guadeloupe /ɛ̃ ɔ̃ ɑ̃ œ̃/ ⓢ.

Les trois voyelles à double aperture /E Ø O/ suivent la loi de position (*chose* [ʃɔz]) ⓢ. Cette distribution complémentaire n'est cependant pas aussi systématique qu'en français du Midi, car on trouve aussi des locuteurs qui emploient les deux variantes (*chose* [ʃɔz] ou [ʃoz]) et surtout avec /ɛ/ en finale ouverte (*mais* [me] ou [mɛ]).

On n'atteste pas d'opposition entre /a/ et /ɑ/, et *patte* et *pâte* sont donc homophones [pat] ⓢ.

Si l'opposition /ɛ̃/ vs /œ̃/ (*brin* vs *brun*) se trouve en perte de vitesse à La Réunion, en Guadeloupe, il s'agit en revanche d'un trait de distinction conscient par rapport au français parisien. Malgré ce prestige couvert, on trouve chez certains locuteurs des alternances comme *lundi* [lœ̃di] ou [lɛ̃di] qui indiquent une neutralisation en cours que l'on peut interpréter comme des assimilations à la norme parisienne, à prestige ouvert.

### 2.2 Consonnes

L'inventaire consonantique pour le français de Guadeloupe et de La Réunion est identique à celui du FR. C'est seulement sur le plan phonétique que l'on trouve toute une série de particularités, notamment les réalisations du /R/ qui constituent la caractéristique la plus frappante de la prononciation des deux îles.

## 3. Allophonie et contraintes phonotactiques

Le comportement du schwa est assez standard pour les deux îles, surtout pour les fins de mots (*jaun(e)*), et les syllabes médianes de mots polysyllabiques (*tell(e)ment*). En syllabe initiale (*cheveux*) il est en revanche plus souvent prononcé qu'à Paris, et les locuteurs semblent être conscients de cette différence.

La non-réalisation du /R/ est certainement le trait le plus connu de l'accent des DROM en métropole, maintes fois caricaturé. Cette absence ne concerne cependant que certains contextes. Dans la plupart des cas, le /R/ est en effet réalisé comme une fricative uvulaire, donc comme en FR. Après voyelle, en revanche, il a tendance à tomber et, par conséquent, à modifier la voyelle qui le précède. Ainsi, à La Réunion, on a observé d'une part un allongement, d'autre part un changement de qualité : diphtongaison pour les voyelles antérieures (*cire* [siːᵊ]), postériorisation pour le /a/ (*part* [pɑː] vs *pas* [pa]) ⓢ. En Guadeloupe, on trouve également la variante supplémentaire [w] (*roc* [wɔk], *fêtard* [fetaw]) ⓢ.

Comme dans toutes les variétés du français, on atteste des réductions des groupes consonantiques, mais celles-ci sont employées beaucoup plus fréquemment, même en lecture (*ministre* [minis]) ⓢ. En outre, en lien avec ces réductions de groupes consonantiques, on observe une assimilation des plosives aux voyelles nasales qui les précèdent (*prendre* [pʁãː] ⓢ, *chambre* [ʃãː]) ⓢ.

## 4. Aspects prosodiques

Les phénomènes prosodiques sont encore peu étudiés dans ces variétés. Quelques particularismes ont toutefois été notés : il y a plus de dynamique dans l'intonation, avec des ondulations mélodiques, nommées « accent créole », plus ou moins accentuées selon les régions. Ainsi, à La Réunion, les régions des Hauts et du Sud ont une courbe mélodique davantage « chantante » que les régions des Bas et du Nord. En Guadeloupe, ce sont particulièrement des accents sur la syllabe initiale et médiane ainsi que sur les clitiques qui frappent l'oreille, et cela non seulement chez les « Noirs », mais aussi chez les « Grands-Blancs »[2], descendants des anciens colons ayant transmis continuellement le français (*on a tendance à émailler*). Par ailleurs, sur le terrain réunionnais, il a été remarqué que la syllabe finale de la phrase assertive présente fréquemment une montée mélodique très abrupte, donnant l'impression d'un énoncé continuatif.

## 5. Variation diatopique

Suite à ce panorama des traits plus ou moins communs du « français des îles » à substrat créole, nous allons aborder encore très brièvement quelques différences.

En Guadeloupe et en Martinique, on prononce certaines consonnes finales, notamment le [s] dans *moins*, comme en français du Midi. Pour La Réunion, à l'instar du français québécois, c'est le [t] qui est réalisé : *canot, Payet, Boucan Canot*. En outre, et davantage en Martinique et à La Réunion qu'en Guadeloupe, on observe une tendance à l'assibilation, comme au Québec (*tibia* [t$^s$ibja]). Alors que ce trait est très vivant en Martinique – et bien présent dans la conscience des locuteurs pour la différence Martinique vs Guadeloupe –, il semble en perte de vitesse dans la jeune génération réunionnaise.

**Références**

Bordal, G. (2006). *Traces de la créolisation dans un français régional : le cas du /r/ à l'île de la Réunion*. Mémoire de Master, Université d'Oslo.

Bordal, G. & Ledegen, G. (2009). La prononciation du français à l'île de la Réunion : évolution des variations et de la norme. In J. Durand, B. Laks & C. Lyche (éds), *Phonologie, variation et accents du français*. Paris : Hermès, 175-200.

Carayol, M. (1977). *Le français parlé à la Réunion : phonétique et phonologie*. Paris : Champion.

Pustka, E. (2007). *Phonologie et variétés en contact. Aveyronnais et Guadeloupéens à Paris*. Tübingen : Narr.

Pustka, E. (2012). Le caméléon dans la jungle sonore : variations du r en Guadeloupe. In A. Thibault (éd.), *Le français dans les Antilles : études linguistiques*. Paris : L'Harmattan, 271-311.

---

2. La société guadeloupéenne se compose, selon les estimations, à 86% de « Noirs » (d'origine africaine, en partie au moins), à 9% d'« Indiens » (d'origine indienne) et à 5% de « Blancs » (d'origine européenne). Ces derniers comprennent 2% de « Métropolitains » et 3% de « Blancs-pays », « Grands-Blancs » (descendants des anciens maîtres des plantations) et « Petits-Blancs » (descendants de petits colons).

# 12 Les autres types de variation[1]

## 1. Introduction

Définir ce qu'est une langue, quelles en sont les frontières, ce que sont ses usages, ne va pas de soi. L'approche grammairienne, qu'elle soit normative ou non, définit la langue comme un objet stable, homogène, circonscriptible, toujours déjà là, toujours donné (voir ch. 2). L'approche linguistique au contraire définit la langue comme l'instrument de communication interpersonnelle qui fonctionne dans une communauté linguistique donnée. Elle est donc profondément liée aux usages sociaux qui en sont faits. De la multiplicité des communautés linguistiques qui ont en partage le français, il s'ensuit une multiplicité de français, plus ou moins différents les uns des autres dans l'espace francophone.

Comme toute communauté humaine, les communautés linguistiques sont profondément structurées, socialement hiérarchisées. Elles possèdent un centre et des périphéries où l'identité communautaire et donc aussi linguistique s'estompe. Elles ont chacune une histoire et se déploient dans le temps. En leurs sein les usages sociaux, et la communication linguistique en est un, sont normés et codifiés. Chaque situation commande un ensemble d'usages particuliers. Du fait même d'être intimement liée à une communauté linguistique socialement hétérogène, et d'être définie par elle, la langue est elle aussi hétérogène et changeante. Grammaire et code des usages d'une communauté donnée, elle varie avec cette communauté selon les dimensions que nous venons de rappeler : dans l'espace géographique c'est la *variation diatopique*, dans l'espace des couches et classes sociales c'est la *variation diastratique*, dans l'espace des situations et des contextes de parole c'est la *variation diaphasique*, dans l'espace du temps historique c'est la *variation diachronique*. Mais si la langue varie dans chacune de ces dimensions, c'est parce qu'institution sociale existant au sein de groupes humains complexes, elle est elle-même instable et mutable, parcourue de variantes et tissée d'usages particuliers. Toute langue humaine, du fait même de son institution est ainsi intrinsèquement

---
1. Rédigé par Bernard Laks.

variable ; c'est la *variation inhérente*. La variation géographique a été illustrée dans les chapitres 4 à 11 de ce volume. Nous abordons à présent les autres dimensions de la variation.

## 2. La variation diachronique

Que le système de la langue et les usages linguistiques changent avec le temps a toujours été reconnu par les linguistes et les grammairiens. On distingue *les changements par le bas* qui trouvent leur origine dans les couches populaires et *les changements par le haut* qui ont leur origine dans les couches socialement dominantes. En voici un exemple.

Sous le règne de Louis XIV, l'Académie Française recommande comme seul usage distingué la prononciation de la graphie <oi>, celle de *roi*, *moi* etc., avec une voyelle fermée [rwe], [mwe] et non ouverte comme fait le peuple [rwa], [mwa]. Cet usage distingué se répand et devient dominant avant la Révolution. C'est un changement par le haut. Les aristocrates qui émigrent en Allemagne maintiennent cet usage, comme d'ailleurs les couches populaires qui partent pour le Canada. Mais la dynamique sociolinguistique s'inverse et en métropole c'est de nouveau l'usage populaire avec voyelle ouverte [rwa] qui s'impose pour tous. Ce changement par le bas rend la prononciation avec voyelle fermée [rwe] provinciale, si ce n'est ridicule, et au cours de la Restauration, Louis XVIII de retour d'exil fait rire les Parisiens lorsqu'il s'écrie « le [rwe] c'est [mwe] ». Aujourd'hui, dans nos enquêtes, cette prononciation avec voyelle fermée, jadis normative, a pratiquement disparu au profit de la prononciation avec voyelle ouverte.

Comme on vient de le voir, *la valeur sociodifférentielle* d'un changement peut donc s'inverser. Ainsi par exemple la simplification des groupes finals obstruante+liquide (*livre* [liv], *fenêtre* [fenɛt]) qui correspondait à un changement par le haut et était très classant au XII$^e$ siècle s'inverse à partir XVI$^e$ siècle lorsque l'orthographe fixe la graphie avec liquide. La prononciation sans liquide jadis si distinguée comme l'attestent les vers de Marie de France, devient très déclassante voire vulgaire. C'est toujours le cas aujourd'hui où malgré la généralisation de *peut-être que* [ptɛtkə] chez de nombreux locuteurs, des prononciations *quatre* [kat] ou *table* [tab] ne s'observent comme majoritaires que dans le vernaculaire des couches populaires.

Le changement diachronique peut être très lent comme la chute des consonnes finales (*grand* [grã]) qui s'étend sur plusieurs siècles du VIIIe au XIVe, ou plus rapide. L'opposition entre [a] d'avant et [ɑ] d'arrière (*patte*/*pâte*) qui était encore vivante à Paris en 1960 y est aujourd'hui pratiquement inusitée.

Dans tous les cas, le moteur du changement diachronique est constitué par *la succession des générations de locuteurs*, chaque génération présentant des caractéristiques linguistiques propres et dynamisant le changement dans telle ou telle direction. En voici un exemple. La liaison facultative fait l'objet d'un changement rapide qui s'opère mot par mot. La liaison après *très* et *pas* (*très* [z]*important*, *pas* [z]*important*) qui est encore très fréquente chez les locuteurs parisiens âgés de plus de 50 ans, est devenue extrêmement variable et minoritaire dans les générations nées après 1990.

Lorsqu'on analyse le changement diachronique en comparant le système phonologique à deux moments du temps, par exemple en 1960 et en 2010 à Paris, on analyse *le changement en temps réel*. On montre ainsi par exemple que la distinction entre les deux nasales hautes (*brin*/*brun*) a pratiquement disparu à Paris au cours de cette période. Lorsqu'on analyse le changement diachronique en comparant le système phonologique de deux générations, on analyse *le changement en temps apparent*. À Paris on observe par exemple chez la plus jeune génération une très forte augmentation de la coloration des schwa finals (*ma copine* [makɔpina]).

## 3. La variation diastratique

Les sociétés humaines, qu'elles soient modernes ou plus traditionnelles, sont toutes constituées de groupements complexes fortement structurés et hiérarchisés. Les divisions internes en groupes, clans ou sous-groupes, castes, couches ou classes sociales, impliquent que les relations de communication symétriques et égalitaires, celles qui ont lieu entre pairs, ne constituent qu'un cas minoritaire et très particulier. Dans le cas le plus général la communication ordinaire est *socialement asymétrique*. La langue qui en fait le support au sein d'une communauté donnée ne peut échapper à la différentiation et la parcellisation sociale. Elle est elle-même parcourue de différences sociales, tissée de hiérarchies et d'oppositions. Cette stratification sociale différentiatrice interne à la langue de la communauté fait que chaque groupe ou sous-groupe social tend à développer un sous-système propre. Dans les années 1960 par exemple, la vélarisation des liquides post vocaliques finales (*capital* [kapitał], *monopole* [mɔnɔpɔł]) de même que la simplification des groupes fricative+obstruante finals (*capitaliste* [kapitalis], *communiste* [kɔmunis]) était typique du parler ouvrier parisien voire faubourien. Aujourd'hui, la postériorisation des voyelles et l'articulation à bouche ouverte ([ɑ] pour [a]) est encore perçue comme un stigmate du parler banlieusard virile tandis que l'antériorisation et l'articulation à bouche resserrée signe un parler bourgeois affecté et féminin dit « Marie-Chantal ». Cette stratification sociale interne à une langue peut induire des phénomènes plus exclusifs. L'analyse de la liaison facultative en est un exemple. Dans le discours public (hommes politiques, journalistes) on relève un phénomène de liaison non enchaînée (*les pays*[z] *européens* [lɛpɛiz?øʁɔpeɛ̃]) qui est propre à ce style et à cette catégorie sociale et n'existe pas pour le reste de la communauté francophone.

La *valeur sociodifférentiatrice* des différentes variantes est toujours arbitraire. Comme on l'a vu la valeur de telle variante qui était classante et valorisante peut s'inverser et devenir déclassante. La prononciation de /R/ en constitue un bon exemple. À la fin du Moyen Âge, la prononciation apicale roulée se diffuse du sud vers le nord, suivant les villes de foire jusqu'en Flandre, au sein des couches les plus bourgeoises. Au XVIe et XVIIe siècles, c'est la norme de la Cour. Aujourd'hui cette prononciation est supplantée par une prononciation grasseyée ou fricative. La prononciation apicale, jadis classante, est sentie comme rurale ou provinciale.[2]

## 4. La variation diaphasique

Comme nous l'avons dit, dans une communauté linguistique, compte tenu de sa hiérarchisation et des différences sociales qui la parcourent, la communication est le plus souvent asymétrique. On peut analyser chaque situation de communication et la caractériser *par le degré de tension et de formalité* qui la conditionne. Une telle typologie classera les situations depuis les moins formelles, celle qui existent entre pairs, jusqu'aux plus formelles et hiérarchisées, celles où la domination d'un locuteur sur l'autre est la plus forte, où la distance sociale qui les sépare la plus grande. Chaque situation requiert un *niveau linguistique* particulier : une conversation de bistrot et un entretien d'embauche ne requièrent pas le même niveau

---

2. Au contraire en Afrique francophone cette prononciation est souvent la norme.

de formalité linguistique. Pour tout locuteur, quelle que soit sa position sociale, la chute des liquides finales par exemple est tolérable dans la première situation et devra être strictement contrôlée et limitée dans la seconde.

Chaque situation de communication appelle donc *un degré de surveillance* et une conformation à des normes et des usages linguistiques particuliers. Cette conformation est assurée par les locuteurs pour eux-mêmes (autosurveillance) et pour leurs interlocuteurs (hétérosurveillance). *Autosurveillance et hétérosurveillance* ne tiennent pas seulement à la position sociale respective des interlocuteurs et à la distance sociale qui les sépare. Elles tiennent également au type de situation de communication et à son contenu. Lors d'un échange entre un patron et un ouvrier, le niveau linguistique et la formalité requise ne sont pas les mêmes s'il s'agit d'un échange professionnel quotidien ou d'un entretien d'embauche. De même entre pairs, certains contenus appellent des niveaux plus soutenus, une discussion médicale par exemple, ou moins soutenus, un échange de blagues par exemple. L'axe de formalité qui permet de classer les situations et les interactions linguistiques des moins formelles aux plus formelles, est aussi celui qui permet de classer les variantes des plus populaires aux plus socialement valorisées. Cet axe de formalité croissante permet également de positionner des situations typiques qui appellent un niveau de surveillance, et donc un niveau de langue, particuliers : la conversation ordinaire, l'interview, la conférence, la lecture à haute voix, la déclamation des vers…

## 5. La variation inhérente

Si la langue varie ainsi selon de nombreuses dimensions, c'est parce qu'elle est en elle-même un objet instable, hétérogène, mutable et intrinsèquement variable. Elle tient cette caractéristique fondamentale de son fonctionnement même au sein de communautés complexes diversifiées et hiérarchisées. La variété des usages à laquelle un locuteur natif est spontanément, et dès la naissance, confronté (variétés des styles, des générations, des usages sociaux, des usages contextuels etc.) implique que l'acquisition est d'emblée celle des variantes et des variations. Le système que construit le sujet au cours de l'acquisition est un système hétérogène, instable, intrinsèquement variant. Une part de l'apprentissage consiste justement dans la maîtrise à propos de toutes ces variations permettant de produire la variante contextuellement attendue. Il s'ensuit donc de la contextualisation sociale et stylistique que la langue telle qu'elle est intériorisée varie continument et que cette variabilité est une propriété du système linguistique lui-même. Cette variation interne, inhérente au système lui-même s'observe lorsqu'on neutralise toutes les motivations contextuelles de la variation. Au même moment dans le même discours, dans le même style, un même locuteur même très légitime, peut produire deux variantes différentes. Ainsi le général De Gaulle le 10 septembre 1958 dans un discours célèbre alterne-t-il liaison et non liaison dans la même phrase pour le même syntagme : *avons [z]assumé, avons // assumé*.

## 6. Conclusion

En dehors de la variation géographique dont tout locuteur peut avoir l'expérience immédiate, toute langue varie continuellement dans l'espace social, historique et stylistique. Ceci est lié à l'existence de la langue au sein de communautés linguistiques elles-mêmes complexes et variantes. Il s'ensuit que toute langue, définie par ses usages, est un système instable, hétérogène, intrinsèquement variable. Au sein d'une communauté linguistique, la langue ainsi définie assure pourtant la communication interpersonnelle. Il y a donc deux forces opposées qui s'appliquent à la langue dans la communauté, la première différencie les usages et dynamise la variation, c'est *une force de dispersion et de variation sociolinguistique*. La seconde maintient la possibilité de communication au sein de la communauté, c'est une force de *contrôle et de limitation de la variation* qui la maintient dans les limites de l'incompréhension mutuelle.

**Références**

Labov, W. (1976). *Sociolinguistique.* Paris : Éditions de Minuit.
Labov, W. (1979). *Le parler ordinaire.* Paris : Éditions de Minuit.
Laks, B. (1992). La linguistique variationniste comme méthode. *Langages* 108 : 38-51.
Laks, B. (2002). Description de l'oral et variation : la phonologie et la norme. *Information grammaticale* 94 : 5-11.
Laks, B. (2005). La liaison et l'illusion. *Langages 158* : 101–126.

# 13 La prononciation du français natif : pour aller plus loin[1]

## 1. Tendances récentes dans l'analyse des processus sonores

L'étude de la structure sonore des langues évolue par allers-retours entre la description, l'analyse et la formalisation des données. La description des données s'est beaucoup appuyée sur les jugements d'acceptabilité des locuteurs, mais ceux-ci ne suffisent pas à établir la réalité des usages. Les jugements peuvent ne pas correspondre aux formes effectivement produites, notamment sous l'effet brouillant de la norme et de la forme écrite. De plus, plusieurs aspects de la production linguistique ne sont pas accessibles à l'intuition et exigent des méthodes expérimentales ou statistiques plus sophistiquées. Heureusement, les progrès technologiques récents ont grandement facilité l'accès à ces méthodes, renouvelant du même coup la base empirique de l'étude des phénomènes de prononciation. La phonétique et la phonologie ont évolué, avec notamment le renforcement de deux tendances : celle de la phonologie de laboratoire et celle de la linguistique de corpus, qui visent, par des méthodes différentes, à établir les caractéristiques physiques et perceptuelles, les tendances distributionnelles et les régularités statistiques des systèmes sonores. Si la phonologie de laboratoire exploite les avantages d'un environnement contrôlé, la phonologie de corpus se concentre davantage sur la variation intra- et inter-individuelle et sur les effets de fréquence et de distribution.

Ce renouveau des méthodes et des données va de pair avec certains développements théoriques, qui repensent l'opposition traditionnelle entre le lexique (formes stockées en mémoire), la phonologie (composante productive qui agit sur les formes lexicales pour générer les formes de surface) et la phonétique (dont relèvent l'articulation, l'acoustique et la perception). La vision classique conçoit un lexique minimaliste, sous forme de liste de morphèmes dont la représentation exclut toute information prévisible par les règles morphophonologiques et phonotactiques de la langue. Les formes lexicales sont alors « ajustées » par la phonologie et

---

1. Rédigé par Marie-Hélène Côté.

la phonétique. Diverses approches (basées sur l'usage, constructionnistes, exemplaristes, cognitives) ont modifié cette division du travail, le lexique étant vu comme un réseau complexe de formes plus ou moins spécifiées, allant du morphème à la construction, liées entre elles par le sens et la forme et incluant des détails phonétiques relevant non seulement de la phonotactique, mais également des caractéristiques du locuteur et du contexte de communication. Dans ce cadre, la « phonologie » peut être comprise comme un ensemble de généralisations sur les formes lexicales. Par exemple, la chute variable des liquides dans les groupes consonne+liquide en fin de mot (/tabl/ [tab(l)]), classiquement exprimée par une règle du type /R l/⟶ Ø / C__#, pourrait plutôt découler de l'accumulation de formes lexicalisées comme /tab(l)/, /pit(R)/, etc.

La distinction entre une phonologie « abstraite et catégorique » et une phonétique « concrète et graduelle » s'en trouve brouillée. Par exemple, les processus d'assimilation, nombreux en français, soulèvent la question de leur nature catégorique ou graduelle. Bien connu est le processus d'harmonie d'aperture illustré par l'opposition entre *fêter* [fete] et *fêtard* [fɛtaʁ], où le timbre des voyelles moyennes pénultièmes dépend du degré d'aperture de la voyelle finale. Alors que les transcriptions, par leur nature, suggèrent une opposition catégorique entre les valeurs harmonisées et non harmonisées, ici [e] et [ɛ], les résultats expérimentaux pointent vers des distinctions plus graduelles.

Les sections suivantes abordent brièvement les implications de ces tendances méthodologiques et analytiques pour le schwa et la liaison, deux phénomènes centraux qui ont nourri la théorie phonologique au cours des dernières décennies, et pour l'étude de la variation diatopique.

## 2. Liaison et schwa

Les consonnes de liaison (CL) et le schwa soulèvent deux questions analytiques principales. 1) Celle de leur nature : comment ces segments sont-ils représentés dans le lexique et quelles sont leurs propriétés phonétiques ? 2) Celle de leur distribution : dans quels contextes ces segments sont-ils réalisés dans différentes variétés de français ?

Dans les descriptions conventionnelles, la première question est indissociable de l'orthographe. Les CL sont définies comme des consonnes finales de mot, réalisées uniquement dans des contextes décrits par des suites de catégories lexicales (par exemple adjectif+nom) et ultimement regroupés par des propriétés syntaxiques ou prosodiques communes. Les schwas, eux, sont des <e> orthographiques correspondant à une voyelle de type [œ] ou [ø], qui peuvent ne pas être réalisés lorsque le contexte phonotactique le permet. C'est donc le lexique qui établit quels mots contiennent une CL ou un schwa et la phonologie ou la syntaxe qui détermine quand ces segments sont prononcés.

Une telle conception est concurrencée par des approches « lexicalistes », où les formes avec et sans schwa ou CL se trouvent lexicalisées plutôt que dérivées. Les mots avec schwa variable (par exemple *demande* et *demeure*) ont un profil de réalisation qui leur est propre et qui ne se laisse pas appréhender par une règle générale de chute de schwa. De même, dans un contexte syntaxique et prosodique identique, les mots susceptibles de faire liaison peuvent être associés à des comportements divergents. Dans la séquence adverbe+adjectif, par exemple, la liaison est presque catégorique après *très*, variable après *plus* et très rare après *pas*. Le contexte syntaxique ou prosodique ne suffit donc pas à prédire la liaison. Par ailleurs, on constate qu'en parole spontanée, un petit nombre de contextes grammaticaux rend compte de la très grande majorité des liaisons réalisées (20 contextes pour 90% des liaisons, dont 40% pour les contextes pronom+verbe et déterminant+nom). Cette concentration s'observe également au niveau des mots particuliers, la séquence *on a* correspondant à elle seule à 8% de toutes les liaisons réalisées.

La liaison et le schwa seraient donc des processus hétérogènes et soumis à de puissants effets de lexicalisation. La même analyse ne s'applique pas nécessairement à différents types de schwa ou de liaison : schwas en syllabe initiale et en syllabe finale, sujets à des contraintes lexicales et segmentales distinctes (par exemple les deux schwas de *demande*) ; liaison du pluriel, associée à un trait morpho-sémantique, et liaison déterminée par un mot spécifique (*petits* [z] *amis* vs *très* [z] *utile*) ; liaison en [n], qui suit toujours une voyelle nasale, et liaison en [t] ou [z], sans restriction sur la qualité de la voyelle précédente. Les approches plus éclatées du schwa et de la liaison, que l'espace ne permet pas de développer ici, viennent concurrencer les conceptions unifiées qui ont dominé la recherche de la deuxième moitié du XXe siècle.

## 3. Variation diatopique

Jusqu'à récemment, la variation dans la prononciation a pu être négligée, au nom d'une image unitaire du français. Cela concerne tant la variation diatopique que diastratique ou diaphasique. Cet ouvrage montre que la variation gagne la place qui lui revient, mais elle soulève de nouvelles séries de questions concernant sa structure et son évolution. La variation diatopique est essentiellement abordée dans une opposition entre variétés régionales et standard. Cette opposition est affaiblie par le nivellement dialectal, dont la réalité est indéniable, mais des processus concurrents peuvent également se mettre en place. Au Québec, par exemple, les locuteurs tendent vers un français qui combine des dynamiques de convergence et de divergence par rapport à la norme européenne : certains phénomènes au départ caractéristiques de zones québécoises particulières se généralisent à l'ensemble du territoire (par exemple diphtongaison des voyelles longues, affrication de /t d/; voir ch. 7), alors que d'autres disparaissent au profit de formes plus standard (par exemple [r] apical, réalisations non standard de <oi>). Il s'établit donc une interaction complexe entre une norme supra-régionale en voie d'établissement et la norme internationale perçue.

Ces questionnements sur la dynamique récente des variétés locales et régionales en interaction avec une norme supranationale dépassent évidemment le contexte québécois et la linguistique de corpus nous permet de les aborder à l'échelle de la francophonie. L'évolution observée au Canada se retrouve-t-elle dans d'autres régions : Suisse, Belgique, Midi de la France, Afrique ? Peut-on établir des dynamiques pan-francophones dans l'évolution des systèmes sonores ? La norme perçue est-elle la même dans différentes zones du monde francophone ?

Les aspects de la prononciation du français brièvement abordés ici illustrent bien comment le renouvellement des données et des méthodes peut mener à une reformulation des questions de recherche et à l'émergence de nouvelles orientations. C'est, à terme, la vision et la définition de l'objet « français » qui s'en trouvent touchées.

### Références

Durand, J, Laks, B. & Lyche, C. (éds) (2009). *Phonologie, variation et accents du français*. Paris : Hermès.

Gess, R., Lyche, C. & Meisenburg, T. (éds) (2012). *Phonological Variation in French. Illustrations from Three Continents.* Amsterdam/Philadelphie : John Benjamins.

Nguyen, N., Wauquier-Gravelines, S. & Durand, J. (éds) (2005). *Phonologie et phonétique : forme et substance.* Paris : Hermès.

Simon, A. C. (éd.) (2012). *La variation prosodique régionale en français.* Bruxelles : De Boeck-Duculot.

Soum-Favaro, C., Coquillon, A. & Chevrot, J.-P. (éds) (2014). *La liaison : approches contemporaines.* Berne : Peter Lang.

**C.** LA PRONONCIATION DES APPRENANTS DE FRANÇAIS LANGUE ÉTRANGÈRE

# 14 L'apprentissage de la prononciation d'une langue étrangère : le cas du français[1]

L'objectif de ce chapitre est de présenter certains des mécanismes en jeu dans l'apprentissage de la prononciation d'une langue étrangère, illustrés dans le cas du français. La compréhension de ces mécanismes peut en effet améliorer les pratiques pédagogiques des enseignants de français (voir ch. 34-36), ainsi qu'offrir des pistes d'analyse aux étudiants et aux chercheurs (voir ch. 39-42).

## 1. Introduction

Commençons par une célèbre citation du linguiste N.S. Troubetzkoy[2], dont les idées, suivant celles de son aîné S. Polivanov, ont fondé la majeure partie des approches modernes en la matière, saisies à travers la métaphore dite du « crible phonologique » :

> « Le système phonologique d'une langue est semblable à un crible à travers lequel passe tout ce qui est dit. Seules restent dans le crible les marques phoniques pertinentes pour individualiser les phonèmes. Tout le reste tombe dans un autre crible où restent les marques phoniques ayant une valeur d'appel ; plus bas se trouve encore un crible où sont triés les traits phoniques caractérisant l'expression du sujet parlant. Chaque homme s'habitue dès l'enfance à analyser ainsi ce qui est dit et cette analyse se fait d'une façon tout à fait automatique et inconsciente. Mais, en outre, le système des cribles, qui rend cette analyse possible, est construit différemment dans chaque langue. L'homme s'approprie le système de sa langue maternelle. Mais s'il entend parler une autre langue, il emploie involontairement pour l'analyse de ce qu'il entend le « crible phonologique » de sa langue maternelle qui lui est familier. Et comme ce crible ne convient pas pour la langue étrangère entendue, il se produit de nombreuses erreurs et incompréhensions. Les sons de la langue étrangère reçoivent une interprétation phonologiquement inexacte, puisqu'on les fait passer par le « crible phonologique » de sa propre langue ».

On comprend ainsi que l'apprentissage de la prononciation en langue étrangère (ci-après L2) n'est pas seulement affaire de « diction » : il s'agit tout autant d'apprendre à *percevoir* qu'à *produire* un nouveau système sonore (boucle audio-phonatoire), en lien avec les autres composantes du

---

1. Rédigé par Sylvain Detey et Isabelle Racine.
2. Troubetzkoy, N. S. (1939/2ᵉ éd., 1967). *Principes de phonologie*. Paris : Klincksieck, 54.

système linguistique (sémantique, morphologie, syntaxe, pragmatique) puisque la finalité de l'apprentissage est celle de l'accès au sens dans un contexte interactionnel donné, accès qui repose en premier lieu sur l'identification ou la production d'indices acoustiques permettant d'activer des représentations linguistiques sémantiquement pleines. On peut alors distinguer au moins trois niveaux d'apprentissage, étroitement imbriqués entre eux : (i) celui des oppositions phonémiques (niveau segmental), qui permettent de construire le lexique : l'opposition entre /ɔ̃/ et /ɑ̃/ permet ainsi de distinguer « blond » et « blanc » ; (ii) celui des caractéristiques phonétiques et distributionnelles des réalisations allophoniques d'un phonème donné, qui permettent de reconnaître ou de produire les unités phonémiques dans l'ensemble de leurs contextes d'occurrence possibles (mot isolé, parole continue) : la consonne /R/ ne sera pas réalisée de la même manière selon sa position (« rapide » vs « aura » vs « par ») et son environnement (« train » vs « brin ») ; (iii) celui des caractéristiques suprasegmentales, qui permettent de construire des énoncés et des discours (liens entre prosodie, syntaxe et pragmatique) : « C'est lui qui a vu Paul. » vs « C'est lui qui a vu Paul ? » ; « c'est LUI qui a vu Paul ! » vs « c'est lui qui a vu PAUL ! » (voir ch. 41 et 42).

## 2. Apprendre la prononciation d'une L2 : quel objectif ?

La métaphore du « crible phonologique » soutient le principe, largement admis, qu'une production « correcte » présuppose une perception « correcte », et que le système perceptif d'un apprenant doit donc être tout autant entraîné que ses habitudes articulatoires. La notion de « correction » peut toutefois être problématique (voir ch. 2 et 3), et l'on doit affiner la réflexion à l'aide des notions d' « intelligibilité », de « compréhensibilité », de « similarité à une prononciation native », ou encore de « conformité à la cible » (c'est-à-dire conforme à la cible, phonologique ou phonétique, attendue par l'auditeur), et cela non de manière binaire (bonne/mauvaise) mais scalaire (degrés d'adéquation sur une échelle continue). On doit également tenir compte des différents niveaux et de leur interaction : apprentissage infrasegmental (trait distinctif, comme le voisement), segmental (phonème), suprasegmental (intonation, accentuation, rythme), mais aussi celui de la phonotactique (structure syllabique, loi de position) et des phénomènes de parole continue comme l'enchaînement, la liaison, les élisions, etc. La prononciation de certains apprenants pourra ainsi présenter des divergences par rapport à une prononciation native sur certains aspects mais pas sur d'autres, et cela pourra varier en fonction de la situation (ex. formelle vs informelle) et de la tâche (ex. lecture vs parole spontanée). Le modèle du « locuteur natif idéal » ayant été remis en question, on encourage aujourd'hui les apprenants à améliorer en premier lieu leur intelligibilité (se faire comprendre), puis leur compréhensibilité (se faire comprendre sans trop d'effort de la part de l'auditeur) et enfin la similarité à une prononciation native (absence relative « d'accent » étranger), si cela est jugé souhaitable ou nécessaire. En fonction des langues en présence, certaines unités (infrasegmentales, segmentales ou suprasegmentales) seront plus importantes que d'autres pour assurer une bonne intelligibilité, compréhensibilité, ou similarité à un locuteur natif : c'est ce qui devrait guider la hiérarchisation des aspects à maîtriser dans l'apprentissage (voir ch. 3).

## 3. Facteurs et mécanismes

Les recherches sur l'apprentissage d'un nouveau système sonore s'articulent généralement autour de trois questions : (a) quelles sont les influences respectives de la L1, des universaux linguistiques, et d'autres facteurs (extralinguistiques) dans l'apprentissage ; (b) à quel niveau de représentation (phonologique vs phonétique) s'effectue l'apprentissage ; (c) quelle est la relation entre perception et production dans l'apprentissage (voir ch. 35). Nous abordons de manière transversale ces trois questions en traitant des facteurs, des mécanismes et de la boucle perception-production dans l'apprentissage.

### *3.1 Facteurs*

Parmi les facteurs affectant l'apprentissage, on mentionne généralement l'âge du début d'apprentissage, la durée de résidence dans le milieu dans lequel est pratiquée la L2, le sexe, le type d'apprentissage (avec ou sans instruction formelle), la motivation, l'aptitude, la quantité d'utilisation de la langue première (ci-après L1), ainsi que la quantité d'utilisation et la qualité de l'input (ex. natif ou non natif) de la L2 durant l'apprentissage. On sait aujourd'hui que l'âge du début d'apprentissage et la quantité d'utilisation de la L1 et de la L2 sont déterminants pour prédire le degré d'accent d'un apprenant (plus la L2 est apprise tôt, et plus la quantité d'utilisation de la L2 est grande, plus l'apprenant a de chances d'acquérir rapidement et correctement la prononciation de la L2), tandis que l'effet des autres facteurs peut varier en fonction des contextes et des individus. Le type d'input (la substance linguistique en L2 fournie à l'apprenant) et le facteur de fréquence (exposition ou utilisation) jouent donc un rôle crucial dans l'apprentissage. Concernant l'instruction (vs une simple exposition à la L2), plusieurs études ont mis au jour ses bénéfices potentiels sur l'apprentissage de la prononciation (voir aussi ch. 36) : l'impact de l'entraînement perceptif sur la production, l'utilisation de la variabilité de l'input dans l'entraînement perceptif (utilisation de plusieurs voix dans plusieurs contextes pour une unité sonore visée), l'orientation du focus attentionnel des apprenants sur certains indices phonétiques dans l'entraînement perceptif, l'utilisation d'instructions explicites (schémas articulatoires, descriptions phonétiques) dans l'entraînement, l'utilisation de retours correctifs (*feedback*) ainsi que d'indices visuels dans l'entraînement. Certaines études suggèrent que l'effet de l'instruction est meilleur lorsque celle-ci est de type « focus-sur-la-forme » (intégration du travail phonétique à des activités communicatives) plutôt que « focus-sur-les-formes » (travail uniquement sur les formes phonétiques), affectant non seulement la précision phonétique mais aussi la fluence. Concernant la modalité visuelle, l'impact de l'orthographe, en particulier, doit être souligné, dans la mesure où les représentations orthographiques et phonologiques sont liées dans le lexique mental. L'influence des représentations orthographiques peut être positive ou négative sur l'apprentissage en fonction de la tâche et du système orthographique en L1 : la représentation orthographique peut permettre de désambiguïser une forme sonore mal perçue, mais elle peut aussi activer une représentation phonético-phonologique erronée, comme dans le cas des « mots transparents ». Ainsi, un mot comme « radio », utilisé dans de nombreuses langues, activera automatiquement sa forme phonético-phonologique en L1, et ce qui est vrai au niveau lexical l'est également au niveau segmental avec activation automatique des correspondances graphèmes-phonèmes en L1 au début de l'apprentissage. L'apprentissage de la prononciation en L2 est donc multifactoriel et complexe : il implique les niveaux phonétique et phonologique, la perception, la production, les représentations lexicales et les représentations orthographiques.

### *3.2 Mécanismes*

Bien que production et perception soient liées (la première étant tributaire de la seconde, voir ch. 35) et souvent difficilement totalement dissociables dans leur analyse, les mécanismes de ces deux volets du traitement de

la parole ne sont pas symétriques. En effet, il est possible de percevoir
« globalement » : même si l'on n'identifie pas précisément tous les éléments
du contenu d'un message, on peut compléter l'information manquante
(processus « descendants ») grâce à nos connaissances linguistiques
antérieures et au contexte, et avoir ainsi l'illusion de percevoir des
éléments en réalité absents du message. En revanche, on ne peut produire
« globalement », puisque tout énoncé doit être construit dans sa totalité,
même si la phase ultime de production phonétique peut comporter des
omissions, élisions, etc. L'étude de l'apprentissage du système phonético-
phonologique d'une L2 doit donc tenir compte des spécificités de ces deux
versants. Certains travaux ont ainsi révélé des décalages entre perception
(ex. maîtrise d'une opposition phonémique, éventuellement lexicalement
encodée) et production (ex. incapacité de production d'un contraste),
ainsi que des résultats contraires, par exemple sur l'accentuation lexicale,
qui est mieux produite que perçue dans certains cas. Afin de comprendre
certaines caractéristiques des mécanismes de perception et de production
sur lesquels reposent l'apprentissage en L2, deux notions essentielles
doivent être introduites : celle de *transfert* et celle de *marque*.

*3.2.1 La notion de transfert en L2*

La notion de transfert renvoie à l'idée que l'apprenant utilise son système
phonético-phonologique en L1 comme base pour l'apprentissage de la
L2 : il va donc « transférer » des unités (ex. : phonèmes) et des processus
(ex. : dévoisement des consonnes finales) de sa L1 vers le système en
construction (*interlangue*) qui vise à terme à être relativement identique à
celui d'un locuteur natif de la L2. On distingue des transferts *positifs*, tels
que l'utilisation réussie d'une catégorie de la L1 en L2 (ex. /a/ espagnol
pour le /a/ français), et *négatifs* tels que l'utilisation problématique d'une
catégorie de la L1 en L2 (/u/ espagnol pour le /y/ français, ou /u/ japonais,
réalisé [ɯ], pour le /u/ français, réalisé [u]). Au sein des transferts négatifs,
on distingue trois types de transfert. D'abord les transferts *simples* : une
catégorie en L1 remplace une catégorie en L2 de manière inappropriée,
par exemple le /r/ d'apprenants américains, réalisé [ɹ], pour le /R/ français.
Ensuite, les transferts *divergents* : la L2 possède plusieurs catégories là
où la L1 n'en possède qu'une, par exemple /b/ et /v/ en français pour
des apprenants japonais, qui ne possèdent que /b/ dans leur L1. Enfin,
les transferts *convergents* : la L1 a plusieurs catégories là où la L2 n'en
a qu'une, par exemple des apprenants japonais qui opposent voyelles

longues et courtes, ou des apprenants chinois qui distingueront des hauteurs tonales. Une question délicate est celle de l'articulation entre niveaux phonologique et phonétique : un transfert a priori positif sur le plan phonologique peut ne pas être réussi sur le plan phonétique, tandis que certaines réalisations phonétiques similaires entre la L1 et la L2 peuvent ne pas correspondre aux mêmes catégories sur le plan phonologique. Ainsi, les apprenants japonophones transfèrent le /u/ japonais, réalisé [ɯ], en français. Toutefois, en raison de sa réalisation plus antérieure et plus ouverte, il est souvent perçu non comme /u/ mais plutôt comme /ø/ ou /œ/ par les auditeurs francophones. La notion de *distance* (acoustique, perceptive, articulatoire) est donc ainsi tout aussi essentielle : puisque le problème majeur de l'apprenant, au niveau segmental, est de percevoir et de produire de nouveaux contrastes phonético-phonologiques afin d'établir un nouveau système de catégories phonémiques, la « distance », réelle ou perçue, par l'apprenant entre les sons de la L2 et ses catégories en L1 va fortement influencer son apprentissage.

*3.2.2 La notion de marque en L2*

On a longtemps pensé que le transfert était la cause principale de difficulté dans l'apprentissage. Or, d'une part certains éléments de la L2 sont appris plus rapidement que d'autres, tous étant absents de la L1, et d'autre part, certaines productions, tout en étant cohérentes et systématiques, sont absentes tant de la L1 que de la L2. Il faut alors introduire ici la notion de *marque*, qui est essentielle : un élément marqué est un élément comparativement plus rare, plus complexe ou plus difficile à percevoir ou à produire que d'autres. Si on cherche à définir typologiquement la marque, on peut dire qu'un élément A est marqué par rapport à un élément B si toute langue qui possède A possède également B, mais toute langue qui possède B ne possède pas nécessairement A. Ainsi, certains apprenants présentent dans leurs productions des structures absentes tant de la L1 que de la L2 et qui sont moins marquées que les structures sources (en L1) et cibles (en L2), un phénomène que l'on nomme parfois « émergence du non-marqué ». Cette réflexion peut s'appliquer non seulement au niveau du phonème, mais aussi à celui des autres niveaux d'analyse (infra- ou suprasegmental). Les éléments marqués sont donc généralement a priori plus difficiles à apprendre et acquis plus tardivement. C'est le cas en français des voyelles nasales (plus marquées que les voyelles orales), des groupes consonantiques (plus marquées que des séquences CV) ou des syllabes fermées (plus marquées que les syllabes ouvertes) par exemple. On peut noter que les facteurs de marque et de fréquence se chevauchent en partie, puisque les éléments marqués sont généralement (mais pas toujours) moins fréquents. Certaines études, notamment dans l'acquisition de la L1 par de jeunes enfants (voir ch. 40), suggèrent que les effets de fréquence peuvent surpasser ceux de marque (un élément très fréquent, même s'il est marqué, pourra être appris plus rapidement qu'un élément moins marqué mais moins fréquent).

*3.2.3 Perception et production*

Les trois principaux modèles actuels[3] de perception des sons d'une L2 sont le *Speech Learning Model* (SLM, de Flege et al.), le *Perceptual Assimilation Model* (PAM-L2, de Best et al.) et le *Second Language Linguistic Perception Model* (L2LP, de Escudero et al.). Ils se distinguent par certains aspects, que nous nous contenterons ici d'esquisser : le SLM et le PAM-L2 expliquent comment sont perçus les sons d'une L2 par des apprenants débutants (avec une différence à l'origine entre le PAM qui concerne des auditeurs naïfs, donc sans expérience linguistique en L2, et le SLM qui vise des apprenants, donc avec une certaine expérience linguistique en L2), tandis que le L2LP cherche à modéliser l'ensemble du parcours d'apprentissage, du stade de débutant complet à avancé. Le SLM se concentre sur des sons isolés au niveau phonétique, alors que le PAM et le L2LP se concentrent sur des contrastes de sons impliquant les niveaux phonétiques et phonologiques. Le PAM et le SLM se distinguent également par leur hypothèse de référence concernant la perception de la parole de manière générale (représentations articulatoires vs représentations acoustiques). Le PAM repose en effet sur l'hypothèse que les auditeurs extraient du signal sonore (variable selon les locuteurs, le contexte, etc.) des invariants issus de « gestes articulatoires » (cf. 3.2.4), dont la perception continue de s'affiner au cours du développement. Le SLM, en revanche, s'appuie sur l'hypothèse d'une extraction d'indices acoustiques pour la formation de catégories phonétiques, qui évoluent au cours de la vie pour refléter les propriétés de tous les sons de la L1 et de la L2, considérant que les catégories phonétiques de la L1 et de la L2 coexistent au sein d'un même espace phonologique. Le L2LP, quant à lui, cherche à rendre compte du parcours d'acquisition du système phonologique en

---

3. Voir aussi la *Native Language Magnet Theory* de Kuhl et al.

L2 en plaçant la perception au cœur du processus. Ce modèle combine des approches psycho-acoustique (caractéristiques acoustiques de l'input) et phonologique formelle (système de « contraintes » classées, du type « 100 ms n'est pas /bref/ », reposant sur un algorithme d'apprentissage graduel, initialement uniquement sensible aux schémas de fréquence et de distribution des occurrences phonétiques, puis incluant un lexique de référence) pour décrire une « grammaire de perception ». Celle-ci permet de catégoriser le signal acoustique, variable et continu, à travers une étape de perception (de l'input auditif à l'input perceptif) puis de reconnaissance (de l'input perceptif aux représentations lexicales). Les trois hypothèses principales du L2LP sont : (i) la « Copie Complète » (*Full Copying*) du système en L1 comme base pour la L2 (les deux constituant L1 et L2 sont donc à terme deux systèmes distincts) ; (ii) l'« Accès Complet » (*Full Access*) à la grammaire universelle (les mécanismes d'acquisition en L1 et en L2 sont identiques) ; (iii) l' « Apprentissage Complet » (*Full Proficiency*), supposant que, sous réserve d'usage élevé, les compétences en L1 et en L2 peuvent être optimales.

En situation de perception d'un son nouveau, l'apprenant peut être confronté à plusieurs cas de figure, traités comme suit par ces modèles. D'abord, les cas baptisés *NEW* dans le L2LP et *Single-Category Assimilation* dans le PAM[4] : la majorité des productions acoustiques de deux catégories en L2 sont proches des réalisations typiques d'une catégorie en L1. L'apprenant doit dans ce cas créer une nouvelle catégorie en L2 ou diviser en deux sa catégorie existante en L1. Ensuite, les cas baptisés *SIMILAR* dans le L2LP et *Two-Category Assimilation* dans le PAM[5] : la majorité des productions acoustiques de deux catégories en L2 sont proches des réalisations typiques de deux catégories en L1. Ce cas est le plus simple pour l'apprenant, puisqu'il peut transférer ses deux catégories vers la L2. Toutefois, la difficulté réside dans l'ajustement entre catégories phonologiques (en L1 transférées vers la L2) et frontières phonétiques (en L2), puisque tous les cas envisagés impliquent initialement (chez les auditeurs naïfs) la catégorisation de « phones » (c'est-à-dire de sons à valeur linguistique) non natifs dans les catégories phonémiques de la L1. Dans certains cas, les phones de la L2 diffèrent tellement de la L1

---

4. Qui correspondent d'une certaine manière à des cas de transfert négatif divergent.
5. Qui correspondent d'une certaine manière à des cas de transfert positif.

qu'ils ne parviennent pas à être catégorisés. C'est en partie une des raisons qui conduisent à l'une des hypothèses majeures du SLM : que les sons « nouveaux » seraient plus faciles à apprendre que les sons similaires ou anciens, puisque la nouveauté serait ici facteur de saillance perceptive qui pourrait aider à l'apprentissage, alors que la similarité pourrait conduire à une forme d'assimilation catégorielle abusive. Cette hypothèse, formulée pour la perception, peut très facilement être transférable vers un modèle de production, en supposant une tendance identique pour des mouvements articulatoires différents vs des mouvements articulatoires similaires.

### 3.2.4 Production et perception

Les modèles de production en L2 sont globalement moins développés que ceux de perception (il s'agit généralement de modèles de production en L1 étendus aux sujets bilingues), peut-être en raison du primat accordé à la perception et à son importance dans la restructuration du système phonético-phonologique. Toutefois, certaines théories reposent sur l'idée que le couplage entre perception et production correspond à un couplage entre cible acoustique et « geste articulatoire ». Cela renvoie à la Théorie Motrice de la perception de la parole (*Motor Theory*, MT, de Liberman et al.), qui postule que la perception (et donc l'apprentissage) d'un son correspond à celle du geste articulatoire qui lui est associé. Par geste articulatoire, il faut comprendre ici une notion abstraite (l'équivalent articulatoire dynamique du phonème) incarnée par la combinaison d'actions coordonnées de différents articulateurs. D'après la MT, les invariants perceptifs caractérisant les réalisations d'un phonème ne se situent pas au niveau acoustique (grande variabilité) mais au niveau des gestes articulatoires, définis comme classes de mouvements d'un ou plusieurs articulateurs. La production d'un phone conditionnerait donc, en partie au moins, sa perception, puisque la reconnaissance d'un phonème s'effectuerait par la reconnaissance de ces gestes (ou plus exactement des cibles gestuelles, puisque les mouvements articulatoires réels des locuteurs peuvent aussi varier), renversant ici en partie le primat accordé jusqu'alors à la perception. Cette perspective conduit également, pour la prononciation en L2, à tenir compte de la notion de « positionnement articulatoire » (*articulatory setting*), qui serait, selon certains, spécifique à chaque langue. La distinction entre phonétique et phonologie est essentielle ici, puisque la production implique l'articulation physique des sons (phonétique), et donc un apprentissage moteur. L'une des questions, également valable pour la perception, est de savoir si l'apprentissage porte sur des unités phonologiques abstraites (phonèmes ou traits distinctifs phonologiques) ou des unités plus concrètes (exemplaires acoustiques ou traits phonétiques de surface renvoyant à des gestes articulatoires). Enfin, une autre manière d'examiner la production en L2 est de l'aborder à travers une classification des productions non-standard, par exemple la typologie classique des erreurs de Moulton, afin d'identifier la nature ou l'origine des divergences observées dans les données : (i) phonémique (inventaires phonémiques différents, ex. pas de /y/ en espagnol), (ii) phonétique (équivalence phonémique, mais non phonétique, ex. réalisation [ɯ] du /u/ par des Japonais), (iii) allophonique (équivalence phonémique et phonétique, mais non allophonique, c'est-à-dire pas pour tous les allophones, ex. aspiration du [t] initial prévocalique par des anglophones), (iv) distributionnelle (équivalence d'unités mais pas de distribution, ex. pas de séquence /sp/ à l'initial de mot en espagnol).

*3.2.5 Apprentissage*

L'une des hypothèses les plus anciennes et en même temps les plus fondamentales dans le domaine est celle de l'Analyse Contrastive (*Contrastive Analysis Hypothesis*, CAH, de Lado), qui postule notamment, de manière très intuitive, que les éléments de la L2 qui diffèrent de la L1 seront difficiles à apprendre, tandis que ceux qui seront similaires à des éléments de la L1 le seront moins. Hypothèse « de bon sens », mais qui a été, depuis lors, révisée et nuancée : certains sons très différents de ceux de la L1 peuvent être relativement faciles à acquérir par certains apprenants, tandis que d'autres, plus proches, le seront moins (cf. supra l'une des hypothèses principales du SLM, et ainsi le fait que les éléments plus saillants peuvent être plus faciles à acquérir). Un développement de la CAH se trouve dans l'Hypothèse du Différentiel de Marque (*Markedness Differential Hypothesis*, MDH) et l'Hypothèse de la Conformité Structurelle (*Structural Conformity Hypothesis*, SCH) élaborées par Eckman. La MDH suggère que ce qui en L2 diffère de la L1 *et* est plus marqué qu'en L1 sera difficile ; le degré relatif de difficulté de ce qui est différent en L2 et plus marqué qu'en L1 correspond au degré relatif de marque ; ce qui en L2 diffère de la L1 mais n'est pas plus marqué qu'en L1 ne sera pas difficile à apprendre. La SCH, quant à elle, suggère que les universaux valides pour les langues primaires (L1 et L2) le sont aussi pour les interlangues : on ne trouvera donc pas de structures ou de processus dans les interlangues qui n'existent pas dans les langues primaires. Le point essentiel est que les éléments non marqués seront plus faciles à apprendre que les éléments marqués, et que l'apprentissage du système en L2 n'est pas uniquement influencé par le système en L1 (cf. 3.1). Le modèle Ontogénie-Phylogénie (*Ontogeny Phylogeny Model*, OPM, de Major) par exemple suggère une triple influence, de la L1, de la L2 et des universaux linguistiques (comme le degré de marque) : d'après l'OPM, l'influence de la L1 serait très forte en début d'apprentissage, puis moins influente au cours du développement, remplacée par celle des universaux, puis par celle du système en L2. Ce scénario rendrait notamment compte de l'apparition, puis de la disparition, des surgénéralisations et des hypercorrections. Ce dernier schéma n'est pas sans rappeler un parcours d'apprentissage que l'on trouve dans d'autres domaines que la phonologie, à savoir la « courbe en U » (*U-shaped learning curve*) : des progrès importants en phase initiale, une régression au milieu, et un retour de performance à un stade plus avancé. L'importance des trois composants évoqués dans l'OPM varierait selon plusieurs facteurs, par exemple le style : plus le discours serait formel, plus l'influence de la L2 augmenterait, celle de la L1 diminuerait, tandis que celle des universaux augmenterait d'abord puis diminuerait ensuite. L'hypothèse du Taux Différentiel de Similarité (*Similarity Differential Rate Hypothesis*, SDRH, de Major et Kim), quant à elle, suggère que les sons de la L2 qui diffèrent de la L1 sont initialement difficiles à apprendre, mais sont ensuite rapidement appris, tandis que les sons similaires restent les mêmes au cours de l'apprentissage, voire même se dégradent progressivement.

Une telle présentation simplifiée de ces modèles d'apprentissage est toutefois problématique dans la mesure où la description reste très générale, alors qu'il importe de bien distinguer les versants perceptif et productif d'une part, et les niveaux phonétique et phonologique d'autre part : ne pas confondre sons et phonèmes ou exemplaire phonétique, catégorie phonétique et catégorie phonologique, tout en tenant compte des spécificités de chaque structure à l'étude, plus ou moins abstraites, du trait distinctif à la courbe intonative. Les travaux existants dans la littérature spécialisée se penchent donc sur des cas particuliers comme les occlusives, les contrastes vocaliques, les contrastes de liquides, la structure syllabique (groupes consonantiques, segments en position de coda) et la prosodie (accent, rythme, ton, accent tonal, intonation). Cette distinction entre niveaux phonétique et phonologique reste complexe, en particulier lorsque l'on prend en compte les études qui montrent que l'apprentissage de catégories abstraites, de manière relativement comparable à ce qu'effectue le jeune enfant en L1 (voir ch. 40), repose sur un apprentissage statistique distributionnel d'allophones contextualisés : l'apprentissage est sensible (plus ou moins rapide, plus ou moins précis) à la position de l'unité (attaque de syllabe, début de mot, coda, fin de mot), ce qui peut être expliqué soit par la notion de marque phonologique, soit par les notions de similarité perceptive, de facilité articulatoire ou de fréquence dans l'input. Bien que les effets de transfert de la L1 à la L2 soient prépondérants, l'apprentissage de la L2 est ainsi fortement influencé par d'autres facteurs et la formation d'un nouveau système phonético-phonologique (catégories segmentales ou patrons suprasegmentaux) repose sur la perception et l'encodage mnésique des différentes occurrences de sons en L2 auxquels seront exposés les apprenants. Ces occurrences conduisent à un apprentissage distributionnel relativement implicite qui aboutit graduellement à la formation de catégories abstraites. Suivant la modélisation proposée dans le L2LP, l'apprentissage phonético-phonologique consisterait précisément à établir des correspondances entre ces formes acoustiques (perception), des formes phonétiques (reconnaissance) et des formes phonologiques (représentations) qui activeraient des formes lexico-grammaticales. Dans la mesure où une forme acoustique peut activer initialement plusieurs formes phonétiques (et ainsi phonologiques et lexicales), le système optimal est celui qui établira les connexions les plus fortes entre les différents niveaux pour une unité prototypique donnée, minimisant ainsi les incertitudes et les malentendus, ainsi que le temps d'identification. Les travaux les plus récents (par exemple la version révisée du L2LP, qui tout en se présentant comme un modèle de perception, vise in fine à rendre compte du fonctionnement cognitif de l'apprentissage phonologique tant en perception qu'en production) suggèrent ainsi que l'apprentissage de nouveaux contrastes sonores en L2 n'est pas purement phonético-phonologique mais est lié au lexique et ainsi est en partie au moins influencé par le sens (les distinctions lexico-sémantiques), qui pourrait moduler la force de ces connexions.

**Références**

Bohn, O.-S. & Munro, M. J. (éds) (2007). *Language Experience in Second Language Speech Learning. In honor of James Emil Flege.* Amsterdam/Philadelphie : John Benjamins.

Colantoni, L., Steele, J. & Escudero, P. (2015). *Second Language Speech: Theory and Practice*. Cambridge : Cambridge University Press.

Detey, S. (2005). *Interphonologie et représentations orthographiques. Du rôle de l'écrit dans l'enseignement/apprentissage du français oral chez des apprenants japonais*. Thèse de doctorat, Université de Toulouse II.

Gut, U. (2009). *Non-native Speech: a Corpus-based Analysis of Phonological and Phonetic Properties of L2 English and German*. Vienne : Peter Lang.

Hansen Edwards, J. & Zampini, M. L. (éds) (2008). *Phonology and Second Language Acquisition*. Amsterdam/Philadelphie : John Benjamins.

# 15 Les anglophones[1]

## 1. Description du système phonético-phonologique de l'anglais

### 1.1 Situation sociolinguistique : quelle variété de référence ?

Il existe deux variétés de référence généralement reconnues pour la prononciation de l'anglais : *Received Pronunciation* (RP) en Europe et *General American* (GA) en Amérique du Nord, et ce sont essentiellement ces deux variétés qui seront décrites ci-dessous. La norme RP est basée sur la prononciation de la classe moyenne du sud de l'Angleterre. Quant au GA, il s'agit d'une prononciation de l'anglais des États-Unis dans laquelle les caractéristiques régionales marquées, celles de la ville de New York ou des états du Sud, par exemple, sont absentes. La prononciation de l'anglais canadien ressemble pour la majorité de ses caractéristiques au GA, mais avec quelques différences, notamment au niveau de certaines voyelles. Le Nord de l'Angleterre, le Pays de Galles, l'Écosse et l'Irlande ont des prononciations qui peuvent différer considérablement de la RP, de même pour l'anglais de l'Afrique du Sud, de l'Australie et de la Nouvelle-Zélande. La colonisation et le statut de l'anglais comme *lingua franca* internationale ont fait en sorte qu'il existe des prononciations de l'anglais propres à des régions telles que l'Asie du Sud (notamment l'Inde et le Pakistan), l'Afrique de l'Ouest, l'Afrique de l'Est, et les Antilles.

### 1.2 Inventaire phonémique

L'inventaire phonémique de l'anglais comporte des distinctions entre voyelles brèves et longues et entre consonnes sourdes et sonores. Il n'y pas de voyelles phonologiquement nasales, mais une voyelle orale peut être nasalisée par une consonne nasale qui suit.

### 1.2.1 Voyelles

L'anglais compte sept voyelles brèves : /ɪ ɛ æ ɒ ʌ ə ʊ/. La voyelle /ɒ/ est représentée par une voyelle non arrondie en GA : /ɑ/. La voyelle /ə/ (schwa) n'apparaît qu'en syllabe inaccentuée 🎧.

---

1. Rédigé par Jeff Tennant. Jeff Tennant remercie les personnes suivantes qui ont bien voulu prêter leurs voix aux enregistrements : Jonathan Kasstan, Vera Regan, Susana Soler, Jennifer Sutton.

Les dix voyelles longues de l'anglais diffèrent des brèves non seulement dans leur durée, mais aussi dans leur qualité, dans la plupart des cas. Ainsi, si /ɑː/, /ɔː/ et /ɜː/ sont des monophtongues, /iː/ et /uː/ se réalisent le plus souvent comme des diphtongues : [i͡j] et [u͡w]. Par ailleurs, les cinq autres voyelles longues sont des diphtongues : /e͡ɪ/, /a͡ɪ/, /ɔ͡ɪ/, /a͡ʊ/ et /o͡ʊ/. En GA, /ɜː/ correspond plutôt à /əɹ/ ou /ɚ/ (voir ci-dessous pour la variation régionale du /ɹ/). Dans plusieurs variétés du GA, et notamment au Canada, la distinction entre /ɑː/ et /ɔː/ a disparu au profit de la première voyelle 🔊.

### 1.2.2 Consonnes

L'inventaire des consonnes de l'anglais comprend les occlusives sourdes /p t k/ et sonores /b d g/, les fricatives sourdes /f θ s ʃ h/ et sonores /v ð z ʒ/, ainsi qu'une affriquée sourde /t͡ʃ/ qui s'oppose à une sonore /d͡ʒ/. En outre, il y a trois nasales /m n ŋ/, deux liquides /l ɹ/, et deux glissantes : /j w/ 🔊.

## 1.3 Allophonie et contraintes phonotactiques

La structure syllabique de l'anglais favorise les syllabes fermées, c'est-à-dire les syllabes qui se terminent par une ou plusieurs consonnes. Lorsqu'une occlusive comme /t/ se trouve en fin de syllabe, il n'y a souvent pas de détente consonantique qui suit l'occlusion : *cat* [kæt] 'chat' 🔊.

Quand une occlusive sourde /p t k/ est en position initiale d'une syllabe, sous certaines conditions, elle est aspirée : [pʰ tʰ kʰ]. Par contre, entre deux voyelles en syllabe inaccentuée, /t/ se prononce souvent [ɾ] en GA, et [ʔ] dans certaines variétés britanniques, mais il garde sa prononciation [tʰ] en RP dans ces distributions. Il faut préciser aussi que les occlusives voisées ne sont pas de « vraies » voisées (comme en français et espagnol) et qu'elles sont souvent réalisées sans vibration des cordes vocales (*bay* [b̥eɪ] 'baie'). /l/ en RP se prononce avec la pointe de la langue [l] en début de syllabe (*light* [laɪt] 'lumière'), et avec une articulation vélarisée [ɫ] en fin de syllabe (*fall* [fɑɫ] 'tomber'). Cet allophone vélaire se trouve dans toutes les positions en GA et en anglais écossais, tandis qu'un [l] apical est généralisé dans les variétés irlandaises.

## 1.4 Aspects prosodiques

### 1.4.1 Accentuation et rythme

Comme le savent les francophones qui ont appris l'anglais, l'accentuation en anglais est au niveau du mot, à la différence de l'accent de groupe prosodique en français. Par ailleurs, il n'est pas toujours facile de prédire quelle syllabe d'un mot anglais sera accentuée et l'accentuation peut avoir une fonction distinctive : (/'pɜːmɪt/ 'un permis' vs /pɜːˈmɪt/ 'permettre'), tandis que sa fonction est purement démarcative (ou expressive) en français.

L'anglais tend vers une rythmicité accentuelle, les syllabes accentuées ayant une durée et une intensité nettement supérieures aux syllabes inaccentuées, qui peuvent faire l'objet de réductions considérables.

### 1.4.2 Intonation

L'intonation de l'anglais est étroitement liée à l'accentuation. Ainsi, elle s'organise autour des accents mélodiques (*pitch accents*) qui sont alignés sur les syllabes accentuées. On trouve des courbes intonatives complexes combinant des descentes et des montées. Par exemple, un ton descendant suivi d'un ton montant peut exprimer des attitudes comme le doute : *Really ?* 'Vraiment ?'. Dans une phrase interrogative, une montée peut débuter sur une syllabe accentuée et continuer sur les syllabes inaccentuées qui suivent, pour atteindre son sommet sur la finale : *Do you want to go there ?* (accent sur *want* et montée graduelle sur les trois syllabes qui suivent), 'Veux-tu y aller ?'. Un patron semblable à cette intonation montante tend depuis une trentaine d'années à s'employer également de façon variable dans les phrases déclaratives pour confirmer que l'interlocuteur écoute : *I would like to go there* (accent sur *like*) 'Je voudrais y aller' 🔊.

### 1.5 Variation diatopique

Comme nous l'avons vu ci-dessus, l'opposition entre /ɑː/ et /ɔː/ a disparu dans plusieurs régions de l'Amérique du Nord. Les diphtongues /eɪ/ et /oʊ/ se réalisent comme des monophtongues [e] et [o] en Irlande et en Écosse. Chez les Écossais, l'antériorisation de /u/ à [ʉ] est fréquente. Au Canada, les diphtongues /aɪ/ et /aʊ/ peuvent contenir un noyau vocalique plus fermé et plus centralisé : [əɪ], [ʌʊ].

La liquide /ɹ/, le plus souvent réalisée comme une approximante rétroflexe (c'est-à-dire avec une constriction du dos de la langue contre le palais dur et une courbure de la pointe de la langue vers l'arrière), montre une variation considérable. En position postvocalique (*car* 'voiture'; *horse* 'cheval'), le [ɹ] ne se prononce pas en RP et dans certaines régions des États-Unis (ville de New York, Nouvelle-Angleterre, Sud-Est), ainsi qu'en Australie et en Nouvelle-Zélande. Ailleurs aux États-Unis ainsi qu'au Canada, en Irlande et dans le Nord de l'Angleterre, /ɹ/ est toujours prononcé dans ces positions. En Ecosse, /ɹ/ se réalise souvent comme un [ɾ] apical « battu » 👁.

### *1.6 Système d'écriture*

L'anglais utilise l'alphabet latin, mais sans caractère accentué. Comme en français, la correspondance entre orthographe et prononciation en anglais est complexe, chaque phonème pouvant avoir plusieurs représentations orthographiques et chaque graphème pouvant correspondre à plusieurs phonèmes. Le fait que la prononciation d'une voyelle peut varier selon qu'elle est accentuée ou non ajoute à cette complexité. Ainsi, la première voyelle dans *conduct* 'conduite' est prononcée [ɒ] : [ˈkɒndʌkt], mais dans *conduct* 'mener, diriger', elle est réduite à schwa : [kənˈdʌkt].

## 2. La prononciation des apprenants

Les difficultés peuvent varier selon le degré d'exposition que les apprenants ont au français, mais nous nous concentrerons ici sur les problèmes de prononciation les plus souvent observés chez les anglophones qui apprennent le français.

### *2.1 Voyelles*

#### *2.1.1 Les voyelles absentes du système en L1*

Étant donné les différences entre les systèmes phonologiques, les apprenants ont souvent de la difficulté à produire les voyelles suivantes :

– Voyelles antérieures arrondies : [y], [ø], [œ], qui posent des problèmes au niveau de la tension articulatoire et l'arrondissement des lèvres pour une voyelle antérieure. /y/ se prononce [u͡w] ou bien [ju͡w] ou même [ju]. [ø] et [œ] se prononcent comme le [ə] central anglais ;

– Voyelles nasales : on constate des difficultés dans la prononciation de ces voyelles et des confusions entre /ɛ̃/ et /ɑ̃/, et entre /ɑ̃/ et /ɔ̃/ ;

– Schwa : le schwa anglais est plus central et moins tendu que le /ə/ français, ce qui génère des interférences 👁.

#### *2.1.2 Les voyelles phonétiquement différentes*

Les différences phonétiques entre les systèmes vocaliques donnent lieu aux difficultés suivantes chez les apprenants anglophones :

– [i], [u], [e] se prononcent parfois comme des diphtongues, sous l'influence de l'articulation vocalique moins tendue de l'anglais : [i͡j], [u͡w], [eɪ] 👁 ;

– Si les anglophones peinent à prononcer les voyelles nasales du français, ils peuvent aussi, sous l'influence de leur L1, nasaliser une voyelle orale devant une consonne nasale : « Cannes » [kæ̃n].

## *2.2 Consonnes*

### *2.2.1 Les consonnes absentes du système en L1*

À l'exception de /ɲ/ qui disparaît au profit de /nj/, il n'y a pas de consonnes en français n'ayant pas de contrepartie dans l'inventaire des phonèmes de l'anglais. La semi-consonne /ɥ/ qui n'existe pas en anglais, se prononce [w] chez les anglophones 🔊.

### *2.2.2 Les consonnes phonétiquement différentes*

Des différences phonétiques entre les consonnes de l'anglais et du français sont à l'origine de plusieurs difficultés :
   – Les occlusives [p t k] sont souvent prononcées avec une aspiration, comme en anglais : [pʰ tʰ kʰ] 🔊 ;
   – Les occlusives sonores sont parfois dévoisées, sans doute parce qu'en anglais, comme on a observé en 1.3, ce ne sont pas de vraies consonnes voisées : [b̥ d̥ ɡ̊] ;
   – [t] et [d] ont en outre toujours une articulation alvéolaire, y compris devant les voyelles antérieures ;
   – [l] est parfois prononcé avec l'allophone vélaire de l'anglais : [ɫ] ;
   – [ʁ] peut être réalisé comme le [ɹ] anglais.

## *2.3 Syllabe*

Étant donné la préférence de l'anglais pour la syllabation fermée et celle du français pour une syllabation ouverte, les anglophones peinent à réaliser les enchaînements consonantiques : « votre ami » [vɔ.tʃɹə.a.mi] (voir 2.5 pour la prononciation de /tʁ/) au lieu de [vɔ.tʁa.mi] ou « cette idée » [sɛt.i.de] au lieu de [sɛ.ti.de]. Par ailleurs, ils prononcent souvent les occlusives en fin de syllabe sans détente consonantique 🔊.

## *2.4 Accentuation et intonation*

Comme l'accentuation et l'intonation s'organisent autour du mot lexical en anglais, les anglophones ont une prosodie qui diffère du patron français organisé autour du groupe prosodique. Ils tendent à placer l'accent en début de mot plutôt qu'en fin de groupe et les voyelles des syllabes inaccentuées sont parfois réduites au schwa anglais.

Quant à l'intonation, on constate des montées de continuité et des descentes de finalité qui commencent avant la syllabe finale de groupe, ainsi que le transfert de courbes intonatives complexes de l'anglais. Finalement, une intonation montante peut être réalisée dans les phrases déclaratives, sous l'influence d'une tendance récente dans la prosodie de leur L1 🔊.

### *2.5 Le traitement grapho-phonémique*

Le fait que la relation entre écriture et prononciation soit aussi complexe en anglais qu'en français ne facilite bien entendu nullement la tâche de l'apprenant anglophone qui acquiert le français. Nous énumérons ici les cas qui posent les problèmes les plus persistants.

Outre les problèmes de correspondance grapho-phonémique pour les voyelles que l'on observe chez les apprenants de toutes les L1, les anglophones ont des difficultés avec certaines consonnes :

– la séquence <tr> se prononce parfois [tʃɹ], comme en anglais ;
– le suffixe <-tion> peut se prononcer erronément [ʃɔ̃], et cette tendance à prononcer [ʃ] au lieu de [s] pour <-ti-> peut être plus généralisée, comme dans « essentiel ».

## Références

Carr, P. (2013). *English Phonetics and Phonology: An Introduction*. 2ᵉ édition. Oxford : Wiley-Blackwell.

Delattre, P. (1966). *Comparing the Phonetic Features of English, French, German and Spanish: An interim report*. Philadelphie : Chilton.

Gimson, A.C. (1981). *An Introduction to the Pronunciation of English*. 3ᵉ édition. Londres : Edward Arnold.

Léon, P.R. (2011). *Phonétisme et prononciations du français*. 6ᵉ édition. Paris : Armand Colin.

Léon, P. R. & Léon, M. (1964). *Introduction à la phonétique corrective à l'usage des professeurs à l'étranger*. Paris : Hachette.

# 16 Les arabophones[1]

## 1. Description du système phonético-phonologique de l'arabe[1]

### 1.1 Situation sociolinguistique : quelle variété de référence ?

L'arabe est la langue qui compte le plus de locuteurs au sein de la famille sémitique, il est parlé actuellement par plus de 200 millions de locuteurs, sur une zone géographique assez étendue d'environ 13,5 millions de km², d'est en ouest, de l'océan Indien à l'océan Atlantique, et du nord au sud, de la Méditerranée au Sahel. L'arabe s'actualise sous deux variétés principales : d'une part une variété littéraire que l'on qualifie de moderne, de contemporaine et parfois à tort de classique, cette variété (que nous appellerons « arabe moderne ») est purement formelle et n'est la langue maternelle d'aucun locuteur arabophone aujourd'hui ; d'autre part, une variété populaire qui est la langue maternelle des arabophones natifs et qui est appelée dialectale (accompagnée d'une indication géographique précise : arabe marocain, algérien, tunisien, égyptien, soudanais, yéménite, saoudien, jordanien, syrien, libanais, etc.) ou régionale (arabe maghrébin vs arabe oriental) (voir ch. 9). L'arabe moderne et ses variétés dialectales forment un ensemble qui partage des propriétés phonologiques, morphologiques et lexicales importantes et il existe par ailleurs un degré d'intercompréhension plus ou moins élevé entre les locuteurs de différents pays et régions.

### 1.2 Inventaire phonémique

#### 1.2.1 Voyelles

L'arabe moderne possède un système vocalique des plus élémentaires, composé de trois timbres périphériques /i u a/ doublés par un contraste phonémique de durée opposant des voyelles brèves à des voyelles longues /i iː u uː a aː/ ⊙. Ces voyelles se distinguent essentiellement par deux traits, l'aperture (fermé vs ouvert) et la zone d'articulation (antérieur vs central vs postérieur) : /i/ et /iː/ sont des voyelles fermées antérieures, /u/ et /uː/

---

1. Rédigé par M. Embarki, L. Abou Haidar, C. Zeroual et R. Naboulsi.

sont fermées postérieures, et /a/ et /aː/ sont ouvertes centrales. La labialité n'est pas contrastive en arabe, seules les voyelles postérieures sont produites avec les lèvres légèrement arrondies.

*1.2.2 Consonnes*

Le système consonantique de l'arabe moderne est composé de 28 phonèmes, des occlusives /b t d tˤ dˤ k q ʔ/ 🔊, des fricatives /θ ð ðˤ f s z sˤ ʃ ʒ χ ɣ ħ ʕ h/ 🔊, des nasales /m n/, des approximantes /l j w/, de la vibrante /r/ 🔊. L'arabe moderne se distingue des langues du monde d'une part par la présence de certaines consonnes qui lui sont propres comme les occlusives et les fricatives pharyngalisées /tˤ dˤ sˤ ðˤ/ 🔊 qui s'opposent à leurs correspondantes pleines /t d s ð/, ou les pharyngales /ħ ʕ/ ; et d'autre part, par un nombre assez important de lieux d'articulation (cinq lieux d'articulation différents pour les occlusives et sept lieux d'articulation différents pour les fricatives). Le système est assez équilibré quant à l'opposition de voisement, huit paires de consonnes obstruantes s'opposent par cette qualité, et au total, 15 consonnes sont voisées, et 13 sont non voisées. Certaines oppositions consonantiques sont organisées en triade, partageant plusieurs propriétés, composée d'une consonne non voisée, d'une voisée et d'une correspondante pharyngalisée voisée ou non, comme la triade d'occlusives /t d tˤ/, de fricatives alvéolaires /s z sˤ/ et de fricatives dentales /θ ð ðˤ/. Les 28 consonnes ont une distribution complète (position initiale, médiane et finale) et peuvent être géminées, même en position initiale. La gémination est phonologique et elle est hautement contrastive dans des distinctions de nature morphologique, comme dans les exemples suivants : /kasara/ 'casser' vs / kassara / 'briser en petits morceaux' 🔊.

## *1.3 Allophonie et contraintes phonotactiques*

Les six phonèmes vocaliques de l'arabe moderne se réalisent sous différentes variantes allophoniques, en fonction du contexte consonantique et de la position prosodique (syllabe accentuée vs non accentuée). À titre d'exemple, /i/ est réalisé comme [i], [ɪ] et [ɨ] ; /iː/ comme [iː], [ɪː] et [ɨː] ; /u/ est réalisé sous deux formes [u] et [ʊ] ; /uː/ sous deux formes [uː] et [ʊː] ; /a/ est réalisé sous quatre allophones [ɜ],[ɐ], [a] et [ɑ] 🔊 ; /aː/ sous quatre formes également [ɜː],[ɐː], [aː] et [ɑː] 🔊.

La consonne occlusive uvulaire non voisée /q/ est actualisée sous différentes formes, comme glottale [ʔ], comme vélaire non voisée [k] ou voisée [g], comme affriquée non voisée [t͡ʃ] ou voisée [d͡ʒ]. Le phonème /ʒ/

possède plusieurs allophones, comme [ʒ], [d͡ʒ] et [g]. Les consones dites « solaires » /t tˤ d dˤ θ ð ðˤ n r l s sˤ z ʃ/ peuvent être géminées en position initiale de mot en s'assimilant complètement à la plosive glottale /ʔ/, contrairement aux 14 consonnes dites « lunaires », /b m f ʒ j k w q χ ɣ ħ ʕ ʔ h/, qui n'acceptent pas la gémination en position initiale.

## *1.4 Aspects prosodiques*

### *1.4.1 La syllabe*

La base morpho-phonologique en arabe est triconsonantique CCC, avec des syllabes simples CVCVCV, mais aussi un système dérivationnel complexe. La syllabe type est composée d'une attaque consonantique, d'un noyau vocalique, suivi éventuellement d'une consonne en coda. La voyelle ne peut en aucun cas occuper la position d'attaque, elle est obligatoirement précédée d'une consonne, parfois de deux, mais jamais de trois ; elle peut être suivie par une consonne dans la même syllabe, et de deux en position pré-pausale. Le nombre de consonnes composant une syllabe varie fortement d'un dialecte à l'autre, mais en général, les dialectes maghrébins ont tendance à favoriser des syllabes à plusieurs consonnes autour d'une voyelle épenthétique.

Les consonnes homorganiques sont rarement permises au sein de la même racine. Il y a quatre classes consonantiques où la co-occurrence de la même classe dans la même racine est évitée (postérieures : /χ ɣ ħ ʕ h ʔ k g q/ ; liquides /l r n/ ; antérieures /θ ð ðˤ t tˤ d dˤ s sˤ z ʃ/ ; labiales /b m f/).

### *1.4.2 L'accent*

L'accent en arabe moderne et dans ses variétés dialectales affecte les mots lexicaux, il dépend de la nature et du poids de la syllabe, lourde (nombre de consonnes, gémination et quantité vocalique) ou légère (/CV/), sa fonction n'est pas distinctive. Il se manifeste principalement par la $F_0$ et l'intensité. La tendance dans une séquence trisyllabique simple $C_1V_1C_2V_2C_3V_3$ est à l'accentuation de la syllabe initiale /'$C_1V_1C_2V_2C_3V_3$/. Si une syllabe lourde est introduite, elle attire l'accent ; si plusieurs syllabes lourdes se succèdent dans une même séquence, la première en partant de la fin reçoit l'accent 💿

### *1.4.3 Rythme et intonation*

L'arabe et ses variétés font partie des langues à rythmicité accentuelle (*stress-timed*). Cependant, ce patron rythmique est atténué par les divisions géolectales, avec, par exemple, une rythmicité moins accentuelle au Maghreb vs une rythmicité plus accentuelle au Machreq. Cette différence est due selon toute vraisemblance aux schèmes syllabiques dominants dans chaque région : il existe une préférence nette dans les dialectes maghrébins pour les syllabes pluri-consonantiques suite à l'effacement de la voyelle et à l'introduction d'une voyelle épenthétique ; en revanche les dialectes orientaux préfèrent la syllabation ouverte de type CV.

Les études intonatives portant sur le domaine arabe montrent que toutes les variétés utilisent des variations phrastiques et non lexicales de la hauteur et de l'accentuation. Les patrons intonatifs les plus fréquents sont le continuatif, le conclusif et l'interrogatif.

### 1.5. Variation diatopique

Les dialectes arabes décrits dans la littérature montrent tous leur appartenance à ce diasystème, car ils se caractérisent sans exception par un système consonantique riche, variant selon les parlers entre 26 et 32 phonèmes, et un système vocalique réduit, entre 7 et 10 voyelles selon les régions. En fonction du dialecte maternel, l'actualisation de l'arabe moderne sera accompagnée d'une forte variation qui touche toutes les unités segmentales, consonnes et voyelles. Les consonnes qui subissent le plus l'influence du dialecte maternel sont les fricatives interdentales /θ ð ðˤ/ et la plosive uvulaire non voisée /q/.

Il y a des différences régionales dans le système accentuel. Contrairement aux dialectes orientaux qui ont le même système accentuel que l'arabe moderne, les dialectes maghrébins accentuent généralement la pénultième.

### 1.6 Système d'écriture

L'alphabet arabe qui s'écrit de gauche à droite est appelé *Abjad* par les arabophones, nom construit à partir des quatre premières lettres *(alif, bā', jīm, dāl)*. L'histoire de l'écriture arabe est à repenser dans un cadre plus global des langues de l'aire méditerranéenne. L'Abjad est hérité du nabatéen, qui à son tour l'a hérité du phénicien. L'Abjad est composé de 28 consonnes, chacune possédant quatre formes différentes : 1) la position isolée ; 2) la position initiale du mot ; 3) la position médiane ; et 4) la position finale. La gémination (*chadda* en arabe) est marquée par un signe diacritique au-dessus de la consonne (ّ), comme dans les exemples mentionnés plus haut : كَسَرَ /kasara/ 'casser' et كَسَّرَ /kassara/ 'briser en petits morceaux'.

Les voyelles brèves, appelées « mouvements », ne sont pas représentées généralement, sauf pour les débutants ou pour lever d'éventuelles ambiguïtés de sens. Les voyelles /u a/ sont représentées au-dessus de la consonne, respectivement « ́ » et « ̀ » ; la voyelle /i/ est représentée en-dessous de la consonne, « ̣ » ; la consonne non vocalisée s'accompagne d'un signe diacritique, « ̊ », appelé *suku:n* (littéralement absence de mouvement), au-dessus de la consonne, comme dans les exemples suivants : عَلِمَ /ʕalima/ 'apprendre, avoir connaissance de' et أَعْلَمُ /ʔaʕlamu/ 'je sais'.

Les trois voyelles longues sont toujours apparentes à l'écrit, rattachées à gauche de la consonne. Le /a:/ est représenté par *Alif*, la première lettre de l'alphabet « ا » ; le /u:/ est représenté par la 27e lettre de l'alphabet, la même lettre que la consonne /w/ « و » ; et le /i:/ est représenté par la 28e et dernière lettre de l'alphabet, la même lettre que la consonne /j/ « ي », comme dans les exemples respectifs suivants : عالِم /ʕa:lim/ 'érudit', عُلوم /ʕulu:m/ 'sciences' et عِلمي /ʕilmi:/ 'scientifique'.

## 2. La prononciation des apprenants

Pour le public arabophone, il faut garder à l'esprit la distinction présentée dans le chapitre 9 sur le statut du français dans le Monde arabe : FLE vs FLS. En fonction de ce statut, les erreurs vont varier.

### *2.1. Voyelles*

*2.1.1 Les voyelles absentes du système en L1*

Compte tenu de l'extrême réduction du système vocalique de l'arabe, les erreurs les plus fréquentes des apprenants concernent les voyelles antérieures labialisées /y ø œ/, les voyelles moyennes antérieures /e ɛ/ et postérieures /o ɔ/ ainsi que les voyelles nasales ⊚.

*2.1.2 Les voyelles phonétiquement différentes*

Étant donné les différences phonétiques entre les systèmes vocaliques, les apprenants peinent souvent à réaliser :

– [y] : réalisée [i] au Maghreb et [u] au Machrek, les locuteurs orientaux étant probablement influencés par leur expérience antérieure de l'apprentissage de l'anglais introduit dans le système éducatif plus tôt que le français ;

– les voyelles moyennes antérieures et postérieures : [e] est réalisée [i] en raison de la zone de dispersion trop large de ce phonème en L1. [o ɔ] sont quant à elles réalisées [u], mais de manière moins systématique ;
– les voyelles nasales sont souvent décomposées en [V+n] chez les débutants ⊚ ; les apprenants plus avancés parviennent à réaliser correctement la voyelle /ɛ̃/, mais confondent souvent /ɔ̃/ et /ɑ̃/ ⊚.

Il faut noter que les voyelles périphériques /i a u/, pourtant communes aux deux systèmes, n'échappent pas non plus à certaines transformations. Il arrive souvent que la voyelle /i/ en position atone soit réalisée [e], il en est de même pour /u/ réalisée [o]. Ceci s'explique probablement par l'espace vocalique articulatoire et acoustique qui est moins maximalisé en arabe, comparé au français.

## *2.2 Consonnes*

### *2.2.1 Les consonnes absentes du système en L1*

Comme pour les voyelles, les erreurs des apprenants arabophones surviennent sur des Rphonèmes manquants en arabe, comme le /p/, le /v/, le /R/ et le /ɥ/. Les confusions de consonnes les plus fréquentes concernent l'occlusive bilabiale non voisée /p/ réalisée voisée [b] ⊚, surtout en position initiale de mot suivie de voyelle, comme /pɛ̃/ réalisé [bɛ̃]. La fricative labiodentale voisée /v/, bien qu'elle n'existe pas non plus en arabe comme le /p/, est moins souvent remplacée par sa correspondante non voisée [f].

### *2.2.2 Les consonnes phonétiquement différentes*

La consonne /R/ est souvent réalisée chez les locuteurs arabophones en vibrante alvéolaire roulée [r], et quand elle est associée à une occlusive non voisée comme /pR/, /tR/ ou /kR/, elle est souvent transformée en fricative uvulaire non voisée [χ], comme dans les mots « prix », « tri », « cri », réalisés respectivement [pχi], [tχi] et [kχi].

## *2.3 La syllabe*

La tendance à la syllabation ouverte en français semble convenir globalement aux apprenants arabophones. Quand il s'agit de syllabes lourdes avec plusieurs consonnes, comme CCCVCC dans « croître » /kRwatR/, les divisions géographiques vont apparaître : les locuteurs maghrébins dont les dialectes maternels ont une préférence pour des syllabes pluri-consonantiques n'auront pas de difficultés à réaliser ce genre de syllabe en français, contrairement aux locuteurs orientaux qui vont avoir tendance à insérer une voyelle épenthétique [kəʁwatʁ] 🔊.

Un autre fait sonore saillant qui permet de différencier locuteurs maghrébins et orientaux est le degré de présence d'une attaque glottale à l'initiale d'un mot français commençant par une voyelle. Dans un mot comme « aimer », les locuteurs orientaux vont réaliser une consonne glottale très saillante [ʔeme], et ce quel que soit leur niveau de compétence en français, débutants ou très avancés. Ceci s'explique par les contraintes qui pèsent sur la syllabe en arabe, où la consonne en est forcément l'élément initial 🔊.

### 2.4 Accentuation, rythme et intonation

Les arabophones calquent le système accentuel de leur dialecte maternel sur leur production en français. Au lieu de produire un accent de durée sur la dernière syllabe du groupe rythmique, ils produisent un accent de hauteur avec un accroissement d'intensité sur la première syllabe du mot. En outre, les locuteurs d'origine maghrébine auront tendance à mettre la proéminence sur la pénultième, comme dans le dialecte maternel.

L'accentuation quasi systématique de la syllabe initiale des mots d'un même groupe rythmique a pour effet immédiat une parole qui manque de fluidité, voire perçue par les francophones natifs comme saccadée. Elle entraîne par conséquent une organisation rythmique faite d'alternance syllabique forte-faible.

Les apprenants arabophones produisent souvent des mélodies neutres en lieu et place de variations obligatoires faites de montées et de descentes, ce qui peut parfois poser des problèmes d'intercompréhension. Parmi toutes les intonations de base du français, la question totale est celle qui leur pose le plus de difficultés. Les apprenants ne distinguent pas facilement à l'oral deux énoncés comme : « Ils sont partis en voiture. » vs « Ils sont partis en voiture ? »

### 2.5 Le traitement grapho-phonémique

En fonction des zones géodialectales, de la familiarisation ou non avec l'alphabet latin, ou encore d'un apprentissage antérieur de l'anglais, on peut relever des erreurs de prononciation de différentes natures, la principale restant induite par le principe de la correspondance stricte graphie-phonie de l'arabe : le graphème <h> peut être prononcé [h] en position initiale comme dans le mot « honte », les consonnes graphiques finales <s-t-d>, etc. peuvent être prononcées, il en est de même de la consonne graphique <n> dans le cas des combinaisons V+<n> correspondant aux voyelles nasales. Le graphème <e> des graphies vocaliques composées (comme dans « veau ») peut entraîner des erreurs d'interprétation de la voyelle orale correspondante ([vø] au lieu de [vo]). Les graphies consonantiques dédoublées peuvent être produites comme une consonne géminée, ce qui peut correspondre à un transfert du phénomène de gémination (*chadda*) en arabe. Enfin la combinaison graphique <V1+V2> peut entraîner de multiples phénomènes de distorsion, le plus fréquent étant le coup de glotte précédant V2, compte tenu de l'inexistence de l'enchaînement V+V en langue arabe, et du fait que les voyelles ne sont jamais en position syllabique initiale.

**Références**

Al-Ani, S. H. (1970). *Arabic Phonology. An Acoustical and Physiological Investigation.* La Haye : Mouton.

Canepari, L. (2005). *A Handbook of Pronunciation*. Munich : Lincom Europa.

Helmmuth, S. (2013). Phonology. In J. Owens (éd.), *The Oxford Handbook of Arabic Linguistics*. Oxford : Oxford University Press, 45-70.

Kaye, A. J. (2009). Arabic. In B. Comrie (éd.), *The World's Major Languages*. Londres : Routledge, 560-577.

Watson, J. C.E. (2002). *The Phonology and Morphology of Arabic*. Oxford : Oxford University Press.

# 17 Les bosno-croato-monténégro-serbophones[1]

## 1. Description du système phonético-phonologique du bosnien-croate-monténégrin-serbe (BCMS)

### 1.1 Situation sociolinguistique : quelle variété de référence ?

Le bosnien, le croate, le monténégrin et le serbe sont quatre langues nationales officielles en Bosnie-et-Herzégovine, Croatie, Monténégro et Serbie dont les locuteurs affirment souvent : « *si vous en apprenez une, vous parlez pratiquement les trois autres* » ! Alors, une… ou quatre langues ? Chaque locuteur du bosnien, du croate, du monténégrin et du serbe peut aisément reconnaître l'origine de son interlocuteur, car chacune de ces langues est caractérisée par une variété standard propre, mais l'intercompréhension sans alternance codique demeure assurée. En effet, après examen de critères généalogiques et typologiques, il est impossible de considérer ces langues comme des entités distinctes. En réalité, il s'agit d'une langue polycentrique, système linguistique unique reposant sur la même base dialectale et ayant développé plusieurs standards. Les différences morphosyntaxiques sont minimales. L'écart le plus frappant se situe aux niveaux lexical et graphique (alphabets latin et cyrillique). Il s'agit donc d'une langue nommée « BCMS » (bosnien-croate-monténégrin-serbe), acronyme faisant consensus parmi les linguistes. C'est pourquoi nous l'adoptons pour traiter de cette langue peu diffusée et peu enseignée, parlée par environ 20 millions de personnes.

### 1.2 Inventaire phonémique

#### 1.2.1 Voyelles

Le BCMS compte 5 voyelles moins tendues que celles du français. La plupart des auteurs transcrivent ces voyelles comme /i e a o u/ 🔊 mais certains auteurs les transcrivent ainsi : /i ɛ a ɔ u/. Sur un plan phonologique, les voyelles peuvent être longues 🔊 ou brèves mais il y a peu de paires minimales opposant ces voyelles longues et brèves. Une diphtongue /i͡e/ se produit uniquement dans une syllabe longue.

---

1. Rédigé par Claire Pillot-Loiseau, Altijana Brkan et Vanda Marijanovic.

*1.2.2 Consonnes*

Parmi les 25 consonnes du BCMS ⓞ, on trouve les occlusives /p t k b d g/, les fricatives /f s ʃ z ʒ x/, les nasales /m n ɲ/, la vibrante apicale /r/, les approximantes /ʋ j/, les latérales approximantes /l ʎ/ mais aussi les affriquées dentales /t͡s/, postalvéolaires /t͡ʃ d͡ʒ/ et palatales /t͡ɕ d͡ʑ/. Les consonnes /t d s z/ sont apicodentales en BCMS (pointe de la langue touchant les dents supérieures de devant) et laminodentales en français (partie supérieure de la langue juste derrière sa pointe touchant les dents supérieures tandis que la pointe touche les dents inférieures). Les groupes consonantiques sont communs en BCMS.

## 1.3 Allophonie et contraintes phonotactiques

Les voyelles se centralisent vers le schwa, /i/ devient [ɪ], /a/ devient [ɐ] et /ɛ/ devient [ə] dans les syllabes non-accentuées. En effet, un [ə] non phonémique court peut se produire entre deux consonnes et dans certains autres contextes, notamment en syllabe non-accentuée. Concernant les consonnes, on note que la battue alvéolaire [ɾ] est une variante libre du /r/. Le /n/ devient [ŋ] devant /k/ ou /g/ : /banka/ [bàŋka] ('banque'). Le /x/ se réalise souvent comme [h] devant une voyelle : /hemija/ [hemija] ('chimie'). Le /m/ devient [ɱ] devant /v/, /tramvaj/ [traɱʋaj] ('tramway'). Le /ʒ/ est palatalisé et se réalise comme [ʝ] devant /d͡ʑ/ : /grožđe/ [groʝd͡ʑe] ('raisin'). Le /ʃ/ est palatalisé et se réalise comme [ç] devant /t͡ɕ/ : /lišće/ [liçt͡ɕe] ('feuilles'). Le groupe phonémique /ije/, également typique des langues slaves, se trouve à la place de l'ancien phonème /ě/, abandonné dans le BCMS moderne (ex. /smijex/[2] 'rire', n.m.).

## 1.4 Aspects prosodiques

*1.4.1 La syllabe*

La syllabation en BCMS est plutôt ouverte, majoritairement de type CV. De plus, outre les cinq voyelles, les noyaux syllabiques peuvent également être occupés, dans les emprunts et les noms propres étrangers, par les phonèmes /n/ et /l/ (ex. [krafn̩] 'beignet', [ansambl̩] 'ensemble orchestral'), et plus fréquemment encore, dans de nombreux mots d'origine slave, par le phonème /r/ (ex. [t͡ʃʋr̩st] 'ferme', adj.).

---

2. Les linguistes croates ont l'habitude d'annoter la trigramme barrée, [i̶j̶e̶] pour la distinguer de la suite phonémique /i/-/j/-/e/, transcrite /ie/. Par ailleurs, certains grammairiens contemporains considèrent cette réalisation diphtonguée comme un phonème à part entière.

*1.4.2 L'accent*

Comme indiqué en 1.2.1., les durées vocaliques contrastives (brève ou longue) peuvent apparaître dans toutes les positions, sans égard à la direction tonale (ascendante ou descendante, plus fréquente) ou à l'accent, indépendamment de la qualité de la voyelle.

En plus du contraste de longueur mentionné précédemment, le système phonologique du BCMS possède un accent lexical distinctif, porté par la première syllabe. Cet accent est aussi bien caractérisé par la durée que le ton.

Ainsi, le système distingue quatre types de contraste d'accent de mot : ton montant long, ton montant court, ton descendant long, ton descendant court. Des paires minimales illustrant les contrastes lexicaux apparaissent dans toutes les combinaisons : ton identique (descendant), durée différente (longue puis courte : /lû:k/ 'arc' - /lùk/ 'oignon') ; durée identique (courte), ton différent (descendant puis montant : /pàra/ 'vapeur' – /pàra/ 'sou') ; ton différent (descendant puis montant), durée différente (longue puis courte : /mô:re/ 'mer' – /mòre/ 'cauchemars') ⊙.

De même, la durée de la syllabe post-accentuée peut être distinctive (/kùtçe/ 'les maisons' – /kùtçe:/ 'de la maison' ; /môra/ 'les mers' – /môrā/ 'il/elle doit') ⊙. Enfin, l'accent peut également être distinctif par sa position dans le mot (/ˈpokapati/ 'asperger par petites gouttes' - /poˈkapati/ 'enterrer') ⊙.

## 1.5 Variation diatopique

Le BCMS, langue polycentrique, est caractérisé par plusieurs variantes : parlers iékavien (Bosnie-et-Herzégovine, Croatie, Monténégro, frontière bosniaco-serbe), ékavien (Serbie, frontière croato-serbe) et ikavien (Croatie) (ex. 'lait', respectivement /mleko/ - /mlieko/ - /mliko/, ou encore /lep/ - /lijep/ - /lip/ pour 'beau'). Alors que le standard serbe est ékavien, les standards bosnien, croate et monténégrin sont iékaviens. Outre cette variation frappante au niveau phonético-phonologique, les autres variations concernent surtout le niveau lexical. La géographie est aussi à l'origine de nombreux « doublets » lexicaux ou issus de la dérivation. Ainsi, on mange du /krux/ en Croatie et du /hleb/ en Serbie ('pain'). On dispose de deux séries de noms de mois : par exemple, 'janvier' est prononcé /januar/ « januar », en Serbie, et l'est avec une racine slave[3] en Croatie (/sijetʃanj/

---

3. En général, et pour des raisons historiques, le croate résiste plus à l'emprunt étranger et préfère avoir recours à la formation de néologismes à racine slave.

« siječanj »). Là où le croate utilise le suffixe /-irati/, le serbe recourt à /-isati/ ou /-ovati/ ('contrôler' /kontrolirati/ – /kontrolisati/ ; 'intéresser' /interesirati/ - /interesovati/).

### *1.6 Système d'écriture*

Pour écrire le BCMS, on utilise deux alphabets, le latin (Croatie, Bosnie-et-Herzégovine) et le cyrillique (Serbie, Monténégro, Bosnie-et-Herzégovine). En respectant fortement le principe phonographique « un signe = un son », son orthographe est très transparente. Les deux alphabets sont équivalents et comportent trente lettres qui sont donc tout autant considérées comme des graphèmes. En outre, quatre autres graphèmes peuvent apparaître dans l'alphabet latin, employés pour l'écriture d'emprunts, de symboles ou de noms propres étrangers : <Q> /kv/, <W> /v/, <X> /ks/ et <Y> /i/ ou /j/.

## 2. La prononciation des apprenants

### *2.1 Voyelles*

#### *2.1.1 Les voyelles absentes du système en L1*

Étant donné les différences de systèmes phonologiques vocaliques, les apprenants peinent souvent à réaliser :
– /y/ parfois produit [u], en particulier en syllabe non accentuée ;
– /ø/ souvent produit : [y] ou [o] (« Beaulieu » produit [boljo] ⓘ ou [bolju]) ⓘ ;
– les voyelles nasales, souvent produites : /ɛ̃/ [ãN], /ã/ [ãN] ou [N], /ɔ̃/ [ɔ̃N] ⓘ ;
– les oppositions entre les voyelles moyennes /e - ɛ/, /o - ɔ/ (chacune le plus souvent produite respectivement [ɛ] et [ɔ]), /ø - œ/ (/ø/ pouvant être produite [œ] et /œ/ pouvant être produite [ø]) ⓘ ;
– les oppositions /y - u/ ; /u - ø/ ; /e - ø/ ; /ɛ - œ/ ; /ã - ɔ̃/ ; /ɛ̃ - ã/ ⓘ.

#### *2.1.2 Les voyelles phonétiquement différentes*

Étant donné les différences phonétiques entre les systèmes vocaliques, les apprenants peinent souvent à réaliser :
– [u] produit [ʊ] en contexte antérieur ([dʊz] pour « douze ») ;
– [a] souvent perçu par les Français comme [ɛ] ;
– [u] produit [y] au lieu de [u], surtout en contexte avec le [ʁ] français. ([tyʁne] pour « tourner ») ⓘ.

## 2.2 Consonnes

### 2.2.1 Les consonnes absentes du système en L1

Il n'existe pas de consonnes en français qui sont absentes du système phonologique en L1. Cependant, comme les semi-consonnes /ɥ/ et /w/ n'existent pas en L1, les étudiants réalisent souvent /ɥ/ comme [w] 🔊.

### 2.2.2 Les consonnes phonétiquement différentes

Étant donné les différences phonétiques entre les systèmes consonantiques, les apprenants peinent souvent à réaliser [ʁ], souvent produit comme [r], parfois comme une battue [ɾ] en position intervocalique ou finale 🔊.

## 2.3 Accentuation et intonation

Outre quelques erreurs de liaisons (en particulier sur les liaisons obligatoires - entre « les » et « opposants » - et facultatives - entre « est » et « en », entre « grand » et « émoi ») et quelques écarts de réalisation de certains enchaînements vocaliques et consonantiques (entre « faire » et « étape »), une intonation montante avec accentuation de durée est souvent réalisée sur des mots sans que ceux-ci soient en fin de groupe rythmique (« en fin d'année », « des mêmes villes », « qui ont eu tendance » « nous ne répondons pas ») 🔊.

## 2.4 Le traitement grapho-phonémique

Les mots comportant des consonnes « muettes » en français peuvent être oralisés en prononçant toutes ces consonnes (« rat » [rat]). Ceci est dû au fait que le BCMS est caractérisé par une orthographe transparente. À l'inverse, des mots comportant des consonnes prononcées en finale peuvent être oralisés sans prononcer ces consonnes (« contact » [kɔ̃ta] ; « six » [si]). Ceci pourrait être la manifestation d'une hypercorrection à travers l'application de la règle implicite « en français, on ne lit jamais la dernière lettre ! ». En outre, les mots comportant des graphèmes vocaliques complexes peuvent être oralisés de manière erronée (« rauque » réalisé [ʁɔɔk] ; « auto » réalisé [aoto]). Enfin, certaines graphies comme <-er> sont souvent réalisées comme [ɛʁ].

## Références

Babić, S., Brozović, D., Moguš, M., Pavešić, S., Škarić, I. & Težak, S. (1991) (éds), *Povijesni pregled, glasovi i oblici hrvatskoga književnog jezika (Aperçu historique, sons et formes de la langue croate standard)*. Zagreb : Globus, Nakladni zavod-Academia scientiarum et artium Croaticae.

IPA (1999). *The Handbook of the International Phonetic Association: A Guide to the Use of the International Phonetic Alphabet*. Cambridge : CUP.

Katseff, S. & Johnson, K. (2005). *Course Project on The Bosnian Language*. Ms, Berkeley University.

Ridjanovic, M. (1988). *Jezik i njegova struktura (La langue et sa structure)*. Sarajevo : Biroset.

Thomas, P.-L. (2013). Le cas du BCMS (bosniaque–croate–monténégrin –serbe) : système linguistique et standards, convergences et divergences, intercompréhension et attitudes des locuteurs. *Carnets d'Ateliers de Sociolinguistique 7 - Les langues collatérales en domaine slave* : 85-103.

# 18 Les coréanophones[1]

## 1. Description du système phonético-phonologique du coréen

### 1.1 Situation sociolinguistique : quelle variété de référence ?

Le coréen est la langue maternelle de plus de 72 millions de personnes qui vivent dans les deux Corées et compte également de nombreux locuteurs aux États-Unis, au Japon, en Russie et en Chine. On dénombre six dialectes : nord-ouest, nord-est, central, sud-ouest, sud-est et île de Jeju. Le coréen standard est défini comme « le parler du Séoulite contemporain cultivé » (le parler de Séoul). Il est employé en contexte officiel et pratiqué par les présentateurs de la radio et de la télévision.

### 1.2 Inventaire phonémique

On compte 8 monophtongues, 12 diphtongues, 19 consonnes et 3 glissantes en coréen.

#### 1.2.1 Voyelles

/i e ɛ a u o ʌ ɯ/ sont des monophtongues ⊚, /je jɛ ja ju jo jʌ wi we wɛ wa wʌ ɰi/ sont des diphtongues ⊚. /ɯ/ est une voyelle postérieure non arrondie, très fermée comme /i/ ou /u/. Les diphtongues transcrites /we/ et /wi/ sont de nos jours le plus souvent réalisées comme des diphtongues antériorisées ([ɥe] et [ɥi] respectivement). Dans la région centrale, c'est-à-dire les provinces du Gyeonggi, du Gangwon, du Chungcheong, ces diphtongues sont toujours simplifiées en monophtongues. Notons qu'elles proviennent historiquement des voyelles /œ/ et /y/, qui sont considérées comme « correctes » d'un point de vue normatif et se rencontrent dans certaines formes (/kwe/ [kœ] 'boîte', /cwi/ [cy] 'souris') chez certains locuteurs ou dans certaines régions. Le système coréen ne comporte pas de voyelles nasales.

---

1. Rédigé par Mun Hi Han et Julien Eychenne.
2. Certains spécialistes considèrent que les « diphtongues » sont en réalité des séquences glissante + voyelle. Nous conservons néanmoins ce terme par commodité descriptive.

*1.2.2 Consonnes*

Le coréen possède 9 occlusives orales et 3 affriquées non voisées, qui se répartissent en 3 séries, à savoir faibles /p t c k/,[3] aspirées /pʰ tʰ cʰ kʰ/ et glottalisées (non aspirées) /p' t' c' k'/. Les consonnes glottalisées se caractérisent notamment par une tension (à la fois glottale et au niveau du point d'articulation) plus importante que pour les consonnes non tendues. Le coréen possède également trois fricatives, deux non voisées /s h/ et une glottalisée /s'/. On compte par ailleurs trois nasales /m n ŋ/, la liquide /l/ et les glissantes /j w ɰ/ (qui sont toujours le premier élément d'une diphtongue).

## 1.3 Allophonie et contraintes phonotactiques

Les occlusives et affriquées non voisées deviennent voisées entre voyelles ([pada] 'mer', [kaɟi] 'aubergine') ou entre nasale ou liquide et voyelle ([kamgi] 'rhume', [kulbi] 'ombrine séchée').

/p pʰ/, en coda, perdent leur tension ou aspiration et sont réalisées comme des consonnes non voisées non relâchées (ex. /ipʰ/ [ip̚] 'feuille'). De la même manière, en coda, /t tʰ s s' c cʰ h/ sont toutes réalisées [t̚] (/os/ [ot̚] 'habit', /k'ocʰ/ [k'ot̚] 'fleur') et /k kʰ k'/ deviennent [k̚] (/puʌkʰ/ [puʌk̚] 'cuisine').

Dans les groupes /ks ps nc ls ltʰ/ en coda, la deuxième consonne est effacée (/kaps/ [kap] 'prix', /moks/ [mok] 'part'). En revanche, dans les groupes /lm lk/ en coda, c'est la première consonne qui est effacée (/salm/ [sam] 'la vie', /kisɯlk/ [kisɯk] 'pied d'une montagne'). Il en résulte qu'on ne trouve en coréen que 7 consonnes en coda, à savoir [p t k m n ŋ l].

Les occlusives faibles /p t c k/ sont réalisées avant ou après /h/ comme des aspirées [pʰ tʰ cʰ kʰ] (/nohta/ [notʰa] 'lâcher', /pʌphak/ [pʌpʰak] 'droit').

On trouve également un certain nombre d'assimilations consonantiques : /n/ devient [l] devant ou après /l/ (/konlan/ [kollan] 'difficulté', /pʰal njʌn/ [pʰalljʌn] 'huit ans'). De même, /l/ devient [n] après toutes les consonnes excepté /n l/ (/ɯmunlon/ [ɯmunnon] 'phonologie'). Enfin, les occlusives /p t k/ précédées de nasales ou de /l/ (nasalisé) sont nasalisées (/kukmul/ [kuŋmul] 'bouillon', /apljʌk/ [amnjʌk] 'pression').

En position d'attaque, les occlusives non voisées se glottalisent lorsqu'elles sont précédées d'une occlusive orale ([tʌpt'a] 'être chaud', [jʌpc'ip] 'voisin').

---

3. Le symbole /c/ représente une consonne affriquée alvéolo-palatale, qui est souvent transcrite /tɕ/ en transcription étroite. L'allophone voisé correspondant est transcrit [ɟ].

Les occlusives alvéolaires /t tʰ/ en coda devant des morphèmes dépendants (suffixes, particules) commençant par /i/ sont palatalisées en [c cʰ] (/kuti/ [kuci] 'fermement', /k'utʰita/ [k'ucʰita] 'c'est la fin'). Les fricatives alvéolaires sont quant à elles palatalisées lorsqu'elles sont suivies d'une voyelle ou diphtongue antérieure fermée (/si/ [çi] 'poème', /swipta/ [çɥiptʼa] 'être facile') ⦿.

La liquide /l/ est réalisée [ɾ] entre voyelles ([uɾi] 'nous'). On trouve aussi souvent cette réalisation en début de mot, en particulier dans les mots d'emprunt ([ɾadio] 'radio')[4].

### 1.4 Aspects prosodiques

#### 1.4.1 La syllabe

Une syllabe coréenne se compose d'une attaque, d'un noyau et d'une coda. Le noyau est normalement occupé par une voyelle. Traditionnellement, la glissante est considérée comme faisant partie du noyau. Le coréen admet au maximum une consonne en attaque et une en coda, et autorise donc 4 types de syllabes : V, CV, VC, CVC, où le V peut être une voyelle brève ou une diphtongue.

#### 1.4.2 L'accent

Le mot en coréen possède un accent primaire dont la position est déterminée par le nombre et la structure des syllabes. En plus de cet accent primaire, les mots composés peuvent présenter un accent secondaire. L'accent primaire tombe sur la première syllabe des mots dans la plupart des cas et les mots grammaticaux ne portent en général pas d'accent. Néanmoins, si un mot a plus de trois syllabes dont la première est de type (C)V, c'est-à-dire légère, l'accent tombe sur la deuxième syllabe. L'accent est très faible en coréen et n'a pas de fonction distinctive.

### 1.5 Variation diatopique

Le coréen contemporain comprend six dialectes, qui se différencient surtout par le nombre des voyelles qui varie entre 6 et 10. Le dialecte du sud-est possède par ailleurs des tons, qui sont distinctifs. Par exemple, /mal/ avec un ton bas-moyen signifie 'la parole', avec un ton moyen, il désigne 'le récipient qui mesure des grains (boisseau)' et avec un ton haut-

---

4. En Corée du Sud, /l/ n'apparaît en début de mot que dans les mots d'emprunt.

moyen, il signifie 'le cheval'. On notera aussi que, depuis la division de la Corée en 1948, le nord et le sud ont subi une évolution divergente d'un point de vue linguistique (lexique, prononciation, orthographe, etc.).

### *1.6 Système d'écriture*

Le système d'écrite du coréen, qui s'appelle « Hangeul » (prononcé [haŋgul]), est un système alphabétique qui comprend 10 lettres vocaliques ㅏ, ㅑ, ㅓ, ㅕ, ㅗ, ㅛ, ㅜ, ㅠ, ㅡ, ㅣ et 14 lettres consonantiques, à savoir ㄱ, ㄴ, ㄷ, ㄹ, ㅁ, ㅂ, ㅅ, ㅇ, ㅈ, ㅊ, ㅋ, ㅌ, ㅍ, ㅎ. Cet alphabet utilise un système de démarcation syllabique : les mots sont écrits en regroupant les lettres par syllabes graphiques occupant des blocs carrés, à raison de 2 à 4 lettres par syllabe. Ainsi, le mot 한글 *Hangeul* est-il composé des syllabes 한 /han/ et 글 /kɯl/. La syllabe 한 est composée des lettres ㅎ /h/, ㅏ /a/ et ㄴ /n/, alors que la syllabe 글 comprend les lettres ㄱ /k/, ㅡ /ɯ/ et ㄹ /l/. Dans la tradition descriptive coréenne, la forme des consonnes correspond à la morphologie des organes de la phonation (ㄱ représente la forme de la langue), alors que les voyelles sont composées de trois symboles de base d'origine taoïste, par exemple le point ou trait court, le trait long vertical et le trait long horizontal, qui représentent respectivement le Soleil, l'Homme et la Terre : ㅗ /o/ correspond ainsi à l'union du Soleil (trait court) et de la Terre (trait long horizontal).

Le coréen utilise par ailleurs les « Hanja », mot coréen désignant les caractères chinois ou « sinogrammes », pour la notation des mots d'origine chinoise. Notons néanmoins que ces mots sont de plus en plus souvent écrits en Hangeul, si bien que l'utilisation des Hanja est beaucoup plus restreinte que ne l'est celle des Kanji au Japon.

## 2. La prononciation des apprenants

Nous présentons les difficultés de production. Les difficultés de perception apparaissent surtout au niveau des consonnes voisées.

### *2.1 Voyelles*

#### 2.1.1 Les voyelles absentes du système en L1

Étant donné les différences entre les deux systèmes vocaliques, on observe les réalisations suivantes :

– /y/ est réalisé comme [ɥi] ou [i] ◉ ;

– /ø/ et /œ/ sont souvent réalisés [ɥe] et [ɥɛ] respectivement (« deux » [dɥe]) ;
– la voyelle française postérieure mi-ouverte arrondie ([ɔ]) peut être réalisée comme la voyelle coréenne non arrondie correspondante, à savoir [ʌ] ;
– les voyelles nasales sont souvent produites comme une voyelle orale suivie d'une consonne nasale vélaire, à savoir [aŋ], [ɛŋ], [ɔŋ]/[ʌŋ] (« bon » [bɔŋ]) .

### 2.1.2 Les voyelles phonétiquement différentes

Les différences phonétiques sont minimes et ne posent pas de problème de catégorisation. Notons néanmoins que :
– [o] coréen est généralement plus haut et plus tendu que la voyelle française correspondante ;
– [u] est généralement plus antérieur que [u] français ;
– la voyelle /e/ présente une certaine variabilité de réalisation, allant de [e] à [ɛ] ouvert, selon les locuteurs .

## 2.2 Consonnes

### 2.2.1 Les consonnes absentes du système en L1

Les systèmes consonantiques des deux langues étant très différents, les consonnes françaises posent certaines difficultés :
– les consonnes voisées /b d g v z ʒ/ posent problème puisque les consonnes voisées n'existent en coréen que comme allophones des consonnes faibles entre segments voisés. Le voisement ou le non-voisement ne font pas l'objet d'un choix de la part du locuteur en coréen. L'un ou l'autre lui sont automatiquement imposés par la position des occlusives dans le mot. Par conséquent, les apprenants ont surtout du mal à prononcer les consonnes françaises en position initiale et les produisent avec dévoisement partiel ou complet (« bateau » [pato], « dos » [to], « goût » [ku]) ;
– les fricatives [ʃ] et [ʒ], qui sont arrondies en français, posent un problème particulier aux apprenants coréens, tant en perception qu'en production. Ils prononcent ainsi [zɛmlezã] pour « j'aime les gens ». En outre, il leur est malaisé de distinguer, dans une phrase telle que « C'est chez moi », le « c'est » du « chez ». On note également des cas d'hypercorrection où la consonne post-alvéolaire ([ʒ]) est réalisée en lieu

et place de la consonne alvéolaire attendue (« les zones » [leʒon]) ⊚ ;
- les fricatives labiodentales /f/ et /v/ étant absentes du coréen, elles sont parfois remplacées par les occlusives bilabiales correspondantes (« livre » [libɾə]) ⊚ ;
- étant donné que les consonnes latérale [l] et battue [ɾ] sont en distribution complémentaire en coréen, la distinction entre /l/ et /R/ est parfois problématique, en particulier en position initiale et entre voyelles (« Ris si tu veux » [lisitivɥe], « je vais à l'école » [ʒɯvɛaɾekɔl]) ⊚.

### 2.2.2 Les consonnes phonétiquement différentes

Un certain nombre de consonnes ont une réalisation différente en français et en coréen :
- les consonnes /p t k/, qui appartiennent à la série des occlusives faibles en coréen, sont phonétiquement légèrement aspirées ;
- /s/ coréen est légèrement aspiré d'un point de vue phonétique (« quatre » [sʰa]) ⊚ ;
- /s/ ou /z/ peuvent être palatalisés devant [i] et [j] (« si » [ɕi]) ⊚.

### 2.3 Syllabe

Lorsque les Coréens réalisent l'enchaînement, ils ont tendance à transférer les règles phonotactiques propres au coréen. Par exemple, « il arrive » peut être réalisé [il.a.ɾiv] ou [i.ɾa.ɾiv].

À l'instar du japonais, mais à un moindre degré, les groupes consonantiques peuvent poser problème et l'on peut trouver la voyelle épenthétique [ɯ] à l'intérieur du groupe (« train » [tʰɯɾɛŋ]) ⊚.

### 2.4 Accentuation et intonation

Bien qu'il soit faible, l'accent tombe sur la première syllabe en coréen et les apprenants coréens réalisent donc le groupe prosodique en mettant plus d'énergie sur la première syllabe au lieu d'allonger la dernière syllabe (« il est midi » [ˈilemidi]).

### 2.5 Le traitement grapho-phonémique

Le système graphique du coréen étant un système largement morpho-phonologique, les phonèmes français qui n'existent pas en coréen sont transcrits à l'aide des phonèmes coréens les plus proches (/f/ et /v/ sont adaptés en /pʰ/ et /p/ respectivement, qui correspondent aux lettres ㅍ et

ㅂ). Par ailleurs, les mots français sont adaptés à la structure syllabique du coréen, à la fois au niveau phonologique et orthographique, puisque le Hangeul ne permet pas de représenter les attaques syllabiques complexes et n'autorise qu'un nombre limité de codas complexes. Ainsi, le mot monosyllabique « France » est translittéré en coréen 프랑스 et est donc trisyllabique [pʰɯ.ɾaŋ.sɯ]. De même, le mot « vacances » est adapté en 바캉스 [pa.kʰaŋ.sɯ]. Le /R/ est quant à lui adapté en /l/ (« Rome » 로마 [loma]).

**Références**

Han, M.H. (2011). Fautes de prononciation des Coréens apprenant le français et correction phonétique. *Synergies Corée* 2 : 73-82.

Lee, H.Y. (1996). *Gugeoumsunghak* [Phonétique du coréen]. Séoul : Taihaksa.

Lee, M. K (2004). *Hyundai Gugeouumunlon* [Phonologie du coréen moderne]. Séoul : Hangukmunhwasa.

Sohn, H.-M. (1999). *The Korean Language.* Cambridge : Cambridge University Press.

Tcheu, S. K. (1967). La neutralisation et le consonantisme coréen. *La linguistique* 3 (2) : 85-97.

# 19 Les danophones[1]

## 1. Description du système phonético-phonologique du danois

### 1.1 Situation sociolinguistique : quelle variété de référence ?

Au Danemark, près d'un quart (22%) de la population habite la région de la capitale, Copenhague. Étant donné la taille et le pouvoir économique et politique de cette ville, il n'est donc pas étonnant que la variété de référence pour le danois (le *rigsdansk*) soit souvent citée comme étant celle de Copenhague. Il existe des standard régionaux, mais le standard national de Copenhague est suffisamment prestigieux pour que ses locuteurs soient jugés plus sympathiques, plus crédibles, plus déterminés, etc. que d'autres dans un test de perception récent.

### 1.2 Inventaire phonémique

#### 1.2.1 Voyelles

Le danois est une langue très riche en qualités vocaliques. On compte généralement les phonèmes suivants en syllabe accentuée : /i e ɛ a y ø œ u o ɔ/ en plus du phonème /ə/ en syllabe inaccentuée 🔊. Plusieurs paramètres contextuels jouent pour déterminer leur réalisation définitive (voir aussi 1.3) ce qui porte au double le nombre de qualités vocaliques ou semi-vocaliques entendues dans la chaîne parlée. Ajoutons à cela que les dix phonèmes initialement mentionnés existent tous en deux versions, une brève et une longue, différence distinctive dans certains cas (*milde* [ˈmilə] 'doux' vs *mile* [ˈmiːlə] 'dune'). Les voyelles nasales n'existent pas dans la variété de référence du danois, mais s'entendent dans certaines variétés régionales (en Fionie par exemple : *en spand vand* [ɛ̃ ˈsb̥õj ˈvõj] 'un seau d'eau'). Comparées aux voyelles françaises, les voyelles /e ɛ a ø œ o ɔ/ sont toutes un peu plus fermées en danois.

#### 1.2.2 Consonnes

On trouve les occlusives orales /p t k b d g/, les fricatives /f s ɕ v h/, les nasales /m n/, les liquides /l r/ et la semi-consonne /j/ 🔊. Le /ɕ/ est

---

1. Rédigé par Anita Berit Hansen et Pernille Berg Johnsson.

prononcé comme [s] coloré de [j] (une fricative alvéopalatale), distinct du /s/ (*sæl* [ˈsɛ:ʔl] 'phoque' vs *sjæl* [ˈɕɛ:ʔl] 'âme' (pour le *stød*, transcrit [ʔ] dans ces mots, voir 1.4.2). Comparé au système consonantique français, il y a donc moins de phonèmes fricatifs au total, et seulement une sonore, le /v/. Toutes les occlusives orales se réalisent de façon lâche et non voisée mais s'opposent, à l'initiale, par la présence ou l'absence d'aspiration (/p/ – /b/ : [pʰ] – [b̥], /k/ – /g/ : [kʰ] – [g̥]) ou de friction (/t/ – /d/ : [tˢ] – [d̥]). Le /r/ se prononce comme le /R/ français, mais a une distribution contextuelle en partie différente (cf. 1.3).

## 1.3 Allophonie et contraintes phonotactiques

Sans entrer dans les détails de la grande variation allophonique du vocalisme danois, nous pouvons exemplifier ce phénomène par les deux phonèmes /a/ et /œ/. Le phonème /a/ connaît trois allophones selon le contexte : [æ], [a] et [ɑ] comme dans *male* [ˈmæ:lə] 'peindre', *kalde* [ˈkalə] 'appeler', *larve* [ˈlɑ:və] 'ver'. Le phonème /œ/ peut également se prononcer de trois façons, [œ], [ɶ] et [ɶ], comme dans *bønne* [ˈbœnə] 'haricot', *tørke* [ˈtɶ̯gə] 'sécheresse', *grønne* [ˈgʁɶnə] 'verts'.

Sur le plan consonantique, /d/, /n/ et /v/ correspondent en position finale, sous certaines conditions, aux prononciations [ð ŋ w], comme dans *kød* [ˈkøð] 'viande', *lang* [ˈlaŋ] 'long', *hav* [ˈhaw] 'mer'. Pour le /r/, la réalisation [ʁ] se limite à la position initiale de mot (*rose* [ˈʁo:sə] 'rose') ou initiale de syllabe accentuée (*bero* [beˈʁo:ʔ] 'dépendre'), tandis que la position postvocalique provoque un affaiblissement phonétique, soit total (*far* [ˈfɑ:] 'papa'), soit sous forme de glissante (*vers* [ˈvæ̯s] 'vers', *mor* [ˈmo̯] 'maman').

## 1.4 Aspects prosodiques

### 1.4.1 L'accent

Le danois possède un accent lexical démarcatif (*bilist* [biˈlisd̥] 'automobiliste' vs *billigst* [ˈbilisd̥] 'le moins cher'). En outre, le danois partage des traits prosodiques avec d'autres langues germaniques comme l'allemand et l'anglais. Le trait le plus frappant est sans doute que les syllabes non-accentuées ont tendance à s'affaiblir en danois : elles sont phonétiquement réduites et disparaissent totalement dans certains cas (*litteratur* [lidʁəˈtˢsu̯ʔ] 'littérature'). En outre, dans une phrase déclarative, l'intonation danoise descend systématiquement d'un cran pour chaque syllabe accentuée, là où en français l'intonation monte sur les syllabes accentuées pour ne descendre qu'à la fin de l'énoncé ⊙.

### 1.4.2 Le stød

Une autre particularité supra-segmentale du danois est le *stød* : il s'agit d'une irrégularité dans les vibrations des cordes vocales (appelée parfois « laryngalisation » et qui se rapproche de la voix craquée), distinctive au niveau lexical. Ainsi, le danois oppose *bønner* sans *stød* [ˈbœnʌ] 'haricots' à *bønder* avec *stød* [ˈbœnʔʌ] 'paysans' ⊙.

### *1.5 Variation diatopique*

Au Danemark, la variation diatopique est en train de se réduire à tel point que l'on peut parler d'une dissolution des dialectes. Des variétés régionales comme celles du Jutland, de la Fionie et de la Seeland se maintiennent, mais à part certaines différences lexicales – et l'existence de voyelles nasales, déjà mentionnée pour le fionien – ces variétés ne se distinguent quasiment que par la prosodie : c'est le patron intonatif du groupe prosodique qui indique la variété régionale parlée. Ainsi, la variété jutlandaise se caractérise par exemple par des pentes plus importantes et abruptes que celles qu'on trouve dans la variété seelandaise.

En revanche, en ce qui concerne la variété de référence du danois, il y a un changement plus dynamique, qui crée de grandes différences générationnelles dans la prononciation (différences soulignées par l'opposition centre/périphérie). Parmi les tendances récemment observées dans la prononciation des jeunes Copenhaguois et qui s'étendent aux variétés régionales, on trouve la postériorisation du /u/ après /r/ initial (*ruse* 'nasse' ~ *rose* 'rose') ainsi qu'une fréquence accrue de la chute du /r/ en position finale de syllabe : *reportage* se prononce [ʁɛpʰoˈtˢɛːɕə]). Il est donc possible que la prononciation des voyelles françaises et du /R/ par les apprenants danois devienne encore plus difficile avec le temps.

## 2. La prononciation des apprenants

Ici, nous considérons surtout les problèmes de production des danophones. Souvent, les difficultés de perception sont semblables, mais elles peuvent aussi être différentes (par exemple les fricatives voisées et le [ʁ], qui sont plus faciles en perception qu'en production).

## 2.1 Les voyelles

### 2.1.1 Les voyelles absentes du système en L1

Étant donné l'absence des voyelles suivantes du système en L1, les apprenants peinent à réaliser :

– les voyelles nasales, souvent produites sans ou avec trop peu de nasalisation, avec une consonne nasale finale [n], [m] ou [ŋ] ou mélangées entre elles : /ɛ̃/ réalisé [ɛ], [ɛn], [ɛŋ], [ɛ̃ŋ] ou [ã], /ɑ̃/ réalisé [a], [an], [am], [aŋ], [ɑ̃ŋ] ou [ɔ̃], /ɔ̃/ réalisé [ɔ], [ɔn], [ɔŋ] ou [ɔ̃ŋ] ⊚ ;
– la glissante /ɥ/, souvent remplacée par la glissante la plus proche qui porte également le trait de labialité : [w] ⊚.

### 2.1.2 Les voyelles phonétiquement différentes

Étant donné les différences entre les systèmes vocaliques, les apprenants ont des difficultés à prononcer correctement :

– [a], parfois produit sans assez d'aperture et de postériorité, ce qui peut avoir pour résultat une prononciation s'approchant du /ɛ/ ⊚ ;
– les voyelles [ɛ] et [e], parfois produites tellement fermées qu'elles peuvent être perçues par les francophones comme /i/ (« hériter » perçu comme « irriter ») ;
– les oppositions entre les voyelles moyennes [e] - [ɛ] et [o] - [ɔ].

## 2.2 Les consonnes

### 2.2.1 Les consonnes absentes du système en L1

Étant donné l'absence des consonnes suivantes du système en L1, les apprenants peinent à réaliser :

– /z/, produit sans voisement : [s] ⊚ ;
– /ʒ/, également produit sans voisement : [ʃ] ou [ç] ⊚ ;
– /ʃ/, fréquemment produit [s] ou [ç], tous les deux sans avancement des lèvres, ni suffisamment de tension (par hypercorrection certains apprenants prononcent [ʒ]) ⊚ ;
– la séquence /s/ + /j/, souvent produite [ç] ou comme la fricative [ʃ], mais sans tension. Il en est de même pour /z/ + /j/ : [ç] ⊚ ;
– les oppositions [s] - [z], [ʃ] - [ʒ], [ʃ] - [sj] et [sj] - [zj].

### 2.2.2 Les consonnes phonétiquement différentes

Étant donné les différences entre les systèmes consonantiques, les apprenants ont des difficultés à prononcer correctement :

– [ʁ] après une voyelle dans la même syllabe en position médiane et finale de mot : les apprenants l'omettent ou le réduisent à une glissante [ʌ] 🔊 ;
– [p], [t] et [k], souvent produits sans suffisamment de tension[2] et avec aspiration ou friction quand ils se trouvent en position initiale absolue de syllabe devant voyelle : [pʰ], [tˢ] et [kʰ] 🔊 ;
– [b], [d] et [g], souvent dévoisés 🔊 ;
– [v], également produit sans assez de voisement et sans assez de friction (perçu ainsi comme une occlusive), voire omis complètement (particulièrement devant [w]) 🔊 ;
– [s] et [f], produits sans assez de tension ;
– les oppositions [p] - [b], [t] - [d], [k] - [g] et [f] - [v].

## *2.3 Accentuation et « stød »*

Les apprenants tendent à transférer au français la grande différence de durée et d'énergie que permet leur L1 entre les syllabes accentuées et les syllabes inaccentuées : il arrive que les apprenants omettent ces dernières complètement 🔊 ou ne les prononcent pas assez distinctement 🔊.

Outre cette influence de la rythmicité accentuelle, on observe quelquefois, dans la prononciation des apprenants, de grandes variations de ton à l'intérieur d'une seule syllabe (accentuée) (« L'af<u>faire</u> est ré<u>glée</u> » prononcé avec une ligne mélodique de bas en haut à l'intérieur des deux syllabes accentuées) et un transfert du *stød* danois sous forme de laryngalisation ou de coup de glotte 🔊.

## *2.4 Intonation*

Étant donné que l'intonation déclarative danoise est systématiquement descendante, on trouve parfois, chez les apprenants, une mélodie monotone. Cette descente, plus ou moins abrupte selon le nombre de syllabes inaccentuées, peut être perçue par les francophones comme la fin de l'énoncé, et ce parfois bien avant que ce dernier ne soit terminé.

## *2.5 Le traitement grapho-phonémique*

Comme les apprenants danophones se servent de l'alphabet romain en lisant et en écrivant leur L1, chaque signe d'écriture en français s'interprète facilement. Or, certaines difficultés résident quand même dans l'inter-

---

2. La difficulté à tendre [p], [t] et [k] se complique d'autant plus quand ils se trouvent en position finale de mot.

prétation de l'écrit. En lecture à haute voix, les apprenants débutants tendent à employer l'encodage grapho-phonémique danois, dans lequel <s> entre deux voyelles dans le même mot se prononce toujours [s], <oi> (<oy>) s'articule [oi] ou [ɔj] (« poisson » produit [pɔjsɔ̃] ⊚) et <j> et <g> devant <e, i, y> respectivement [j] et [g] (« ses jeux » prononcé [seˈjø] ⊚)[3]. Les graphèmes <im> (<in>) et <ym> (<yn>) devant consonne[4] ou en position finale qui se produisent avec voyelle orale en danois, et <e> en syllabe ouverte qui se prononce [e] en danois posent également souvent problème pour les apprenants de FLE (« le sympathique » réalisé [ləsympatik] ⊚, « revanche » produit [ʁevɑ̃ʃ] ⊚). Ces réalisations erronées sont même observées en lecture à haute voix aux niveaux avancés.

## Références

Basbøll, H. (2005). *The Phonology of Danish*. Oxford : Oxford University Press.

Grønnum, N. (2001). *Fonetik og Fonologi. Almen og Dansk*. Copenhague : Akademisk Forlag.

Kristiansen, T. (1990). *Udtalenormering i skolen*. Copenhague : Gyldendal.

Jensen, O. K. & Thorsen, O. M. (2005) *Fransk Fonetik & Fonologi*. Copenhague : Institut d'Études Anglaises, Germaniques et Romanes, Université de Copenhague.

Maegaard, M., Jensen, T. J., Kristiansen, T. & Jørgensen, J. N. (2013). Diffusion of language change: Accommodation to a moving target. *Journal of Sociolinguistics* 17(1) : 3-36.

---

3. À l'exception des mots d'emprunt français comme *jalousi* 'jalousie' ou *regime* 'régime', dans lesquels le <j> et le <g> sont réalisés [ɕ].

4. ≠ <m> ou <n>.

# 20 Les germanophones[1]

## 1. Description du système phonético-phonologique de l'allemand

### 1.1 Situation sociolinguistique : quelle variété de référence ?

L'allemand est une langue pluricentrique avec trois normes nationales : allemande, autrichienne et suisse. Pour ce qui est de la prononciation, la norme allemande est la seule codifiée. Elle a son origine dans la prononciation au théâtre (*deutsche Bühnenaussprache*), qui a été fixée à la fin du XIXe siècle. Avec l'arrivée des médias audio-visuels, on s'est référé de plus en plus aux présentateurs des journaux radiophoniques et télévisés (notamment le journal de vingt heures, *Tagesschau*, sur la première chaîne publique). Mis à part ce groupe de professionnels de la parole, la prononciation « neutre » est souvent attribuée à la ville d'Hanovre, dans le nord de l'Allemagne. Il est intéressant de savoir que cela ne repose pas sur le prestige social de cette ville (la prononciation de la capitale Berlin, en revanche, est considérée comme très marquée), mais sur des raisons liées à la dialectologie historique. En effet, l'allemand standard (*Hochdeutsch*) remonte à une koinê écrite, qui s'est ensuite répandue à l'oral. Comme les dialectes dans le nord de l'Allemagne (*Niederdeutsch* ou *Plattdeutsch*) en étaient plus éloignés, la prononciation standard de ces régions est restée plus proche de la graphie que dans le sud, où s'est formé un continuum entre le standard et les dialectes. Vu que l'Allemagne est un pays fédéral avec de fortes identités régionales, il est peu surprenant qu'il existe à côté de la norme nationale d'autres standards régionaux, notamment celui du sud-ouest (Bade-Wurtemberg) et du sud-est (Bavière). Ces standards régionaux s'entendent notamment dans la parole publique des hommes politiques et des journalistes de la télévision nationale[2].

---

1. Rédigé par Elissa Pustka et Trudel Meisenburg (avec la collaboration de Franziska Stuntebeck et Juri Chervinski).

2. Ce chapitre se base sur des enquêtes dans deux villes en Allemagne : Osnabrück dans le nord et Munich dans le sud.

## 1.2 Inventaire phonémique

### 1.2.1 Voyelles

L'allemand possède un système phonémique avec 16 éléments: /iː ɪ eː ɛː ɛ aː a uː ʊ oː ɔ yː ʏ øː œ ə/. Pour la plupart de ces voyelles, l'allemand connaît une corrélation entre quantité et qualité, et leur distribution est donc complémentaire : les voyelles longues sont en même temps tendues, les voyelles brèves relâchées (et centralisées), par exemple *Miete* [ˈmiːtə] 'loyer' vs *Mitte* [ˈmɪtə] 'milieu', *Hüte* [ˈhyːtə] 'chapeaux' vs *Hütte* [ˈhʏtə] 'hutte', *Mus* [ˈmuːs] 'compote' vs *muss* [ˈmʊs] '(je) dois', *Beet* [ˈbeːt] 'plate-bande' vs *Bett* [ˈbɛt] 'lit', *wohne* [ˈvoːnə] '(j')habite' vs *Wonne* [ˈvɔnə] 'délice', *Höhle* [ˈhøːlə] 'caverne' vs *Hölle* [ˈhœlə] 'enfer'. Seules deux oppositions de longueur n'entraînent pas un changement de timbre : /a/ vs /aː/ (*Rate* [ˈʁaːtə] 'versement' vs *Ratte* [ˈʁatə] 'rat') et /ɛ/ vs /ɛː/ (*Kähne* [ˈkɛːnə] 'barques' vs *kenne* [ˈkɛnə] '(je) connais'), cette dernière opposition n'étant pas réalisée par tous les locuteurs (qui tendent à remplacer /ɛː/ par /eː/). /ə/ n'apparaît qu'en syllabes atones et est souvent élidé. Son statut comme phonème est par conséquent controversé. Aux voyelles simples s'ajoutent trois diphtongues : /a͡ʊ/, /a͡ɪ/ et /ɔ͡ɪ/, par exemple dans *Haus* [ˈha͡ʊs] 'maison', *Ei* [ˈʔa͡ɪ] 'œuf', *Leute* [ˈlɔ͡ɪtə] 'gens' 🔊.

### 1.2.2 Consonnes

Le système consonantique de l'allemand contient 20 consonnes : /p b t d k g m n ŋ f v s z ʃ ʒ x h l ʁ j/. /ʒ/ n'apparaît que dans des emprunts, notamment au français. /h/ est limité à l'attaque syllabique, par exemple *Hut* [ˈhuːt] 'chapeau'. /x/ est prononcé [ç] ou [x]/[χ] selon le contexte gauche (*ich-Laut* et *ach-Laut*). Le statut des séquences [pf], [ts], [tʃ] et [dʒ] est sujet à débat, certains les considérant comme des suites de deux phonèmes, d'autres comme des affriquées 🔊.

## 1.3 Allophonie et contraintes phonotactiques

En allemand, les voyelles accentuées en attaque syllabique sont souvent précédés d'un coup de glotte (*Ast* [ˈʔast] 'branche').

/ʁ/ en coda syllabique est fréquemment vocalisé, ce qui mène à de nombreuses diphtongues, (*wer* [ˈve͡ɐ] 'qui', *ihr* [ˈʔi͡ɐ] 'vous', *Uhr* [ˈʔu͡ɐ] 'montre' etc.). Après /a/, la vocalisation de /ʁ/ résulte en un allongement de la voyelle rendant par exemple identique la prononciation des mots *Schaf* 'mouton' et *scharf* 'piquant' : [ˈʃaːf]. Dans la rime finale /əʁ/, le résultat de la vocalisation (standard) est le soi-disant *Lehrer-Schwa* [ɐ], le son que l'on trouve entre autres à la fin du mot *Lehrer* [ˈleːɐ] 'professeur' et qui peut entrer en opposition avec le schwa habituel (*bitte* [ˈbɪtə] 's'il vous plaît' vs *bitter* [ˈbɪtɐ] 'amer').

D'autres consonnes (toutes les obstruantes voisées) en coda syllabique sont en revanche assourdies, et *Rad* 'roue' est homophone avec *Rat* 'conseil' : [ˈʁaːt]. En initiale vocalique, l'opposition de sonorité est neutralisée dans le cas de /s z/ : dans le nord de l'Allemagne (et dans l'allemand standard) en faveur de [z] (*Sonne* [ˈzɔnə] 'soleil'), dans le sud de l'Allemagne en faveur de [s] ([ˈsɔnə]).

En outre, la réalisation des occlusives se distingue au niveau phonétique, les occlusives sourdes de l'allemand étant aspirées devant voyelle, les occlusives sonores souvent que partiellement voisées (*Paar* [ˈpʰaː] 'paire', *Bar* [ˈb̥aː] 'bar', *Tag* [ˈtʰaːk] 'jour', *Kamm* [ˈkʰam] 'peigne' etc.).

## *1.4 Aspects prosodiques*

### *1.4.1 La structure de la syllabe*

L'allemand connaît des syllabes très complexes, allant jusqu'à trois éléments en attaque et quatre en coda : *Sprung* [ˈʃpʁʊŋ] 'saut', *Herbsts* [ˈhɛɐ̯psts] 'automne' (au génitif). De plus, non seulement les voyelles peuvent constituer des noyaux de syllabes, comme en français, mais il en va de même pour les nasales et les liquides : *halten* [ˈhal.tn̩] 'tenir', *Apfel* [ˈʔap.fl̩] 'pomme'. Ces consonnes syllabiques sont le résultat d'un processus d'élision du schwa.

### *1.4.2 Syllabation*

Dans la chaîne parlée, l'allemand ne connaît pas le principe de l'enchaînement consonantique du français. La syllabation suit en revanche les frontières de mots et souvent de morphèmes (*ein Apfel* [ʔaɪ̯n.ˈʔap.fl̩] 'une pomme', *verändern* [fɛɐ̯.ˈʔɛn.dɐɐ̯n] 'changer'). En conséquence, l'allemand possède plus de syllabes fermées – mais pas plus de syllabes sans attaque, car des coups de glotte sont insérés devant les voyelles.

### *1.4.3 L'accent*

L'allemand est une langue à accent de mot marqué surtout par une montée de l'intensité : tout mot à contenu lexical porte un accent, voire plusieurs pour les mots longs composés (*Fensterrahmen* [ˈfɛnstɐˌʁaːmn̩] 'chassis de fenêtre'). L'accent peut être distinctif, par exemple *übersetzen* [ʔybɐˈzɛtsn̩] 'traduire' vs *übersetzen* [ˈʔybɐzɛtsn̩] 'faire passer sur l'autre rive'. À l'accent de mot s'ajoute un accent de phrase 🔊.

## 1.5 Variation diatopique

L'allemand se caractérise par une forte variation diatopique, non seulement au niveau des standards nationaux et régionaux, mais surtout au niveau dialectal et sur le continuum entre dialectes et standards. Voici quelques exemples qui frappent tout de suite l'oreille : dans le nord de l'Allemagne, on trouvera entre autres la prononciation de [f] au lieu de [pf] pour <pf> à l'initiale (*Pferd* [ˈfeːɐt] 'cheval'). Dans le sud, le morphème *-ig* est réalisé [ɪk] au lieu de [ɪç] (*richtig* [ˈʁɪçtɪk] 'juste'). En Suisse, le *ich-Laut* [ç] n'existe pas et l'on ne trouve que le *ach-Laut* [χ]. Enfin, en Autriche (mais aussi en Allemagne du sud), <ch-> devant voyelles antérieures ne se prononce pas [ç], mais [k] (*Chemie* [keˈmiː] 'chimie').

## 1.6 Système d'écriture

L'allemand s'écrit avec l'alphabet latin, néanmoins avec quelques rajouts. Tout d'abord, les substantifs commencent toujours par une majuscule. Avec le <ß> (*Eszett* [ʔɛsˈtsɛt], aussi *Scharf-S*), l'allemand (de l'Allemagne et de l'Autriche) dispose d'une lettre propre pour représenter le [s] après voyelle longue (<in Maßen> [ʔɪnˈmaːsn̩] 'avec modération' vs <in Massen> [ʔɪnˈmasn̩] 'en masse'), le <s> simple se prononçant [z] dans ce contexte (*Masern* [ˈmaːzɐn] 'rougeole'). Une autre particularité de l'écriture allemande est l'utilisation du tréma pour marquer le *Umlaut*, c'est-à-dire une qualité vocalique spécifique qui est souvent due à des changements morphoflexionnels. Ainsi, on a par exemple <a> [a] au singulier, mais <ä> [ɛ] au pluriel : <Gast> [ˈgast] vs <Gäste> [ˈgɛstə] 'hôte/s'.

# 2. La prononciation des apprenants

## 2.1 Voyelles

### 2.1.1 Les voyelles absentes du système en L1

Les voyelles nasalisées posent en général le plus de problèmes aux apprenants allemands qui produisent fréquemment une suite de voyelle orale plus consonne nasale (« identité » [iˈdɛntite], « fin » [fin] 🔊). Souvent,

/ɑ̃/ est réalisé /ɔ̃/ ou /ɛ̃/ ; pour le dernier, l'influence de l'orthographe pourrait jouer (« gouvernement » [ˈguvɛʁnmɔ̃] 🔊), et très souvent « saint » [sɑ̃] (au lieu de [sɛ̃]).

*2.1.2 Les voyelles phonétiquement différentes*

Le schwa de l'allemand est articulé avec moins d'arrondissement des lèvres que celui du français et tend à se réaliser [ɛ] ou [e] quand il est hyperarticulé. Cela explique peut-être pourquoi le schwa français est souvent prononcé [ɛ] ou [e] (« indiqu<u>e</u>raient » [ɛ], « d<u>e</u>puis » [e], « ch<u>e</u>mise » [e], « l<u>e</u> pr<u>e</u>mier » [e] 🔊). Une autre explication pour cette confusion pourrait être que les apprenants n'arrivent pas à identifier le schwa à partir du graphème <e>.

## 2.2 Consonnes

*2.2.1 Les consonnes absentes du système en L1*

La consonne [ʒ] existe en allemand uniquement dans les emprunts, notamment au français, comme *Garage* ou *Genie*. Tandis que les locuteurs instruits prononcent [ʒ], on trouve son homologue non-voisé [ʃ] chez les locuteurs moins instruits. Ainsi, certains apprenants germanophones ont-ils également des problèmes avec la prononciation du [ʒ] en français ([mɑ̃ʃynbaˈnan] « mange une banane » 🔊).

Un autre problème est posé par la semi-voyelle [ɥ], inconnue en allemand, et souvent prononcée [w] ou [u] (« circuits » [sɪɐ̯ˈkwɪt], « depuis » [deˈpʰui] 🔊).

*2.2.2 Les consonnes phonétiquement différentes*

Comme les occlusives sourdes /p/, /t/, /k/ sont normalement aspirées en allemand, surtout en position initiale devant voyelle, les apprenants ont tendance à transférer cette habitude au français, et nous trouvons de nombreuses consonnes aspirées (« pâtes » [pʰat], « tournée » [tʰʊɐ̯ˈneː], « cours » [kʰʊʁ] 🔊). Les occlusives sonores, par contre, ne sont souvent que faiblement voisées (« Beaulieu » [b̥oˈljø], « désespoir » [d̥ezasˈpwaʁ], « Garret » [g̊aˈʁɛt] 🔊).

Une erreur typique des germanophones en français comme en anglais est l'assourdissement des consonnes finales (« le village de Beaulie<u>u</u> » [ʃ], « une journée chau<u>de</u> » [t], « chemi<u>s</u>es » [s] 🔊). Un autre processus transféré en langue étrangère et très typique de l'accent allemand est la vocalisation du /ʁ/ en coda syllabique (« pou<u>r</u> » [pu͡ɐ], « gloi<u>r</u>e » [glo͡ɐ] 🔊).

## 2.3 Syllabe

Vu que l'allemand connaît des syllabes plus complexes que le français, il n'y a pas de difficultés à ce niveau. Mais comme les frontières de mots sont généralement respectées en allemand, les apprenants ont souvent des problèmes pour les faire disparaître au moyen de la resyllabation, très répandue en français. Les débutants surtout sont plutôt réticents à pratiquer les enchaînements et les liaisons, et ils placent assez fréquemment des coups de glotte (ou emploient la voix craquée) pour marquer les mots à initiale vocalique (« comme on en a vu » [kʰɔm.ʔɔ̃.ʔɑ̃.ʔa.vy], « quelques articles » [kʰɛl.kə.ɡ.ti.klə] ⊚). Tandis que même les étudiants les plus avancés oublient parfois un enchaînement (« préfère être inconnu » [pʁe.fɛʁ.ʔɛ.tʁə.ɛ̃.kɔ.ny] ⊚), ceux-ci tendent, par contre, à produire un bon nombre de liaisons facultatives (« circuit<u>s</u> [z] habituels », « visite<u>s</u> [z] officielles ») ⊚.

## 2.4 Accentuation et intonation

L'allemand possédant un accent de mot qui tombe souvent sur la syllabe initiale, il est peu surprenant que les apprenants peu avancés transfèrent ce trait au français (« éviter les <u>ma</u>nifestations », « <u>dé</u>claré », « <u>cir</u>culer » ⊚). Comme l'accent initial, l'accent final est souvent employé sur chaque mot lexical, l'unité qui constitue la base de l'accentuation en allemand. Comme on l'a déjà vu pour les resyllabations, l'abandon de l'autonomie du mot et son intégration dans le groupe rythmique posent de grands problèmes aux apprenants germanophones et affectent aussi l'intonation.

## 2.5 Le traitement grapho-phonémique

Motivé par la graphie, les apprenants germanophones réalisent en général beaucoup de consonnes finales (« inquie<u>t</u> » [t], « lor<u>s</u> [s] » ⊚). D'un autre côté, les consonnes finales peuvent aussi manquer (« de plus » [ply], « six » [si] ⊚). Même les apprenants avancés oublient parfois que la lettre <y> représente le son [i] en français et non pas un [y] comme en allemand (« olympiques » [olympik] ⊚).

## Références

Kohler, K. (1977/2ᵉ éd. 1995). *Einführung in die Phonetik des Deutschen*. Berlin : Erich Schmidt.

König, W. (1989). *Atlas zur Aussprache des Schriftdeutschen in der Bundesrepublik Deutschland*. Ismaning : Hueber.

Maas, U. (1999/2ᵉ éd. 2006). *Phonologie. Einführung in die funktionale Phonetik des Deutschen*. Göttingen : Vandenhoeck & Ruprecht.

Meisenburg, T. & Selig, M. (1998/3ᵉ éd. 2006). *Phonetik und Phonologie des Französischen*. Stuttgart : Klett.

Pustka, E. (2011/2ᵉ éd. 2016)). *Einführung in die Phonetik und Phonologie des Französischen*. Berlin : Erich Schmidt.

# 21 Les hellénophones[1]

## 1. Description du système phonético-phonologique du grec

### 1.1. Situation sociolinguistique : quelle variété de référence ?

Parlé par 13 millions de locuteurs, le grec dit « moderne » est la langue officielle de deux États, la Grèce et Chypre. Cette langue est également utilisée par les communautés hellénophones qui vivent dans les pays voisins, ainsi que par la diaspora comptant plus de six millions de locuteurs, mais à des degrés de compétence très différents. Pas plus tard qu'en 1976, l'État hellénique a reconnu comme langue officielle la variété « démotique », utilisée à l'oral mais aussi dans la littérature du XXe siècle, au détriment de la *katharevoussa*, qui constituait une variété hybride, archaïsante et puriste. La *démotique* est depuis utilisée dans l'enseignement ainsi que dans les médias. À Chypre, les locuteurs peuvent utiliser également le dialecte chypriote à l'oral et souvent à l'écrit informel (des commentaires personnels sur Internet, pièces de théâtre, etc.).

### *1.2 Inventaire phonémique*

#### *1.2.1 Voyelles*

Le système phonologique du grec moderne comporte cinq voyelles /i e a o u/ 🎧. Les réalisations du /e/ et du /o/ du grec se situent à la limite entre [e] - [ɛ] et [o] - [ɔ] du français.

#### *1.2.2 Consonnes*

Le grec moderne dispose de 15 consonnes : les occlusives orales /p t k/, les fricatives /f θ x v ð γ s z/, les liquides /l r/ et les nasales /m n/. Il n'existe pas vraiment de consensus concernant les occlusives orales sonores /b d g/ qui sont considérées par certains comme des allophones des occlusives sourdes. Le grec dispose également d'une affriquée sourde /t͡s/ qui s'oppose à une sonore /d͡z/. Enfin, la glissante /j/ est considérée par certains comme un phonème, différent de la voyelle /i/, alors que d'autres

---

1. Rédigé par Freiderikos Valetopoulos et Efi Lamprou.

l'analysent comme un allophone soit de la fricative /ɣ/ devant /i e/, par exemple γέρος [ˈjeros] 'vieux, âgé', soit de la voyelle /i/ non accentuée dans l'environnement CiV, άδειος [ˈaðjos] 'vide' 🔊.

### *1.3 Allophonie et contraintes phonotactiques*

La voyelle /u/ a deux allophones : [u] et [w]. Ce dernier est très rare et se rencontre quand /u/ est non accentué et précédé d'une voyelle, par exemple φράουλα [ˈfrawla] 'fraise' 🔊. La voyelle /i/ possède également deux allophones, [j] et [ç], qui sont réalisés quand la voyelle /i/ est non accentuée et suivie d'une autre voyelle, par exemple le nom καλάθι [kaˈlaθi] 'panier' devient καλάθια [kaˈlaθça] 'paniers' au pluriel 🔊. La réalisation en [j] ou en [ç] dépend de la consonne qui précède : ainsi la première est réalisée après une consonne sonore alors que la deuxième se rencontre après une consonne sourde. Les phonèmes /k/, /x/, /ɣ/, /g/ ont deux allophones en distribution complémentaire : ils sont palatalisés [c ç j ɟ] devant /i e/ et vélarisés [k x ɣ g], devant /a o u/. Par exemple τρέχω [ˈtrexo] 'je cours' mais τρέχει [ˈtreçi] 'il/elle court' 🔊. Les consonnes /l/ et /n/ sont réalisées comme [ʎ] et [ɲ] quand elles se retrouvent dans un environnement où elles sont suivies de [i] + V-accentuée, comme par exemple ελιά [eˈʎa] 'olive' 🔊. On trouve également ces deux allophones devant /i/ dans certains dialectes du grec moderne. Enfin, la consonne nasale /n/ peut aussi avoir un autre allophone : [ŋ] devant [k ɣ x g], par exemple άγχος [ˈaŋxos] 'stress'.

### *1.4 Aspects prosodiques*

#### *1.4.1 La syllabe*

La structure syllabique du grec favorise les syllabes ouvertes, c'est-à-dire les syllabes qui se terminent par une voyelle. Presque toutes les consonnes peuvent se trouver en fin de syllabe, par contre seuls /s/ et /n/ peuvent apparaître en fin de mot, à l'exception de certains mots empruntés à d'autres langues, par exemple τρακ [trak] 'le stress'.

#### *1.4.2 L'accent tonique*

La plupart des mots lexicaux et grammaticaux du grec porte un accent, sauf ceux qui sont monosyllabiques. L'accent assume en grec un rôle distinctif, par exemple γέρος [ˈjeros] 'vieux, âgé' vs γερός [jeˈros] 'fort' 🔊. Lors de sa réalisation, la syllabe accentuée peut être prononcée avec plus de force, et la voyelle se caractérise par un léger allongement. L'accent peut se déplacer lors de la déclinaison des noms et des adjectifs, par exemple nominatif du singulier φίδι ['fiði] 'serpent' vs génitif du pluriel φιδιών [fi'ðjon] 'serpents' ou la conjugaison des verbes, par exemple χτυπώ [xti'po] 'je bats', 1ʳᵉ personne du singulier de l'indicatif du présent, vs χτύπησα ['xtipisa] 'j'ai battu', 1ʳᵉ personne du singulier de l'indicatif de l'aoriste ⓞ. Le placement de l'accent est soumis à deux lois : tous les mots bi- et trisyllabiques ainsi que quelques mots monosyllabiques doivent avoir un accent ; cet accent ne peut pas être placé au-delà de la syllabe antépénultième en partant de la fin du mot, par exemple σιδηρόδρομος [siði'roðromos] 'chemin de fer' ⓞ.

### 1.4.3 L'intonation

Une phrase affirmative du grec moderne a généralement une intonation descendante. Cette courbe intonative peut connaitre quelques variantes ; si le locuteur souhaite exprimer sa surprise, la courbe est ascendante et descendante vers la fin de la phrase, alors que le doute sera exprimé par une courbe descendante qui deviendra ascendante par la suite. L'interrogation totale est marquée par une courbe ascendante qui se termine par une légère baisse, alors que l'interrogation partielle se caractérise par une intonation légèrement ascendante avec une fréquence fondamentale très élevée sur l'élément interrogatif. Enfin, il faut souligner que si le locuteur souhaite mettre en relief une partie de la phrase ou exprimer la contrastivité, le ton peut être à un niveau plus élevé sur l'élément concerné, par exemple : <Ο Γιάννης πήγε **στο Παρίσι**> 'Jean est allé à Paris (et non pas ailleurs)'.

### 1.5 *Variation diatopique*

L'absence de toute étude systématique de la dialectologie grecque empêche la classification définitive des dialectes du grec moderne. La classification la plus connue est celle qui distingue les dialectes du nord et du sud en se fondant sur la transformation des voyelles moyennes /e o/ en voyelles fermées /i u/ quand elles ne sont pas accentuées, alors que les /i u/ non accentuées sont supprimées dans les dialectes du nord. Le critère d'omission du [n] final des noms permet la distinction entre dialectes de l'est, qui le maintiennent, et de l'ouest, qui le suppriment. Le chypriote est le dialecte qui est actuellement le plus étudié. Le système phonologique du dialecte chypriote diffère du système du grec moderne car il dispose également des phonèmes /ʃ ʒ t͡ʃ d͡ʒ/. Par ailleurs, le chypriote dispose de consonnes géminées qui semblent être phonémiques, par exemple ['mila] 'pommes' vs ['miːa] 'graisse'.

## 1.6 Système d'écriture

Le grec moderne utilise l'alphabet grec qui est composé de vingt-quatre lettres. Il utilise l'orthographe historique : les mots sont écrits le plus souvent selon l'orthographe du grec ancien, quand ceci est possible. Cela amène à une variété de transcription du même son. Ainsi, [i] peut être transcrit par ι, η, υ, οι, ει alors que [o] peut être transcrit par ο, ω. Il en est de même pour [f] et [v] qui peuvent être transcrits comme υ ou φ, et β respectivement. Le graphème υ représente le son [v] devant un son vocalique ou les sons consonantiques sonores comme [ɣ ð r l], par exemple αυλή [avˈli] 'cour' vs αυτός [afˈtos] 'celui-ci'. Les doubles consonnes ne sont pas prononcées comme des consonnes géminées, contrairement au chypriote. Les combinaisons μπ, ντ, γκ correspondent aux consonnes sonores [b d g]. Enfin, un graphème peut représenter une combinaison de sons, comme c'est le cas de ψ [ps] et de ξ [ks].

## 2. La prononciation des apprenants

Nous nous concentrons ici sur les difficultés de production des apprenants hellénophones, en particulier les locuteurs du grec standard. Nous mentionnerons très brièvement les difficultés des apprenants chypriotes.

### 2.1 Voyelles

#### 2.1.1 Les voyelles absentes du système en L1

Les apprenants hellénophones peuvent avoir des difficultés avec les voyelles qui sont absentes de leur système :
– /y/ réalisée comme [u] ou comme préfermée [ʏ] ⊚ ;
– les oppositions entre les voyelles /ø œ ə/ réalisées comme [ɛ] ou parfois comme une voyelle moyenne antérieure arrondie ⊚ ;
– on constate des difficultés dans les prononciations de ces voyelles et des confusions entre /ɛ̃/ et /ɑ̃/, et entre /ɑ̃/ et /ɔ̃/ ⊚.

#### 2.1.2 Les voyelles phonétiquement différentes

Les différences phonétiques entre les systèmes vocaliques donnent lieu aux difficultés suivantes :
– les oppositions entre les voyelles /e ɛ/, /o ɔ/ réalisées par les voyelles qui se trouvent entre les deux ou par la généralisation d'une seule voyelle qui se rapprocherait de la mi-fermée ou de la mi-ouverte selon la réalisation en grec.

## 2.2 Consonnes

### 2.2.1 Les consonnes absentes du système en L1

Étant donné les différences des systèmes phonologiques consonantiques, les apprenants peinent souvent à réaliser :
- /ʃ/ qui peut être réalisé comme [ş] ou comme une alvéolaire [s] ☉ ;
- /ʒ/ qui peut être réalisé comme [z̦] ou comme une alvéolaire [z] ☉.

Ces deux consonnes ne posent pas de problèmes aux apprenants chypriotes qui disposent de ces deux phonèmes dans leur système.

### 2.2.2 Les consonnes phonétiquement différentes

Les apprenants hellénophones peuvent rencontrer d'autres difficultés comme la production de /ʁ/ comme [ɣ] ou la prénasalisation des /b d g/ à l'intérieur du mot ou d'une suite de mots, à savoir [ᵐb ⁿd ⁿg], par exemple « les gares » [lɛⁿgaʁ] ☉. À l'intérieur du mot, les apprenants peuvent également réaliser <b> et <mp> de la même manière [b], avec une nasalisation de la voyelle qui précède dans le deuxième cas : par exemple « crampe » [kʁãb] ☉.

## 2.3 Syllabe

Comme nous l'avons souligné, le grec a une préférence pour la syllabation ouverte. Ainsi, les apprenants hellénophones peinent à réaliser parfois les syllabes fermées en fin de mot : <ils correspondent> [ilkɔʁɛspɔ̃].

## 2.4 Accentuation et intonation

Les apprenants peuvent rencontrer quelques problèmes avec deux types d'énoncé : les interrogations totales mais sans pronom interrogatif ou inversion du sujet et les énoncés exprimant la surprise. Au niveau de la production, les apprenants auraient plutôt tendance à insister sur la fin de la phrase pour lui accorder une intonation interrogative. Il en est de même pour l'expression de la contrastivité. Le français l'exprime à l'aide de la syntaxe (« c'est … QU- ») alors que le grec moderne utilise l'intonation. Ainsi, les apprenants peuvent être influencés par le grec afin d'exprimer une phrase contrastive. Au niveau de la compréhension, les apprenants hellénophones présentent parfois des difficultés de distinction entre énoncé assertif et énoncé interrogatif sans pronom interrogatif ou inversion du sujet.

## 2.5 Le traitement grapho-phonémique

Les hellénophones rencontrent des difficultés avec les mots qui sont communs entre le français et l'anglais. Ils ont par ailleurs de la difficulté avec la correspondance grapho-phonémique des voyelles nasales /ɛ̃/ <in>, <ain> vs /ɑ̃/ <en>, <an> et les combinaisons <nd> et <nt>, prononcées parfois comme [d] sans nasalisation de la voyelle qui précède.

**Références**

Arvaniti, A. (2007). Greek phonetics: The state of the art. *Journal of Greek Linguistics* 8 : 97-208.

Holton, D., Mackridge, P. & Philippaki-Warburton, I (1997). *Greek Grammar. A Comprehensive Grammar of the Modern Language*. Londres : Routledge.

Newton, B. (1972). *Cypriot Greek*. La Haye : Mouton.

Setatos, M. (1974). *La phonologie du grec moderne* [en grec]. Athènes : Éditions Papazisis.

Trudgill, P. (2003). Modern Greek dialects: A preliminary classification. *Journal of Greek Linguistics* 4 : 45–64.

# 22 Les hispanophones[1]

## 1. Description du système phonético-phonologique de l'espagnol

### 1.1 Situation sociolinguistique : quelle variété de référence ?

L'espagnol est la langue première, seconde ou étrangère de plus de 500 millions de personnes dans le monde. Le nombre de locuteurs et le vaste territoire géographique couvert par l'espagnol – qui est la langue officielle de 21 pays répartis sur trois continents (Europe, Amérique et Afrique) – explique aisément son hétérogénéité. Différentes aires dialectales ont été déterminées : Castille, Andalousie, Canaries, États-Unis, Mexique et Amérique centrale, Antilles, Caraïbes continentales (Venezuela et Colombie), aire des Andes (Équateur, Bolivie et Pérou), Chili et aire du Río de la Plata (Uruguay et Argentine). La norme de Castille, qui constitue la référence traditionnelle classique pour l'espagnol péninsulaire, est basée sur la description de la prononciation des milieux universitaires de Madrid dans la première moitié du XXe siècle. C'est essentiellement cette variété qui sera décrite ci-dessous.

### 1.2 Inventaire phonémique

#### 1.2.1 Voyelles

Le système vocalique de l'espagnol comporte 5 voyelles /i e a o u/, pouvant apparaître en position accentuée ou non accentuée 🔊. Elles se différencient selon l'aperture et la position de la langue, combinée avec l'arrondissement des lèvres. Les voyelles antérieures (/i e/) et centrale (/a/) sont en effet toutes non-arrondies, alors que les postérieures (/o u/) sont arrondies.

#### 1.2.2 Consonnes

L'espagnol comprend 19 consonnes, réparties ainsi : 6 occlusives – 3 sourdes /p t k/ et leurs correspondantes sonores /b d g/[2] – ainsi que la palatale sonore

---

1. Rédigé par Isabelle Racine avec la collaboration de Juana Gil Fernández pour la description de l'espagnol et de Maria Ángeles Barquero Armesto, Mario Carranza Diez, Marion Didelot, Antonio Leoni et Julia Torino pour les enregistrements.

2. À noter que les occlusives apicales ont une réalisation dentale en espagnol.

/j/, 3 nasales /m n ɲ/, 4 fricatives sourdes /f θ s x/, une affriquée sourde /t͡ʃ/ et 4 liquides /l ʎ ɾ r/³ 🔊.

## 1.3 Allophonie et contraintes phonotactiques

Les consonnes /b d g/ ont deux réalisations allophoniques, [b d g] (série occlusive) ou [β ð̞ ɣ]⁴ (série approximante), selon la distribution suivante : en début d'énoncé, après une consonne nasale et, pour /d/ uniquement, également après une latérale, on trouve la série occlusive (*barro* [ˈbaro] 'boue', *dar* [ˈdaɾ] 'donner', *gracias* [ˈgɾaθi̯as] 'merci', *ambos* [ˈambos] 'les deux', *aldea* [alˈdea] 'village' 🔊). Après toute autre consonne ou en position intervocalique, on trouve la série approximante (*alba* [ˈalβa] 'aube', *beber* [beˈβeɾ] 'boire', *hada* [ˈaða] 'fée', *amargo* [aˈmaɾɣo] 'amer' 🔊). La même distribution s'applique pour /j/, qui peut aussi être réalisé comme une occlusive ([ɟ], yo [ˈɟo] 'je' 🔊) – et même parfois comme une affriquée *un yate* [unˈd͡ʒate] 'un yacht') – ou une approximante ([j], *mayo* [ˈmajo] 'mai' 🔊). En position finale, /ɾ/ s'assourdit ([ɾ̥]) et peut même avoir une réalisation fricative ou approximante ([ɹ]) 🔊. L'espagnol connaît aussi des assimilations de sonorité (*esbelto* [ezˈβelto] 'svelte', avec sonorisation de /s/, réalisé [z] 🔊), et de lieux d'articulation. Selon la consonne qui suit, /n/ peut être réalisé [m], [ɱ], [n̪], [n̠], [ɲ́] ou [ŋ] et /l/ [l̪] ou [l̠] (*antes* [ˈan̪tes] 'avant', *ancho* [ˈan̠t͡ʃo] 'large', *angustia* [aŋˈgusti̯a] 'angoisse', *alzar* [al̪ˈθaɾ] 'lever', *alto* [ˈal̪to] 'haut' 🔊).

## 1.4 Aspects prosodiques

### 1.4.1 Syllabe

Comme le français, l'espagnol a une tendance à la syllabation ouverte, avec une prédilection pour la syllabe CV.

### 1.4.2 Accentuation

En espagnol, l'accent tonique, qui se manifeste par une combinaison de la F0, de la durée et de l'intensité, peut se placer sur l'une des trois dernières syllabes d'un mot plein⁵. En principe, les mots se terminant par

---

3. Mentionnons ici que le /ʎ/, même s'il est de plus en plus rare, se maintient encore dans certaines zones, notamment en Castille.

4. On peut préciser ici que la réalisation approximante [ð̞] n'est pas dentale mais interdentale.

5. Les mots pleins (substantifs, adjectifs, verbes, adverbes et pronoms) s'opposent aux mots grammaticaux (déterminants, conjonctions et prépositions), qui ne sont eux jamais accentués en espagnol (atones).

une voyelle, <n> et <s> ont un accent tonique sur l'avant-dernière syllabe, alors que pour ceux qui se terminent par une consonne autre que <n> et <s>, l'accent tombe sur la dernière. Comme l'accentuation pénultième est prédominante en espagnol (80% des mots), l'accent graphique permet de marquer l'accentuation de ceux qui échappent à ce schéma (*café* [kaˈfe] 'café' ; *árbol* [ˈarβol] 'arbre' ; *régimen* [ˈreximen] 'régime'). Enfin, comme l'accent de mot est mobile, il a une fonction distinctive (*término* [ˈtermino] 'terme' vs *termino* [terˈmino] 'je termine' vs *terminó* [termiˈno] 'il a terminé') ⊚.

## 1.5 Variation diatopique

On trouve de très nombreux phénomènes de variation dans les différentes aires dialectales de l'espagnol. Nous n'en illustrerons ici que quelques-uns. Concernant les voyelles, on peut observer un affaiblissement marqué, voire la disparition complète des voyelles non accentuées au Mexique et dans certaines zones de la Péninsule ibérique, alors que les voyelles accentuées sont plus longues dans les Antilles, en Argentine, au Chili, au Mexique et en Andalousie. On peut aussi signaler l'ouverture des voyelles pour marquer le pluriel et la personne verbale dans l'est de l'Andalousie, dans les Antilles et dans certaines zones d'Amérique du Sud. Concernant les consonnes, certaines variations affectent le système phonologique, alors que d'autres sont uniquement allophoniques. Parmi les premières, on trouve le remplacement systématique de /θ/ par /s/ (*seseo*), présent en Andalousie, dans les Canaries et dans la majeure partie de l'espagnol d'Amérique ⊚. Le phénomène inverse (*ceceo*, remplacement de /s/ par /θ/) est présent dans certaines régions d'Andalousie et d'Amérique centrale. Dans de nombreuses zones de l'Espagne ainsi que dans une grande partie de l'Amérique centrale et du sud, le phonème /ʎ/ est remplacé par /j/, /ʝ/, /ʒ/, /d͡ʒ/ ou même /ʃ/ dans certaines zones d'Argentine (*yeísmo*) ⊚. L'affaiblissement – voire la disparition – du /s/ est fréquente dans le sud de l'Espagne, dans certaines zones de la Castille-La Manche et d'une bonne partie de l'Amérique, ainsi que, dans une moindre mesure, aux Canaries ⊚. Aux États-Unis, on peut observer l'émergence d'un phonème /v/ chez les apprenants bilingues, par influence de l'anglais ⊚. Concernant les variations allophoniques, mentionnons entre autres la prononciation [ɻ] (Chili, Costa Rica et dans certaines zones du nord de l'Espagne ⊚) ou [ʀ] (Porto Rico) de /r/, la simplification de /t͡ʃ/ en [ʃ] (Andalousie, Chili et Panama) ou la confusion des liquides /l/ et /r/ en finale de syllabe

145

(Porto Rico et certaines zones d'Andalousie). Enfin, les différentes aires dialectales se caractérisent également par d'importantes variations prosodiques, notamment au niveau de l'intonation ⓞ.

### *1.6 Système d'écriture*

L'espagnol se caractérise par une correspondance phonie-graphie quasiment transparente, à l'exception de quelques cas de graphies étymologiques ou historiques. Le système de l'espagnol comporte cinq digraphes : <ch> note la prononciation de [t͡ʃ] (*mucho* [muˈt͡ʃo]] 'beaucoup'), <rr> de [r] (*perro* [peˈro] 'chien'), <ll> de /ʎ/ et, dans les zones de *yeísmo,* des réalisations variables de /j/ (*llamar* [ʎaˈmaɾ], [jaˈmaɾ], [ɟaˈmaɾ] [ʒaˈmaɾ], [d͡ʒaˈmaɾ] ou [ʃaˈmaɾ] 'appeler', cf. 1.5), et <gu> et <qu> de [g] et [k] devant les lettres <e> et <i>. La lettre <x> se prononce [ks] (*éxito* [ˈeksito]) 'succès'), bien que, en parole spontanée, le [ks] se simplifie fréquemment en [s]. Le <h> étymologique du latin ne se prononce pas (*hombre* [ˈombɾe] 'homme'). Les lettres <b> et <v> permettent toutes les deux, selon des critères étymologiques, de noter le phonème /b/, qui peut être réalisé [b] ou [β] (*beber* [beˈβeɾ] 'boire', du latin *bibere* ; *vivir* [biˈβiɾ] 'vivre', du latin *vivere).* La graphie <ñ> correspond à [ɲ] (*España* [esˈpaɲa] 'Espagne'). L'accent graphique sert à indiquer la place de l'accent tonique, permettant notamment de distinguer certains mots entre eux (cf. 1.4.2), ou à rompre une diphtongue finale (*espía* [esˈpia] 'espion').

## 2. La prononciation des apprenants

### *2.1 Voyelles*

#### *2.1.1 Les voyelles absentes du système en L1*

La grande richesse du système vocalique du français constitue une source de difficulté majeure pour les apprenants hispanophones, qui doivent passer d'un système comprenant cinq voyelles à un système d'au moins 14 éléments vocaliques. L'absence de la série de voyelles antérieures arrondies, de degrés d'aperture différents pour les voyelles moyennes ainsi que de voyelles nasales crée de nombreuses difficultés :

– /y/ est prononcé [u], surtout dans des tâches impliquant l'orthographe, ou parfois [i] : « commune » [kɔmun], « une » [in] ⓞ ;

– /ø/ et /œ/ sont réalisés sans arrondissement et, en raison du manque de différenciation de degré d'aperture en espagnol, avec un timbre variant entre [e] ou [ɛ], ou parfois avec arrondissement mais postériorisation de la voyelle, [o] ou [ɔ] : « veut » [ve], « peur » : [pɔʁ] 🔊 ;

– /ə/ est souvent prononcé [e] ou [ɛ] : « petit » [peti], « chemise » [ʃemis] 🔊 ;

– les voyelles nasales sont dénasalisées ou réalisées avec une nasalisation partielle, et généralement accompagnées d'un appendice consonantique : « tante » [tant], « sympathique » [simpatik], « explosion » [ɛksplosjɔn] 🔊. En outre, les confusions de timbre sont fréquentes : « teint » [tã], « ponce » [pãs] 🔊.

### 2.1.2 Les voyelles phonétiquement différentes

Comme l'espagnol ne connaît que trois degrés d'aperture, les oppositions /e/ - /ɛ/ et /o/ - /ɔ/ ne sont pas toujours respectées.

## 2.2 Consonnes

### 2.2.1 Les consonnes absentes du système en L1

– /z/ est réalisé [s] : « creuse » [kʁøs], « zoo » [so], « les opposants » [lesɔpozã] 🔊 ;

– /ʒ/ est produit [s] ou [ʃ] ou [j] : « village » [vilas], « voyage » [vwajaʃ] ou [vwaʒaʃ], « aujourd'hui » [oʒuʁdɥi] 🔊 ;

– /ɥ/ est susceptible d'être confondu avec /w/ : « muette » [mwɛt] 🔊.

### 2.2.2 Les consonnes phonétiquement différentes

– /b d g/ sont souvent produites comme des approximantes dans les contextes où l'espagnol connaît la série approximante [β ð ɣ] : « liberté » [liβɛʁte], « la base » [laβas], « adorer » [aðɔʁe], « magasin » [maɣasẽ] 🔊 ;

– suivant le même principe, /v/ est produit soit [b] (« vase » [bas]), soit [β] (« vérifications » [βeʁifikasjɔn]) avec parfois autocorrection (« (la) vase » [(la)bvas]), ou encore [f] (ex. « la rave » [laʁaf] 🔊 ;

– des confusions se produisent parfois pour /g/, entre sa réalisation allophonique [ɣ] et les réalisations du /R/ français, en raison de leur proximité en termes de lieu d'articulation : « adorer » [adoɣe], « cognitif » [kɔɣnitif], « barrage » confondu avec « bagarre » et/ou « bagage » puis réalisé [baɣaʒ] 🔊 ;

– la réalisation de /R/ est souvent apicale (« travail » [tʀavaj] ou [travaj] 🔊) et peut être dévoisée dans certains groupes consonantiques avec /R/, difficiles pour les hispanophones (« maigrir » [mɛgχiʁ]) 🔊 ;

147

– les séquences comme /sp/, /st/, /sk/, interdites en espagnol, sont généralement produites avec insertion de /ɛ/ à l'initiale : « stupide » [ɛstypid] ⊚.

## *2.3 Accentuation et intonation*

Comme l'accentuation – et l'intonation – s'organisent autour du mot lexical en espagnol, la prosodie des apprenants hispanophones diffère du patron français, organisé autour du groupe prosodique. S'ils parviennent aisément à déplacer l'accent en fin de mot, ils produisent des groupes accentuels beaucoup plus courts que les francophones, et qui sont majoritairement constitués de 2 ou 3 syllabes ⊚.

## *2.4 Le traitement grapho-phonémique*

La très grande transparence de la relation entre phonie et graphie en espagnol a des conséquences fortement négatives lorsque les hispanophones entrent dans le français avec un apport important du support écrit. Ils ont en effet tendance à appliquer le même système au français et à oraliser tous les graphèmes (« indiqueraient » [idikɛʁayã], « tante » [tant]) et cela peut persister même chez des apprenants très avancés (« protéger » [pʁɔteʃɛʁ], « premier Ministre » [pʁɛmjɛʁ]) ⊚. Les apprenants réalisent également plus de liaisons avec une consonne orthographique (« grand [n]honneur ») et de liaisons avec une consonne orthographique et réalisées sans enchaînement (« son // usine ») en lecture de texte qu'en parole spontanée ⊚.

## Références

Companys, E. (1966). *Phonétique française pour hispanophones*. Paris : Hachette.

Detey, S., Racine, I., Kawaguchi, Y. & Zay, F. (2016). Variation among non-native speakers: Japanese and Spanish learners of French. In S. Detey, J. Durand, B. Laks & C. Lyche (éds), *Varieties of Spoken French*. Oxford : Oxford University Press, 491-502.

Gil Fernández, J. (2007). *Fonética para profesores de español: de la teoría a la práctica*. Madrid : Arco/Libros.

Navarro Tomás, T. (2004). *Manual de pronunciación española*. Madrid : Consejo Superior de Investigaciones científicas.

Quilis, A. (1993). *Tratado de fonología y fonética españolas*. Madrid : Gredos.

# 23 Les italophones[1]

## 1. Description du système phonético-phonologique de l'italien

### 1.1 Situation sociolinguistique : quelle variété de référence ?

La diversité des prononciations locales fait qu'il est très difficile de définir un italien de référence : on repère plusieurs « italiens régionaux », répartis en cinq groupes (nord, centre, sud, extrême sud, Sardaigne). L'italien parlé en Suisse, au Tessin, ne s'éloigne guère de la variante lombarde. Les italiens régionaux ne jouissent pas tous du même prestige : la variété la plus prestigieuse est aujourd'hui celle du nord (Milan), alors que les variétés méridionales sont les plus stigmatisées. On a longtemps proposé comme variété de référence le florentin cultivé et la prononciation de Rome, épurés de quelques particularités locales. C'est cette prononciation orthoépique traditionnelle, qui garde un lien étroit avec l'écrit et qui a longtemps représenté l'idéal à poursuivre par les professionnels de la parole (acteurs, journalistes, etc.), que nous décrirons dans ce chapitre.

### 1.2 Inventaire phonémique

Le système phonologique de l'italien orthoépique possède 7 voyelles et 20 consonnes. Le statut phonologique des glissantes est très débattu.

#### 1.2.1 Voyelles

En syllabe accentuée, l'italien comporte 7 voyelles /i e ɛ a o ɔ u/, qui se différencient selon le lieu d'articulation et l'aperture (🎧). L'opposition entre les voyelles mi-fermées et mi-ouvertes (/e/ - /ɛ/ et /o/ - /ɔ/), prouvée par de nombreuses paires minimales (*venti* /ˈventi/ 'vingt' vs *venti* /ˈvɛnti/ 'vents', *o* /ˈo/ 'ou' vs *ho* /ˈɔ/ 'j'ai', etc.) n'est cependant pas réalisée dans la plupart des variétés régionales (cf. 1.5). Ce système se réduit à 5 voyelles en syllabe inaccentuée, car les oppositions /e/ - /ɛ/ et /o/ - /ɔ/ sont neutralisées au profit de la variante fermée : *medicina* [mediˈt͡ʃina] 'médecine', *collana* [koˈllana] 'collier'.

---

1. Rédigé par Michela Murano (partie 1) et Roberto Paternostro (partie 2).

*1.2.2 Consonnes*

Le système consonantique comprend six occlusives orales /p b t d k g/, quatre affriquées /t͡s d͡z t͡ʃ d͡ʒ/, trois nasales /m n ɲ /, une vibrante /r/, quatre fricatives /f v s ʃ/, deux latérales /l ʎ/ (☉).

En italien, quinze consonnes peuvent être géminées : /p b t d k g t͡ʃ d͡ʒ f v s m n l r/ ; leur longueur distinctive permet alors d'opposer de nombreuses paires minimales : *caro* /ˈkaro/ 'cher' - *carro* /ˈkarro/ 'chariot' (☉). En général, cette prononciation est signalée par l'orthographe.

## *1.3 Allophonie et contraintes phonotactiques*

Les consonnes [s] et [z] sont deux variantes du même phonème (cf. 1.5) : [s] apparaît à l'initiale et en position géminée, [z] à l'intervocalique.

En ce qui concerne le voisement, le /s/ préconsonantique est sourd ou sonore selon la consonne qui suit et à laquelle il s'assimile : par exemple, *studio* [ˈstudjo] 'cabinet' - *sbarra* [ˈzbarra] 'barreau' (☉).

## *1.4 Aspects prosodiques*

*1.4.1 L'accent*

L'italien est une langue à accent lexical. Contrairement au français, celui-ci se manifeste moins par la durée que par la fréquence et l'intensité. L'accent de mot peut se placer sur l'une des quatre dernières syllabes, mais la plupart des mots sont paroxytoniques. L'accent tonique est marqué par un accent graphique seulement s'il tombe sur la dernière syllabe. Comme l'accent de mot est mobile, il peut avoir une fonction distinctive (*Papa* [ˈpapa] 'Pape' - *papà* [paˈpa] 'papa') (☉).

## *1.5 Variation diatopique*

Concernant les voyelles, l'opposition entre mi-fermées et mi-ouvertes n'est pas phonologique dans toutes les variétés régionales. On distingue :
– des systèmes à 7 voyelles ayant une distribution différente par rapport au standard (Italie centrale, Campanie, Basilicate, Molise, Vénétie et Trentin) ;
– des systèmes dans lesquels l'ouverture des voyelles à double timbre est déterminée par le contexte (voyelle ouverte en syllabe fermée, voyelle fermée en syllabe ouverte) et qui ont donc 7 voyelles phonétiques, mais 5 phonèmes (Lombardie, Piémont, Émilie, Ligurie) ;

– des systèmes à 5 voyelles, comme l'Italie méridionale extrême, qui privilégie les semi-ouvertes (/ɛ/ et /ɔ/).

Les voyelles /y/, /ø/ et /œ/ sont attestées dans certains dialectes du nord, notamment en Lombardie, où elles sont moins labialisées qu'en français.

L'opposition [s]-[z] n'est pas phonologique, sauf en florentin et uniquement en contexte intervocalique, où l'on compte peu de paires minimales : *chiese* [kjɛse] 'demanda' - *chiese* [kjɛze] 'églises'. En Italie centrale et méridionale, les consonnes /p t k t͡s t͡ʃ f/ sont prononcées avec moins d'énergie articulatoire, au point que l'on peut avoir l'impression d'une neutralisation sourde-sonore.

La réalisation orthoépique du /r/ (vibrante alvéolaire) est la plus fréquente, mais on repère des variantes idiolectales ([ʋ] approximante labiodentale ; [ʀ] vibrante uvulaire dite « à la française ») et régionales ([ɻ] rétroflexe en Sicile, en Calabre et dans le Salento).

Dans les variétés centrales et méridionales, on réalise le redoublement de la consonne initiale d'un mot lorsque le mot qui le précède, appartenant au même groupe rythmique et se terminant par une voyelle, est une préposition, une conjonction ou un adverbe fréquent, un verbe monosyllabique, un pronom ou un mot oxytonique : *a Roma* [arroːma] 'à Rome'. Dans certains dialectes du sud, même des consonnes orthographiquement simples sont prononcées comme géminées (*parmigiano* [parmid͡ʒːjano] 'parmesan').

### 1.6 Le système d'écriture

L'italien a un système d'écriture qui ne s'éloigne pas beaucoup de sa prononciation. Cependant, quelques cas de graphies historiques entraînent une non correspondance graphie-phonie, qui peut parfois interférer avec le français :

– la lettre <z> peut être prononcée [t͡s] ou [d͡z] et jamais [z] ; la lettre <s>, [s] ou [z] (cf. 1.5). La lettre <e> correspond à [e] et [ɛ] ; la lettre <o>, à [o] et [ɔ]. Nous rappelons que l'accent graphique ne distingue pas le timbre vocalique, mais indique la place de l'accent tonique lorsqu'il tombe sur la dernière syllabe. Le <h> étymologique latin permet de distinguer les formes du présent du verbe *avere* 'avoir', *ho* 'j'ai', *hai* 'tu as' et *ha* 'il/elle a' de la conjonction *o* 'ou', de l'article contracté *ai* 'aux' et de la préposition *a* 'à'. La distinction entre h aspiré et h non aspiré du français n'existe pas en italien : le *h* est toujours « muet », entraînant l'élision, notamment de l'article défini ou du pronom qui le précède (*l'handicap* 'le handicap', *l'ho letto* 'je l'ai lu').

– certains graphèmes correspondent à plusieurs réalisations contextuelles : <c> et <g>, devant consonne et /u o ɔ a/, se prononcent [k] et [g] ; devant /i e ɛ/, la réalisation est [tʃ] et [dʒ] ; les digraphes <ci> et <gi> notent la prononciation des affriquées devant /u o ɔ a/ et les digraphes <ch> et <gh> notent la prononciation des occlusives devant voyelle antérieure. Le graphème <c> n'est donc jamais prononcé [s] en italien, et le digraphe <ch> n'est jamais prononcé [ʃ]. Le digraphe <sc> est prononcé [ʃ] devant /i e ɛ/, [sk] devant /u o ɔ a/. Le digramme <gl> conserve un <i> diacritique devant <a e o u> (*figlia* 'fille', *biglie* 'billes').

Les accents graphiques sont rares en italien. Leur rôle n'est pas de distinguer le timbre vocalique, mais d'indiquer la place de l'accent tonique final, permettant notamment de distinguer certains mots entre eux : *meta* [ˈmɛta ] 'but' vs *metà* [mɛˈta] 'moitié', *parlo* [ˈparlo] 'je parle' vs *parlò* [parˈlo ] 'il parla', etc. (cf. 1.4).

## 2. La prononciation des apprenants

La grande richesse du système vocalique français est à l'origine de la plupart des difficultés de prononciation des italophones, en perception et en production. Certaines difficultés peuvent aussi s'expliquer à partir du décalage qui existe entre graphie et phonie en français.

### *2.1 Voyelles*

*2.1.1 Les voyelles absentes du système en L1*

L'absence en italien de la série de voyelles antérieures arrondies et des voyelles nasales crée de nombreux obstacles aux apprenants italophones :
 – /y/ est prononcé [u], [ju] ou [jy] : « plus » [plu] (◉) ;
 – /ɥ/ est susceptible d'être confondu avec /w/ : « puis » [pwi] (◉) ;
 – /ø/ est réalisé /o/, /ɛ/ ou /œ/ : « peu » [po] (◉) ;
 – /œ/ est prononcé /ɛ/ « fleur » : [flɛʁ] ;
 – /ə/ est souvent prononcé /e/ ou /ɛ/ : « que » [kɛ] (◉).

Les voyelles nasales sont dénasalisées, souvent avec l'apparition d'un appendice consonantique : par exemple, /ɔ̃/ devient /ɔn/ (« région » [ʁeʒɔn]) (◉), /ɛ̃/ et /ɑ̃/ sont confondus, surtout à l'initiale, au profit de /ɑ̃/ (« intelligent » [ɑ̃teliʒɑ̃] ou « bien » [bjɑ̃] et « vin » [vɑ̃]) (◉).

*2.1.2 Les voyelles phonétiquement différentes*

L'opposition d'aperture des voyelles /e/ - /ɛ/ et /o/ - /ɔ/ n'est pas toujours respectée en italien : les italophones méridionaux auront tendance à neutraliser l'opposition d'ouverture au profit de la variante ouverte (« chapeau » [ʃapɔ]).

## *2.2 Consonnes*

*2.2.1 Les consonnes absentes du système en L1*

Le système des consonnes est plus riche en italien qu'en français et toutes les consonnes du français existent donc aussi en italien, hormis la fricative post-alvéolaire sonore /ʒ/, qui n'existe que dans certaines variétés régionales de l'Italie du nord et dans les emprunts comme « *garage* » et « *bijou* ». Sa réalisation ne pose toutefois généralement pas de problème aux apprenants. L'opposition [s]-[z] n'étant pas phonologique en italien, les apprenants risquent d'utiliser ces phonèmes sur la base de l'emploi qu'ils en font en L1 : les italophones du sud auront tendance à toujours réaliser la variante sourde, ceux du nord la variante sonore. Enfin, l'italien ne possède que des groupes de consonnes constitués par une occlusive + /r/ ou /l/, ce qui entraîne des difficultés de prononciation des groupes consonantiques complexes tels que /ks/, /gs/, /ps/, etc. (« exemple » [ezãpl]) (◉). L'existence de consonnes géminées est sans doute à l'origine de la prolifération de géminées dans les productions des apprenants (« village » [vilːaʒ]) (◉).

*2.2.2 Les consonnes phonétiquement différentes*

Le /R/ uvulaire est souvent remplacé par la vibrante apico-dentale /r/.

## *2.3 Accentuation et intonation*

L'italien étant une langue à accent de mot, les apprenants, même avancés, auront du mal à découper la chaîne sonore en groupes prosodiques sur le modèle du français. L'ajout fréquent d'un [ə] épenthétique en fin de syllabe, notamment après une consonne finale, contribue à donner l'impression d'un rythme saccadé (« titre de gloire » [titʁədəglwaʁə]) (◉). Quant à l'intonation, les italophones semblent utiliser une gamme mélodique réduite par rapport aux francophones L1, favorisant ainsi la perception d'une mélodie plate.

## 2.4 Le traitement grapho-phonémique

À part de rares graphèmes complexes, tout ce qui est écrit se prononce en italien. D'où les problèmes posés par le manque de correspondance entre la prononciation et l'orthographe en français, notamment en ce qui concerne la réalisation des consonnes muettes finales (« temps » [tãp]) (🔊), le *e muet*, les graphies étymologiques, les graphèmes multiples pour un même phonème, etc. Dans les mots se terminant par un *e muet*, les apprenants italophones réalisent souvent une géminée (« tête » [tɛt:]) ou bien ils ajoutent un schwa en fin de mot (« tête » [tɛtə]).

## Références

Arcaini, E. (2000). *Italiano e francese: un'analisi comparativa.* Turin : Paravia.

Companys, E. & Galisson, R. (1965). *Phonétique française pour italophones.* Paris : B.E.L.C.

Galazzi, E. & Guimbretière, E. (1994). Seuil d'acceptabilité des réalisations prosodiques d'apprenants italophones. In E. Arcaini, M. Fourment-Berni Canani & D. Lévy-Mongelli (éds), *Lingue e culture a confronto, Ricerca linguistica-Insegnamento delle lingue. Atti del 2° Convegno Internazionale di analisi comparativa francese/italiano.* Rome : Do.Ri.F-Università 2, 104-120.

Lepschy, G. C. (1978). Note sulla fonematica italiana. In G. C. Lepschy (éd.), *Saggi di linguistica italiana.* Bologne : Il Mulino, 63-75.

Mioni, A. M. (1993). *Fonetica e fonologia.* In A. A. Sobrero (éd.), *Introduzione all'italiano contemporaneo.* Rome-Bari : Laterza, 101-139.

# 24 Les japonophones[1]

## 1. Description du système phonético-phonologique du japonais

### *1.1 Situation sociolinguistique : quelle variété de référence ?*

La variété considérée aujourd'hui comme standard et décrite dans ce chapitre est celle de la capitale, Tokyo. Cette variété est largement employée en contexte officiel et pratiquée par les présentateurs de journaux radiophoniques et télévisés, même si celles de la région du Kansaï (Kyoto, Nara, Osaka, Kobe) exercent une influence culturelle non négligeable dans les médias à l'échelle nationale.

### *1.2 Inventaire phonémique*

L'unité phonologique de segmentation en japonais étant la more (cf. 1.4), souvent composée d'une séquence consonne+voyelle (par exemple /ka/), le japonophone aura plus de difficulté que le francophone à dissocier les consonnes des voyelles, tendance en partie liée au système d'écriture (moraïque vs alphabétique) (cf. 2.5). L'inventaire ci-dessous, en particulier consonantique, ne doit pas faire oublier cette réalité linguistique, essentielle à la compréhension des difficultés de prononciation des apprenants japonophones.

#### *1.2.1 Voyelles*

Le japonais compte 5 voyelles /i e a o u/ (🔊) et oppose des voyelles brèves à des voyelles longues. Ces dernières sont interprétées phonologiquement comme composées d'une voyelle et d'un phonème qui correspond à son allongement, noté /H/[2] : /e/ [e] 'dessin' vs /eH/ [eː] 'oui' (🔊). Le /u/ japonais se caractérise par sa réalisation phonétique (transcrite [ɯ]) moins arrondie et avec la langue en position plus antérieure que le [u] français. Les réalisations de /e/ et /o/ en japonais sont plus ouvertes qu'en français.

---

1. Rédigé par Takeki Kamiyama, Sylvain Detey et Yuji Kawaguchi, avec la collaboration de Marion Didelot pour les enregistrements.
2. Ou /R/ par certains.

## 1.2.2 Consonnes

On trouve les occlusives /p t k b d g/, les fricatives /s z h/, les nasales /m n/, la liquide /r/ et les glissantes /j w/ (◉). L'une des caractéristiques des consonnes japonaises est la réalisation variable du /r/ : outre la battue [ɾ] (pointe de la langue brièvement frappée contre la partie postérieure des alvéoles), on observe aussi des allophones proches de [l] ou de [d]. Enfin, les emprunts récents ont fait émerger de nouvelles combinaisons de phones.

## 1.3 Allophonie et contraintes phonotactiques

La réalisation des voyelles, notamment fermées, peut varier en fonction du contexte : les voyelles /i/ et /u/ peuvent être dévoisées quand elles sont entourées de deux obstruantes non voisées (/kita/ [ki̥ta] 'nord'), ou en fin d'énoncé après une obstruante non voisée (/ikimasu/ [ikimasɯ̥] '(je) vais'). Par ailleurs, certaines séquences sont illicites dans le système traditionnel ([s] + [i] : la série de caractères non composés correspond à [sa ɕi sɯ se so]). Ainsi, /s/ est palatalisé [ɕ] devant /i/ ou /j/; /t/ est affriqué en [t͡s] devant /u/ et affriqué palatal [t͡ɕ] devant /i/ ou /j/ ; /h/ est palatalisé [ç] devant /i/ ou /j/ et réalisé bilabial [ɸ] devant /u/ ; /g/ peut devenir fricatif [ɣ] ou nasal [ŋ] en position intervocalique ; /z/ est souvent affriqué en [d͡z] (palatalisé [d͡ʑ] devant /i/ ou /j/) à l'initiale et fricatif [z] (palatalisé [ʑ] devant /i/ ou /j/) en position intervocalique.

## 1.4 Aspects prosodiques

### 1.4.1 La more

La more en japonais est, en général, composée d'une voyelle, précédée éventuellement par une consonne (suivie ou non de /j/) en attaque (par exemple /a/, /ka/ ou /kja/). Elle coïncide alors avec la « syllabe ». Mais les structures syllabiques ne sont pas identiques dans les deux langues : en japonais, la syllabe est essentiellement ouverte et simple (V ou CV ; aucune attaque branchante, sauf /Cj/ comme /kja/, /mja/, etc. et seuls /N/ et /Q/ (voir ci-après) en coda), alors qu'en français, elle peut être fermée ou complexe (CVC, CCV, etc.). D'un autre côté, le japonais dispose de trois phonèmes moraïques spéciaux : /N/, /Q/ et /H/. /H/ correspond phonétiquement à un allongement vocalique (/i.H/[3] [iː] 'bon', 2 mores). /N/ est une nasale

---

3. Ici /./ représente une frontière de mores, pas de syllabes.

moraïque, typiquement prononcée [N][4] en fin d'énoncé ou de mot avant pause (/o.ba.sa.N/ [obasaɴ] 'tante', 4 mores), et différemment selon le lieu d'articulation du phone suivant (/sa.N.ka.ku/ [saŋkakɯ] 'triangle', 4 mores). /Q/ est la première moitié d'une obstruante géminée (/i.Q.sa.i/ [issai] '(âge de) un an', 4 mores) (🔊).

### 1.4.2 L'accent

Tous les mots lexicaux (et certains mots grammaticaux) japonais sont prononcés avec des schémas mélodiques spécifiques[5]. Chaque mot est soit marqué (accentué), soit non marqué (inaccentué). S'il est marqué, la mélodie descend après une des mores : /hasi/ 'baguettes' + /ga/[6] → HBB (Haut-Bas-Bas) ; /hasi/ 'pont' + /ga/ → BHB. Sinon, il n'y a pas de descente : /hasi/ 'bord, extrémité' + /ga/ → BHH (🔊).

### 1.5 Variation diatopique

Dans le Kansaï, la réalisation du /u/ est parfois décrite comme plus arrondie qu'à Tokyo et le dévoisement de /i/ et /u/ y est moins souvent observé. L'accentuation lexicale peut varier : /ame/ ('bonbon') est réalisé BH à Tokyo mais HH à Osaka. À noter que les Japonais connaissent parfois non seulement le japonais standard mais aussi une variété régionale, dont la prononciation peut différer.

### 1.6 Système d'écriture

Il est composé de deux syllabaires, les *hiragana* (pour l'architecture grammaticale et les mots japonais) et les *katakana* (pour les mots d'emprunts et les onomatopées) ( <ka ki ku ke ko> = か き く け こ (hiragana) = カ キ ク ケ コ (katakana)), ainsi que de logogrammes (*kanji*, ou caractères chinois, comme 火 /hi/ [çi] 'feu'). Chaque symbole des deux syllabaires (système globalement transparent, un kana = une unité sonore) représente en principe une more : par exemple ひ (hiragana) = ヒ (katakana) = /hi/ [çi]. L'alphabet latin constitue un quatrième système, utilisé essentiellement pour représenter des sigles ainsi que pour translittérer le japonais (*rômaji*, « caractères romains »), <l, q, v, x> n'étant pas utilisés.

---

4. /N/ représente un phonème nasal moraïque, mais [ɴ] une consonne nasale uvulaire.
5. « Accent mélodique » (ou « tonal », ang. *pitch accent*).
6. /ga/ marque la fonction sujet.

## 2. La prononciation des apprenants

Nous nous concentrons ici sur les difficultés de production. Celles de perception sont parfois semblables (par exemple les voyelles nasales), parfois différentes (par exemple la distinction entre /l/ et /R/ plus facile en perception qu'en production).

### *2.1 Voyelles*

*2.1.1 Les voyelles absentes du système en L1*

Étant donné les différences de systèmes phonologiques vocaliques, les apprenants peinent souvent à réaliser :
 – /y/ souvent produit : [ɯ], [jɯ] ou [jɨ](◉) ;
 – les voyelles nasales, souvent produites : /ɛ̃/ [ãN], /ã/ [ãN] ou [õN], /ɔ̃/ [õN] (◉) ;
 – les oppositions entre les voyelles moyennes /e - ɛ/, /o - ɔ/ (chacune produite respectivement entre [e] et [ɛ](◉) et entre [o] et [ɔ], français), /ø - œ/ (chacune souvent produite [ɯ]) ;
 – les oppositions /u - ø/, /y - u/, /ã - ɔ̃/, /ɛ̃ - ã/.

*2.1.2 Les voyelles phonétiquement différentes*

Étant donné les différences phonétiques entre les systèmes vocaliques, les apprenants ont souvent des difficultés à réaliser :
 – [u] : produit [ɯ] ou [ɨ] et souvent perçu par les francophones comme /ø/ (« fou » [fɯ] ou [ɸɯ], perçu comme « feu ») (◉) ;
 – les voyelles fermées pleinement voisées : dévoisées dans certains contextes en japonais, elles le sont aussi en FLE (« supermarché » prononcé [sɯpɛʁmaχʃe] ou même [spɛʁmaχʃe]). Un dévoisement se manifeste aussi avec d'autres voyelles en position atone (« intéressant » prononcé [ɛ̃tχesã])(◉).

### *2.2 Consonnes*

*2.2.1 Les consonnes absentes du système en L1*

Étant donné les différences de systèmes phonologiques consonantiques, les apprenants ont souvent des difficultés à réaliser :
 – /f/ : produit comme une bilabiale [ɸ] (◉);
 – /v/ : produit [b] ou comme une fricative bilabiale [β] (à noter que l'on trouve des cas d'hypercorrection dans lesquels /b/ est réalisé [v]) (◉) ;

– /l/ : produit comme une battue [ɾ], parfois [d], et même [ʁ] ou [χ] (par hypercorrection dans l'opposition avec le /R/ en français)[7](◉).

*2.2.2 Les consonnes phonétiquement différentes*

Étant donné les différences phonétiques entre les systèmes consonantiques, les apprenants ont souvent des difficultés à réaliser :
– [ʁ][8] en position initiale et intervocalique : peut être produit [h] ou [ɾ] ; à un stade plus avancé produit [ʁ] avec parfois un degré de voisement et de friction variable, en particulier en position intervocalique (par exemple « Paris » prononcé [paɾi] ou [paχi] ou [paxi] au lieu de [paʁi]) ou finale (« fort » [fɔx(ː)]) (◉) ;
– [ʒ] (et [z]) à l'initiale : généralement affriqué [d͡ʒ] ou [d͡ʑ] (et [d͡z]) (« Japon » réalisé [d͡ʒapõN] ou « je » prononcé [d͡ʒɯ], conduisant à des confusions perceptives avec « tu » lorsqu'il est affriqué et palatalisé [t͡ʃɯ]) (◉) ;
– [si] (et [zi]) : palatalisé [ʃi] ou [ɕi] (et [ʒi] ou [ʑi] ou [d͡ʑi]) (« cinéma » [ɕinema]) ◉.

## 2.3 Syllabe

Comme le japonais n'autorise généralement ni groupes consonantiques, ni consonnes finales, le problème de la syllabation est essentiel pour ces apprenants, qui tendent à insérer des voyelles épenthétiques (généralement [ɯ], ainsi que [o] après /t/ et /d/ : « plat » [pɯɾa], « sport » [sɯpoːɾɯ], « très » [toɾe]) et parfois à géminer les obstruantes sourdes et nasales finales (« sac » [sakʼkɯ], « Anne » [annɯ]), surtout pour les mots « transparents » (« baguette » [bagetʼto], « Louvre » [ɾɯːbɯɾɯ]) (◉).

## 2.4 Accentuation et intonation

Outre l'absence d'allongement final, on trouve parfois, chez les débutants, un transfert des patrons accentuels lexicaux du japonais (notamment des emprunts : HB, HBB,…) : « Paris » [paɾi] HB, « Seine » [seːnɯ] HBB.

---

7. Rappelons qu'il n'y a pas d'opposition phonémique entre des liquides en japonais.
8. Dans la mesure où il n'y a pas de consonne uvulaire, ni d'opposition phonémique entre liquides, en japonais, ce cas aurait également pu figurer dans la section 2.2.1 et être traité d'un point de vue phonémique.

Par ailleurs, les questions totales sont parfois perçues par les francophones comme continuatives, les apprenants débutants baissant la mélodie (F0), comme en japonais, avant la dernière montée.

## *2.5 Le traitement grapho-phonémique*

L'influence de l'écrit concerne les correspondances graphèmes-phonèmes et la segmentation. Ainsi, les graphèmes <r> et <l> sont habituellement translittérés avec les katakana ラ リ ル レ ロ prototypiquement oralisés [ɾa ɾi ɾɯ ɾe ɾo] ; les mots <lit> et <riz> seront ainsi oralisés [ɾi] par des débutants. Les graphèmes les plus problématiques sont <u> (/u/-[ɯ] en japonais), <r> (/r/-[ɾ] en japonais), <l> (n'existe pas en japonais et est assimilé à <r>), <v> (n'existe pas en japonais et est assimilé à <b>), ainsi que les graphèmes complexes (<ou> réalisé /oH/ [o:], car en japonais le <u> précédé d'un <o> sert à marquer l'allongement du /o/). Concernant la segmentation, la première syllabe /kRwa/ du mot <croissant>, par exemple, typiquement réalisée [kɯɾowa] par des japonophones, sera segmentée /ku.ro.wa/ et transcrite <クロワ> (<ku ro wa>). La segmentation est ainsi reflétée (et renforcée) par le système d'écriture japonais qui est moraïque et non alphabétique : même avec deux lettres consonantiques adjacentes en alphabet romain (par exemple <cr>), le mot ne pourra être segmenté graphémiquement qu'avec des voyelles épenthétiques en raison du système des katakana <croi> = <クロワ>. L'usage des katakana par les débutants interfère donc avec l'apprentissage, puisque ne sont permis ni groupes consonantiques (<bras> =ブラ= [bɯɾa]), ni codas (<sac> =サック = [sakʼkɯ]), ni certains phonèmes (<olive> =オリーブ= [oɾi:bɯ]). Cela est accentué par les mots d'emprunts récents (principalement issus de l'anglais), dont le système grapho-phonémique interfère avec l'apprentissage : <eu> /(j)uː/ en anglais, interprété /juH/ [jɯː] en japonais, sera réalisé [jɯ] ou [y] en français (<Europe> [jɯʁɔp]), tandis que <er> /ɜː/ /ɝː/ (/ə/ /ɚ/ si non accentué) en anglais, interprété /aH/ [aː] en japonais, sera réalisé [a(ː)] (<université> [yniva:site] ou même [yniva:çite]) ☺.

## **Références**

Detey, S. (2005). *Interphonologie et représentations orthographiques. Du rôle de l'écrit dans l'enseignement/apprentissage du français oral chez des apprenants japonais.* Thèse de doctorat, Université de Toulouse II.

Kamiyama, T. (2009). *Apprentissage phonétique des voyelles du français langue étrangère chez des apprenants japonophones*. Thèse de doctorat, Université Paris III - Sorbonne Nouvelle.

Labrune, L. (2006). *La phonologie du japonais*. Louvain : Peeters.

Shibatani, M. (1990). *The Languages of Japan*. Cambridge : Cambridge University Press.

Vance, T. (2008). *The Sounds of Japanese*. Cambridge : Cambridge University Press.

# 25 Les lusophones[1]

## 1. Description du système phonético-phonologique du portugais

### 1.1 Situation sociolinguistique : quelle variété de référence ?

Le portugais est l'une des dix langues les plus parlées dans le monde, avec environ 240 millions de locuteurs. Toutefois, il existe deux variétés de référence : le Portugais Européen (PE) et le Portugais Brésilien (PB). Nous reconnaissons la variation dialectale existante dans ces deux grands groupes lusophones, mais, pour des raisons didactiques, il est important d'indiquer quelques paramètres de prononciation. Alors que, pour le PE, la variété de référence est la production de Lisbonne, le choix du portugais de référence pour les Brésiliens a toujours été celui de Rio de Janeiro, São Paulo et Salvador. Toutefois, la position géographique et l'importance politique de Rio de Janeiro et São Paulo ont donné à ces variétés le caractère de variété standard de la prononciation brésilienne en ce qui concerne l'enseignement du Portugais Langue Étrangère (PLE).

### 1.2 Inventaire phonémique

Le PE possède 8 voyelles orales et 5 voyelles nasales. En revanche, le PB possède 7 voyelles orales et 5 voyelles nasales. En ce qui concerne les consonnes, le PE et le PB possèdent 19 consonnes dans leur inventaire phonémique respectifs.

#### 1.2.1 Voyelles

Les 8 voyelles orales du PE sont les suivantes : /i e ɛ a ä ɔ o u/ et les 5 voyelles nasales sont /ĩ ẽ ã õ ũ/ 🔊. Le PB a 7 voyelles orales /i e ɛ a ɔ o u/ et compte aussi 5 voyelles nasales /ĩ ẽ ã õ ũ/ 🔊. Pour les deux variétés, seules les voyelles postérieures sont arrondies. Le PE possède une voyelle orale /ä/ qui est plus aiguë que /a/ et qui n'existe pas en PB. Nous trouvons

---

1. Rédigé par Izabel Christine Seara, Sara Farias da Silva et Vanessa Gonzaga Nunes.

encore les glissantes [j] et [w] dans les deux variétés de référence comme dans les productions [ˈmajʃ] pour le mot *mais* 'plus' et [ˈlowsɐ] pour le mot *louça* 'vaisselle', respectivement.

*1.2.2 Consonnes*

Dans l'inventaire consonantique du PE 🔊 et du PB 🔊, nous trouvons les occlusives orales /p b t d k g/, les fricatives /f v s z ʃ ʒ/, les nasales /m n ɲ/, la vibrante apicale /r/, la battue /ɾ/ et les latérales /l ʎ/.

### 1.3 Structure syllabique, allophonie et contraintes phonotactiques

La structure syllabique du portugais (PE et PB) possède des syllabes ouvertes et fermées. Par rapport aux voyelles, en position inaccentuée finale, nous pouvons trouver les voyelles /e/, /a/ et /o/ prononcées [ɪ], [ɐ] ([ə] seulement en PE) et [ʊ] comme dans les exemples *peixe* [ˈpejʃɪ] 'poisson', *louça* [ˈlowsɐ] 'vaisselle' et *lobo* [ˈlobʊ] 'loup', respectivement.

Par rapport aux consonnes, les syllabes fermées en PE peuvent se terminer par les consonnes /s r l/. Les réalisations possibles de /s/ sont [ʃ ʒ z], celle de /r/ est [ɾ] et celle de /l/ est seulement [ɫ]. Dans le cas du PB, les syllabes fermées peuvent se terminer par les consonnes /s r l/. Pour les variétés de référence, les allophones de /s/ seront [ʃ ʒ s z] et ceux de /r/ seront [x ɣ]. Le /l/ est prononcé [w] en final de syllabe et [l] en début de syllabe.

En ce qui concerne les consonnes, en PB, /t d/ sont réalisés comme [t͡ʃ d͡ʒ] lorsqu'ils sont suivis de [i ɪ j] : *tia* [ˈt͡ʃiɐ] 'tante' et *pode* [ˈpɔd͡ʒɪ] 'peut'. Les attaques complexes, en PB, n'autorisent que /l/ et /ɾ/ comme deuxième consonne. Ainsi, quand les Brésiliens produisent des attaques avec des consonnes différentes en deuxième position, ils font émerger des voyelles épenthétiques. La structure syllabique la plus fréquente en PE et en PB est de type CV. Ainsi, les groupes consonantiques (attaques complexes) sont parfois simplifiés, comme dans le mot *próprio* /ˈprɔ.pri.o/ 'propre', fréquemment prononcé [ˈprɔ.pi.ʊ]. Par ailleurs, en PB, les contacts consonantiques hétérosyllabiques (deux consonnes voisines qui appartiennent à deux syllabes distinctes) peuvent faire émerger des voyelles épenthétiques : *advogado* 'avocat' et *absoluto* 'absolu', prononcés [ade̲voˈgadʊ] et [abi̲soˈlutʊ]. Ces voyelles épenthetiques n'émergent pas en PE.

## *1.4 Aspects prosodiques*

### *1.4.1 L'accent*

Le PE et le PB possèdent trois types d'accents lexicaux : proparoxyton (*pássaro* – 'oiseau'), paroxyton (*janela* – 'fenêtre') et oxyton (*contador* – 'comptable'). Parfois, l'accent peut faire la distinction entre les mots comme dans *sábia* ('personne sage'), *sabia* ('savais') et *sabiá* ('espèce d'oiseau'). La plus grande partie des mots du PB sont paroxytons. L'accent tonique a comme principal paramètre acoustique, la durée.

### *1.4.2 L'intonation*

En général, dans les deux variétés lusophones, les phrases déclaratives neutres et les interrogatives totales sont différenciées dans leurs parties finales, par un contour descendant et ascendant-descendant, respectivement ⑨. Ces mouvements se réalisent sur la dernière syllabe tonique de l'énoncé. Comme en portugais les mots peuvent avoir trois positions accentuelles (proparoxyton, paroxyton et oxyton), ce mouvement est étroitement lié à la position de l'accent du mot.

## *1.5. Variation diatopique*

Comme nous l'avons déjà vu ci-dessus, en PB, il n'y a pas d'opposition entre /a/ et /ä/ comme en PE. En PB, normalement, les phonèmes /t/ et /d/ sont prononcés comme [t͡ʃ d͡ʒ] lorsqu'ils sont suivis de [i ɪ j] ce qui ne se réalise pas en PE. En PE et en PB, certaines diphtongues ont tendance à se monophtonguer et certains contextes favorisent ce processus d'effacement de la glissante, comme les consonnes post-alvéolaires. Par exemple, les mots *peixe* /ˈpeiʃe/ 'poisson' et *beijo* /ˈbeiʒo/ 'bisou' sont prononcés fréquemment [ˈpeʃɪ] et [ˈbeʒʊ], respectivement. En plus, les mots qui finissent par un son sibilant comme *atrás* 'derrière' seront prononcés [aˈtrajs] en PB et [aˈtraʃ] en PE. C'est-à-dire qu'au Brésil, dans ce contexte, il y a une prédisposition à la diphtongaison, tandis que cette tendance n'existe pas au Portugal.

De façon générale, en PE et, surtout, en PB, les voyelles finales non-accentuées /e/ et /o/ deviennent [ɪ] et [ʊ], comme dans les mots *leque* ('éventail') et *pato* ('canard'), réalisés [ˈlɛkɪ] et [ˈpatʊ], respectivement. En PE, il y a la tendance à l'effacement de la voyelle finale non-accentuée et, fréquemment, de la voyelle de la première syllabe non-accentuée, comme dans le mot *estudo* ('étude'), réalisé [ʃˈtud].

## *1.6 Système d'écriture*

En portugais (PE et PB), la correspondance entre l'orthographe et les phonèmes est complexe comme en français, de sorte qu'un phonème peut correspondre à plus d'un graphème et un graphème peut correspondre à plus d'un phonème. Le phonème /ʃ/, présent dans le mot *chuva* /ˈʃuvɐ/ 'pluie', correspond au <ch>, tandis que, dans le mot *xícara* /ˈʃikaɾa/ 'tasse', ce même phonème correspond au graphème <x>. Dans ce cas-là, nous avons donc le même phonème pour des orthographes différentes. Par contre, le graphème <x> peut correspondre aux phonèmes /ʃ/, /s/ ou /z/, comme dans *xícara* /ˈʃikaɾa/ 'tasse', *explicar* /espliˈkar/ 'expliquer' et *exemplo* /eˈzẽplo/ 'exemple'. Dans ce cas-là, nous avons donc la même orthographe pour des phonèmes différents. Enfin, la lettre <h> est toujours muette lorsqu'elle n'est pas accompagnée d'une consonne dans une même syllabe, comme dans l'exemple : *hoje* /ˈo.ʒe/ 'aujourd'hui'.

## 2. La prononciation des apprenants

Dans cette section, nous allons nous concentrer sur les difficultés de prononciation les plus fréquemment observées chez les apprenants lusophones de FLE.

### *2.1 Voyelles*

#### *2.1.1 Les voyelles absentes du système en L1*

Les différences entre les systèmes phonologiques du portugais et du français conduisent les apprenants lusophones aux difficultés suivantes :

– les voyelles orales arrondies : trois des voyelles orales du français n'existent pas dans le système phonologique du PB et du PE : /ø/, /œ/, /y/. En portugais, seules les voyelles postérieures sont arrondies, tandis que les antérieures sont toujours prononcées avec les lèvres non arrondies. Les apprenants ont donc des difficultés à combiner le trait d'antériorité à celui d'arrondissement des lèvres. Certaines recherches indiquent que les voyelles antérieures arrondies du français sont progressivement acquises par les apprenants lusophones de cette façon : d'abord [y], ensuite [ø] et finalement [œ] ;

– les voyelles nasales : les apprenants ont aussi des difficultés avec la production des voyelles nasales /ɛ̃/ et /ɔ̃/ à cause de l'aperture de ces voyelles, fermées en portugais (/ẽ/ et /õ/) mais ouvertes en français ;

– le schwa : par rapport aux deux variétés lusophones, seuls les apprenants brésiliens ont des difficultés à réaliser le schwa, car il n'existe pas en PB. La production des ces apprenants est plus proche de la voyelle [œ].

*2.1.2 Les voyelles phonétiquement différentes*

Chez les apprenants lusophones, les différences phonétiques entre les voyelles posent les difficultés suivantes:
  – /e/ et /ø/ peuvent être prononcés [e] ;
  – /o/ et /ø/ peuvent être prononcés [o] ;
  – /ɛ/ et /œ/ peuvent être prononcés [ɛ] ;
  – /ɔ/ et /œ/ peuvent être prononcés [ɔ] ;
  – /i/ et /y/ peuvent être prononcés [i] ;
  – /u/ et /y/ peuvent être prononcés [u] ⊙.

Le phénomène d'assimilation de voisement en portugais, qui fait nasaliser une voyelle tonique devant une consonne nasale, peut influencer la production de voyelles dans ce contexte. Les voyelles orales du français situées devant une consonne nasale peuvent donc être nasalisées, comme dans le mot « panne » qui peut être réalisé [ˈpẽnɪ].

## 2.2 Consonnes

*2.2.1 Les consonnes absentes du système en L1*

Les consonnes du système phonologique du PB et du PE sont très semblables à celles du français. Les apprenants, en général, vont bien les réaliser, mais certaines différences de réalisation phonétique sont à noter (cf. 2.2.2).

*2.2.2 Les consonnes phonétiquement différentes*

Les différences entre la L1 et le français amènent généralement les apprenants à réaliser :
  – [t] et [d] : comme [t͡ʃ] et [d͡ʒ], respectivement, lorsqu'ils sont suivis de [i ɪ j] (« timide » [ t͡ʃiˈmid]) chez les apprenants brésiliens, mais pas chez les apprenants portugais ⊙ ;
  – [ɲ] : comme [n] ou [gn] (« magnifique » [magniˈfikɪ] ou [maniˈfikɪ]) ;
  – [lj] : comme [ʎ] (« millionaire » [miʎoˈnɛx]) ⊙ ;
  – /R/ : comme [x] ou [h] (« Paris » [paˈxi] ou [paˈhi]).

## 2.3 La restructuration syllabique

Vu la tendance du PB à favoriser la structure CV, les attaques complexes donnent lieu à des épenthèses vocaliques suivies de resyllabation liées au phénomène de liaison : les séquences « les sports » et « ces spectacles » sont fréquemment réalisées comme [le.zis.ˈpɔx] et [se.zis.pe.ˈta.klɪ] 🔊. Vu qu'en PE, il y a la tendance à l'effacement des voyelles initiales suivies des fricatives [ʃ ʒ], comme dans le mots *estado* 'état' et *escola* 'escola', prononcés [ˈʃtadʊ] et [ʃkɔlə] ; ce genre de liaison, qui fait émerger une voyelle épenthétique, n'est pas réalisé en PE.

## 2.4 Accentuation et intonation

Contrairement au français, organisé autour du groupe prosodique, l'accentuation en portugais s'organise autour du mot lexical, et cet accent s'exprime à travers une combinaison de paramètres impliquant la durée, la fréquence fondamentale et l'intensité. Pour l'accentuation, la durée est dite plus importante, et elle peut révéler quelques pistes qui distinguent le PB du PE.

À propos de l'intonation, les francophones n'auront pas de difficultés à percevoir les questions totales et les déclaratives produites par les apprenants lusophones. Le PE possède de nombreux types de réductions de voyelles non-accentuées s'étendant même à des prononciations sans aucune réalisation vocalique en position finale. Ces caractéristiques ont des conséquences sur la courbe mélodique et sa perception.

## 2.5 Le traitement grapho-phonémique

Les lusophones ont des difficultés avec la correspondance grapho-phonémique de plusieurs voyelles vu qu'en portugais chaque voyelle est prononcée même s'il y en a deux qui se suivent. Par exemple dans le mot portugais *papai* /paˈpai/ 'papa', les deux dernières voyelles seront prononcées, alors qu'en français la graphie <ai> et d'autres graphies comme <ais> et <ait> correspondent à un seul son. La même difficulté apparaît avec <oi>, comme dans 'voir', ou <ie> comme dans 'jolie'. La prononciation de l'apprenant lusophone débutant sera [voˈix] et [ʒoˈliɪ] respectivement, au lieu de [ˈvwaʁ] et [ʒoˈli].

Les lusophones prononcent aussi souvent les consonnes finales de mots, par exemple dans « lourd » [luxd] 🔊. Une autre difficulté est liée aux phonèmes /t/ et /d/ prononcés [t͡ʃ d͡ʒ] lorsqu'ils sont suivis de [i ɪ j] comme dans le mot « tiers » [ˈt͡ʃjɛx] ou le suffixe <-tion> qui peut être prononcé erronément avec le son [t͡ʃ] comme dans [xelaˈt͡ʃjõ] au lieu de [ʁalaˈsjõ]. L'absence du graphème <gn> dans le système lusophone fait que sa réalisation par les apprenants varie entre [gn] et [n] au lieu du [ɲ] attendu, comme dans « magnifique » qui peut être prononcé [magniˈfikɪ] ou [maniˈfikɪ]. De la même façon, le graphème <ll> est associé à [ʎ], avec l'exemple du mot « millionnaire » qui est réalisé très fréquemment [miʎoˈnɛx].

## Références

Da Silva, S. F. (2011). *Estudo entonacional das modalidades declarativas e interrogativas totais do francês: nativos e aprendizes brasileiros de FLE*. Mémoire de Master, PGL-UFSC, Florianópolis.

Mateus, M. H. M., Falé, I. & Freitas, M. J. (1990). *Fonética, fonologia e morfologia do português*. Lisbonne : Universidade Aberta.

Nunes, V. G. (2009). *A liaison em língua francesa: falantes de FLE vs falantes nativos de francês*. Working Papers em Linguística, Florianópolis.

Restrepo, J. C. (2011). *Percepção e produção de aprendizes brasileiros de francês: o caso das vogais médias anteriores arredondadas*. Mémoire de Master, PGL-UFSC, Florianópolis.

Seara, I. C., Nunes, V. G. & Lazzarotto-Volcão, C. (2015). *Fonética e Fonologia do português brasileiro*. Florianópolis : Contexto.

# 26  Les malaisophones[1]

## 1. Description du système phonétique-phonologique du malais

### 1.1 Situation sociolinguistique : quelle variété de référence?

La variété du malais décrite dans ce chapitre est celle du malais standard, plus précisément, celle du malais standardisé et modernisé dans son écriture et sa prononciation, mis en place par la *Dewan Bahasa dan Pustaka* (l'Agence nationale linguistique et littéraire de Malaisie). On l'appelle couramment le *bahasa Melayu* ou le *bahasa Malaysia*. Il est depuis 1957 la seule langue nationale du pays et, depuis 1967, la seule langue nationale et officielle du pays. C'est la variété employée dans l'administration publique, l'éducation et les médias.

### 1.2 Inventaire phonémique

#### 1.2.1 Voyelles

On compte 6 voyelles /i e a ə u o/ dans la prononciation du malais standard ⓞ. Les voyelles antérieures sont /i/, /e/ et /a/, tandis que la voyelle [ɛ] est une variante de /e/. Les voyelles postérieures consistent en une voyelle postérieure fermée /u/ et une voyelle mi-fermée /o/, tandis que la voyelle postérieure mi-ouverte [ɔ] est une variante de la voyelle /o/. Trois diphtongues complètent l'inventaire vocalique. Il s'agit de /ai̯/ (*pantai* [pantai̯] 'plage'), /au̯/ (*pulau* [pulau̯] 'île') et /oi̯/ (*sepoi* [səpoi̯] 'brise') ⓞ.

#### 1.2.2 Consonnes

Le malais compte deux types de consonnes : les consonnes primaires et les consonnes secondaires. Les consonnes primaires renvoient à des consonnes originelles, c'est-à-dire, celles qui existent déjà en malais, tandis que les consonnes secondaires se réfèrent à des consonnes empruntées à des langues étrangères telles que l'anglais et l'arabe. On compte 16 consonnes originelles / p b t d k g m n ɲ ŋ t͡ʃ d͡ʒ s h r l/ ⓞ et 8 consonnes empruntées /f

---

1. Rédigé par Roshidah Hassan, Patricia Nora Riget et Jean Sévery.

θ ð ʃ x v z ɣ/ 🔊 en malais. En plus des consonnes primaires et des consonnes secondaires, le malais compte aussi deux semi-consonnes /j w/ 🔊.

### *1.3 Allophonie et contraintes phonotactiques*

Les voyelles /e o/ ont deux variantes libres chacune. Les variantes libres pour la voyelle /e/ sont [e] et [ɛ] : exemple le mot *ekor* 'queue' est prononcé tantôt [ekor] tantôt [ɛkor] 🔊. La voyelle postérieure mi-fermée /o/ a deux variantes libres, [o] et [ɔ] : *bodoh* 'stupide' est prononcé tantôt [bodoh] tantôt [bɔdɔh] sans aucun changement sémantique 🔊. En malais, la réalisation des consonnes /p t k/ peut varier en fonction de la distribution. Les occlusives orales /p t/ ont deux allophones chacun qui sont les occlusives aspirées [pʰ tʰ] et les implosives [p̚ t̚]. Les occlusives aspirées sont réalisées en position initiale et interne ou avant les voyelles, alors que les implosives sont réalisées en position finale : /p/ dans le mot [pʰadam] 'effacer' est aspiré mais il est implosif dans [tʰətʰap̚] 'fixe'. La consonne /k/ a deux allophones qui sont réalisés comme [k] en position initiale et interne mais, comme [ʔ] en position finale : *kakak* [kʰakʰaʔ] 'sœur' 🔊.

### *1.4. Aspects prosodiques*

#### *1.4.1 Syllabe*

La structure syllabique du malais en général a quatre patrons de base V, CV, VC et CVC. Le malais n'autorise les groupes de consonnes, ni en début de mot, ni en fin de mot. Toutefois, on trouve des groupes consonantiques en début de mot dans les emprunts de l'anglais : *proses* /pro.ses/ 'procédé' ; *blok* /blok/ 'bloc'.

#### *1.4.2. L'accent*

L'accent existe en malais mais il n'a pas de fonction distinctive. Il est fixe et ne porte que sur l'avant-dernière syllabe : /ru.ˈmah/ 'maison', /kam.ˈpoŋ/ 'village', /ben.ˈtʃa.na/ 'désastre', /is.ti.ˈme.wa/ 'spécial' 🔊. La plupart des mots en malais sont disyllabiques mais pour les mots construits par affixation, on peut compter jusqu'à six syllabes : /kə.is.ti.me.ˈwa.an/ 'privilège', /pə.mu.li.ha.ˈra.an/ 'préservation'.

### *1.5. Variation diatopique*

En malais parlé au nord de la Malaisie, la voyelle fermée /i/ en syllabe fermée dans le malais standard est souvent remplacée par la voyelle mi-fermée

/e/, et la voyelle /o/ est remplacée par la voyelle ouverte /ɔ/, la voyelle mi-fermée /e/ est remplacée par la voyelle ouverte /ɛ/ et la syllabe fermée est devenue une syllabe ouverte : [katil] 'lit' → [kate] ; [bogel] 'nu' → [bɔgɛ]. La consonne /r/, généralement vibrante [r] en malais standard est réalisée comme uvulaire fricative [ʁ] dans le Nord : [barat] 'ouest' → [baʁat] ⊙.

## *1.6. Système d'écriture*

Le malais emploie un système d'écriture alphabétique où un son est représenté par une lettre, système qualifié de transparent : les lettres ou groupes de lettres se prononceront toujours de la même manière et un même phonème s'écrira toujours de la même manière. Par exemple le mot *makan* 'manger' est prononcé [makan] et *huruf* 'alphabet' est prononcé [huruf].

## 2. La prononciation des apprenants

Pour les apprenants malaisophones, le système vocalique est particulièrement problématique en raison du nombre limité des voyelles en malais (6 voyelles, toutes orales).

### *2.1 Voyelles*

#### 2.1.1 Les voyelles absentes du système en L1

Les voyelles antérieures arrondies /y ø œ/ et les voyelles nasales /ɛ̃ œ̃ ɔ̃ ɑ̃/ sont absentes du système vocalique du malais, ce qui rend leur réalisation difficile pour les apprenants malaisophones :
 – /y/ est souvent réalisé comme [u] et /ø/ et /œ/ comme [ə]² ou [o] : « tu » est prononcé comme [tu] ⊙, « peu » est prononcé comme [pə], et « sœur » comme [sor] ⊙ ;
 – /ɛ̃/ est souvent réalisé comme [in] ou [an], /œ̃/ comme [un] ou [um], /ɑ̃/ comme [an] et /ɔ̃/ comme [on] :« fin » est prononcé [fin], « un » [un], « parfum » [parfum], « bon » [bon] ⊙.

Étant donné que les voyelles antérieures arrondies et nasales sont absentes dans le système vocalique malaisophone, les apprenants peinent à faire les oppositions suivantes :

---

2. Le symbole [ə] est utilisé ici pour représenter une voyelle centrale au sens de l'API.

– les oppositions entre les voyelles arrondies antérieures et postérieures /y-u/, /ø-o/, /œ-ɔ/ et également entre les voyelles antérieures elles-mêmes /ø-œ/ ; ce sont souvent les voyelles [u], [o] et [ɔ] qui sont réalisées ;
– les oppositions entre les voyelles antérieures non-arrondies et arrondies /i-y/, /e-œ/, /ɛ-œ/ ; ce sont souvent les voyelles non arrondies [i], [e] et [ɛ] qui sont produites ;
– les oppositions entre les voyelles orales et les voyelles nasales /ɛ-ɛ̃/, /ɔ-ɔ̃/, /œ-œ̃/.

## 2.2 Consonnes

### 2.2.1 Les consonnes absentes du système en L1

Le système consonantique malais se distingue très peu de celui du français. La plupart des consonnes françaises se trouvent en malais sauf /ʒ/ et la glissante /ɥ/, que les apprenants prononcent difficilement. /ʒ/ n'existant en malais que dans l'affriquée /d͡ʒ/, elle est souvent réalisé comme [d͡ʒ] et /ɥ/ est généralement produit comme [h] ou [w].

### 2.2.2 Les consonnes phonétiquement différentes

Dans le système consonantique du malais, /r/ se réalise comme une consonne vibrante alvéolaire, tandis qu'en français, /R/ se réalise généralement comme une consonne uvulaire. Les apprenants réalisent donc souvent /R/ comme [r].

## 2.3 Syllabe

Étant donné que certains groupes de consonnes sont interdits en malais, les apprenants malaisophones ont des difficultés avec les syllabes complexes en français, en particulier celles qui contiennent des groupes consonantiques en fin de mot. Les apprenants tendent souvent à faire chuter des consonnes liquides et le schwa. Par exemple : « libre » est réalisé [lib], « quatre » [kat], « gifle » [ʒif] ou [d͡ʒif], et « autre » [ot] ⊚.

## 2.4 Accentuation

Étant donné que l'accent en malais porte toujours sur l'avant-dernière syllabe, les apprenants malaisophones tendent à prononcer les mots français en mettant l'accent sur l'avant-dernière syllabe.

## 2.5 Le traitement grapho-phonémique

Étant donné que les correspondances graphèmes-phonèmes en malais sont transparentes, les apprenants malaisophones ont tendance à prononcer toutes les lettres d'un mot français. Les mots comme « toi », « moi », « au » et « anglais » sont prononcés [to͡ɪ], [mo͡ɪ], [a͡u] et [aŋla͡ɪs] car en malais les graphèmes <oi>, <au> et <ai> sont toujours prononcés comme des diphtongues ⓕ. Leur prononciation des mots français est parfois influencée par leur connaissance de l'anglais, en particulier pour les mots qui sont similaires comme « parents » prononcé /pɛərens/, « télévision » prononcé [telɪvɪʒən], « place »  prononcé [pleɪs], etc ⓕ.

**Références**

Asmah Hj, O. (2008). *Ensiklopedia Bahasa Melayu*. Kuala Lumpur : Dewan Bahasa dan Pustaka.

Paitoon M. C. (2006). *Pengenalan Fonetik dan Fonologi*. Kuala Lumpur : Dewan Bahasa dan Pustaka.

Hassan, R. (2010). *Sistem Fonetik dan Fonologi Bahasa Melayu dan Bahasa Perancis: Satu Analisis Kontrastif dan Analisis Kesilapan*. Thèse de doctorat, Université Malaya, Kuala Lumpur.

Zaharani A. (1999). Onset Satisfaction and Violation in Malay: An Optimality Account. In G. W. Thurgood (éd.), *Papers from the Ninth Annual Meeting of the Southeast Asian Linguistics Society*. Program for Southeast Asia Studies: Arizona State University, 135-159.

Zuraidah, M.D., Knowles, G. & Yong, J. (2008). How words can be misleading: a study of syllable timing and "stress" in Malay. *The Linguistics Journal* 3(2). http://www.linguistics-journal.com/2008.

# 27 Les néerlandophones[1]

## 1. Description du système phonético-phonologique du néerlandais

### *1.1 Situation sociolinguistique : quelle variété de référence ?*

Sur le continent européen, le néerlandais est la langue officielle des Pays-Bas, et, avec le français et l'allemand, il est l'une des trois langues officielles de la Belgique. Le néerlandais connaît plusieurs variétés régionales, chacune avec ses propres caractéristiques. La variété parlée dans l'ouest des Pays-Bas (dans les provinces de Hollande du Nord, Hollande du Sud et Utrecht, une conurbation appelée la *Randstad*), est généralement considérée comme le néerlandais standard.

### *1.2 Inventaire phonémique*

#### *1.2.1 Voyelles*

Le néerlandais standard compte 16 voyelles, toutes orales : 7 voyelles tendues /i y u e ø o a/ ⊙, 5 voyelles relâchées /ɪ ʏ ɛ ɔ ɑ/ ⊙, une voyelle centrale /ə/ ⊙ et 3 diphtongues /ɛ͡j œ͡y ɔ͡u/ ⊙. Notons également que le néerlandais a adopté une série de voyelles orales et nasales dans des mots empruntés (souvent au français) à savoir [iː yː uː ɛː œː ɔː ɑː] et [ɛ̃ œ̃ ɔ̃ ɑ̃] : *analyse, œuvre, parfum*.

#### *1.2.2 Consonnes*

L'inventaire consonantique du néerlandais contient 19 phonèmes : les occlusives orales /p b t d k/ ⊙, les fricatives /f v s z x ɣ h/ ⊙, les nasales /m n ŋ/ ⊙, les liquides /l r/ ⊙, et les glissantes /ʋ j/ ⊙. L'occlusive orale vélaire sonore /g/ ⊙ ne figure que dans les mots d'emprunt (où elle peut être en opposition avec la vélaire sourde : par exemple *kool* [koɫ] 'chou' vs *goal* [goɫ] 'but').

### *1.3 Allophonie et contraintes phonotactiques*

Les voyelles tendues hautes /i y u/ s'allongent devant /r/ dans le même pied : *boer* [buːr] 'paysan'. Les voyelles moyennes /e ø o/ présentent une tendance à se diphtonguer en [eʲ øʸ oʷ] en néerlandais standard.

---

1. Rédigé par Janine Berns et Dominique Nouveau.

En position finale de mot, les obstruantes sont toujours sourdes (*paard* [paːrt] 'cheval' vs *paarden* [paːrdə(n)] 'chevaux'). De plus, le néerlandais connaît deux processus d'assimilation de voisement, l'un progressif (obstruante devant fricative, *zoutzuur* [ts] 'acide chlorhydrique'), et l'autre régressif (obstruante devant occlusive orale, *afdruk* [vd] 'empreinte'). C'est aussi dans ce contexte que l'on retrouve le [g] comme allophone de /k/ : *zakdoek* [zɑgduk] 'mouchoir'. Outre ces alternances de voisement, on note également la palatalisation des alvéolaires /s z t n/, qui se transforment en [ʃ ʒ c ɲ] devant /j/ : *huisje* [hoey͡ʃ⁽ʲ⁾ə] 'petite maison'. En dehors de ces contextes d'assimilation, les fricatives post-alvéolaires [ʃ ʒ] figurent également dans des mots d'emprunt comme *show* [ʃow] 'spectacle' et *jury* [ʒyːri] 'jury'.

Le /l/ connaît deux allophones régis par le contexte linguistique. En position initiale de mot, on trouve une latérale claire [l], tandis qu'en position finale de mot (et dans certaines variantes en position intervocalique), cette latérale est vélarisée en [ɫ] (*leek* [lek] 'profane' vs *keel* [keɫ] 'gorge').

### 1.4 Aspects prosodiques

#### 1.4.1 Syllabe

Le néerlandais privilégie les syllabes fermées (environ 70% de son inventaire syllabique). On rencontre des codas comprenant jusqu'à trois consonnes derrière une voyelle tendue (*oogst* [oxst] 'moisson') et quatre consonnes derrière une voyelle relâchée (*ernst* [ɛrnst] 'gravité'). Les voyelles relâchées ne se présentent qu'en syllabe fermée (*vis* [vɪs] 'poisson'), les voyelles tendues en syllabe ouverte ou fermée (*visite* [vi.zi.tə] 'visite', *vies* [vis] 'sale'), et la voyelle [ə] apparaît aussi bien en syllabe ouverte (*ijsje* [ɛj͡ʃ⁽ʲ⁾ə] 'glace') que fermée (*tafel* [tafəɫ] 'table'). À l'initiale de mot, il existe des attaques complexes excédant deux consonnes dont le premier segment est obligatoirement /s/ (*sprong* [sprɔŋ] 'saut').

#### 1.4.2 Accent et rythme

L'accent lexical néerlandais est variable, et se situe sur l'une des trois dernières syllabes du mot (*pyjama* [pi.ˈja.ma] > *Canada* [ˈkɑ.na.da] > *chocola* [ʃo.ko.ˈla]) ⊚. Les mots d'origine française ont souvent l'accent sur la même syllabe qu'en français (*fabriek* [fa.ˈbrik], *directeur* [di.rɛk.ˈtør], *klarinet* [kla.ri.ˈnɛt]).

Le néerlandais favorise la fluctuation des durées vocaliques. Cela peut se traduire par la réduction des voyelles pleines inaccentuées (*saxofoon* [sɑksofon] ou [sɑksəfon] 'saxophone' où la voyelle pénultième se réalise comme [ɔ] ou [ə] ⓞ) et la diphtongaison des voyelles tendues (*zee* [zeʲ] 'mer') ⓞ.

## *1.5. Variation diatopique*

Chez les locuteurs originaires de l'ouest des Pays-Bas, on observe l'assourdissement des fricatives sonores à l'initiale de mot ou en position intervocalique : *vuur* [vyːr] ou [fyːr] 'feu', *leven* [levə(n)] ou [leʲfə(n)] 'vivre/vie'.

La réalisation de la fricative vélaire /x/ varie selon la région d'origine du locuteur : elle se prononce souvent comme l'uvulaire [χ], sauf dans les régions méridionales, où l'on trouve la vélaire [x]. Il en va de même pour la liquide /r/ dont les variantes sont la consonne alvéolaire roulée [r], la battue alvéolaire [ɾ], et les uvulaires vibrante [ʀ] ou fricatives [ʁ] ou [χ].

Quant aux glissantes, la labiale /ʋ/ est réalisée par certains locuteurs comme une labio-dentale en position initiale de syllabe, et comme bilabiale [w] en position finale. Les locuteurs du sud réalisent par contre la bilabiale dans tous les contextes.

## *1.6 Système d'écriture*

Le néerlandais utilise l'alphabet romain, et son orthographe est relativement transparente : un son correspond généralement à une ou deux lettres, et il n'y a pratiquement pas de lettres étymologiques muettes.

Les voyelles relâchées sont représentées par une seule voyelle dans la graphie : *mes* [mɛs] 'couteau', *bos* [bɔs] 'forêt'. Pour l'orthographe des voyelles tendues, la structure syllabique est importante : en syllabe ouverte, une voyelle tendue équivaut à une lettre simple, tandis qu'en syllabe fermée, elle devient une lettre double (*knoop* [knop] 'bouton/nœud' vs *knopen* [knopə(n)] 'boutons/nœuds'/'nouer'). Les diphtongues sont représentées par des digraphes : <ui> [œ͡y] (*huis* 'maison') ; <au> et <ou> pour [ɔ͡u] (*touw* [tɔ͡uw] 'corde', *rauw* [rɔ͡uw] 'cru'), et <ei> et <ij> pour [ɛ͡j] (*wijk* [wɛ͡jk] 'quartier', *wei* [wɛ͡j] 'pré'). Le digramme <oe>, par contre, représente la monophtongue [u].

La voyelle [ə] connaît un certain nombre d'équivalents graphiques : on la trouve dans les suffixes *-ig* et *-lijk* (*griezelig* [xrizələx] 'angoissant', *vriendelijk* [vrindələk] 'sympathique/aimable'), et elle s'écrit <e> en syllabe finale de mot (*bloempje* [blumpjə] 'petite fleur', *vogel* [voxəɫ] 'oiseau') et en syllabe ouverte en position interne de mot (*redeneren* [redənerə(n)] 'raisonner').

Pour certaines consonnes, le néerlandais se sert également de digrammes, parmi lesquelles <ch> pour [x] et <ng> pour [ŋ]. Les consonnes en position intervocalique précédées par une voyelle relâchée se dédoublent dans la graphie (*grappig* [xrɑpəx] 'amusant', *rokken* [rɔkə(n)] 'jupes').

## 2. La prononciation des apprenants

### 2.1 Voyelles

#### 2.1.1 Les voyelles absentes du système en L1

Vu l'absence des voyelles nasales phonémiques en néerlandais, les néerlandophones maîtrisent difficilement leurs contextes de réalisation en français. Le contraste voyelle nasale vs voyelle orale + consonne nasale, permettant d'identifier le genre (« paysan » vs « paysanne ») ou la flexion verbale (« il vient » vs « ils viennent »), est source de difficultés. Les apprenants doivent en outre s'approprier la qualité de ces phonèmes tout en veillant à éviter la réalisation d'un appendice consonantique nasal.

#### 2.1.2 Les voyelles phonétiquement différentes

Les difficultés rencontrées dans la prononciation des voyelles françaises concernent souvent la stabilité de la qualité et de la durée de celles-ci. On note les erreurs suivantes dans les productions :

– les voyelles moyennes tendues /e ø o/, sujettes à la diphtongaison en L1, sont souvent diphtonguées et/ou allongées en syllabe ouverte, « beaucoup » produit [boʷku], « aimer » [ɛmeʲ] ;

– les emprunts au français en néerlandais génèrent des prononciations erronées en L2 quant à la réalisation des voyelles tendues hautes [i y]. Si ces voyelles sont relâchées (/ɪ ʏ/) dans l'équivalent néerlandais, on retrouve la même qualité vocalique dans les productions des néerlandophones : « culture » se prononce [kʏltyʁ] ;

– la qualité des voyelles basses (postérieures en néerlandais) est transférée là où le français demande une voyelle centrale ou antérieure, « tasse » [tɑs] ;

– les propriétés du schwa néerlandais (le caractère obligatoire de sa réalisation et sa qualité de substitut à une voyelle pleine) provoquent la réalisation systématique des *e muets* et la dégradation de la qualité de certaines voyelles en syllabe inaccentuée (« banane » : [bə'nan] pour [ba'nan]) ⊚.

## 2.2 Consonnes

### 2.2.1. Les consonnes absentes du système en L1

Les différences entre les inventaires consonantiques du néerlandais et du français génèrent les erreurs suivantes :

– la palatalisation de /s/ et /t/ s'applique devant [j], de telle sorte que [ʃ] et [ʒ] se substituent à [sʲ] et [zʲ] dans les mots en <-tion/-sion> : « distribution » [distʁibyʃ(ʲ)ɔ̃], « information » [ɛ̃fɔʁmaʃ(ʲ)ɔ̃], « cohésion » [kɔeʒ(ʲ)ɔ̃] ⊚ ;

– la plosive vélaire sonore [g], tout comme dans les mots d'emprunt en néerlandais (*Google* [xuxəɫ], *garage* [xaʁaʒə]), a tendance à être remplacée par une fricative vélaire [x] ou uvulaire [χ] dans les productions en français : « gare » réalisé [xaʁ] ⊚.

### 2.2.2 Les consonnes phonétiquement différentes

Étant donné les différences phonétiques entre les deux langues, on constate les transferts spécifiques suivants :

– le dévoisement des obstruantes sonores surtout en position finale, mais aussi dans les autres positions : « chose » [ʃo(ʷ)s], « vous » [fu] ⊚ ;

– la sur-application de l'assimilation progressive de voisement dans les séquences obstruante + fricative : « jupe verte » [ʒypfɛʁt] ⊚ ;

– la vélarisation des /l/ en position finale et intervocalique : « belle » [bɛɫ], « Lille » [liɫ] ⊚ ;

– la conservation d'un /r/ roulé régional chez certains locuteurs, attesté dans certains accents régionaux en français : « porte » [pɔrt] ⊚ ;

– l'absence de distinction entre [w] et [ɥ], causant l'homophonie de « Louis » et « lui » ⊚.

## 2.3 Syllabe, accent et rythme

L'articulation relâchée du néerlandais et la variabilité de l'accent lexical génèrent des déviations affectant surtout la qualité et la durée des voyelles. De plus, l'apprenant doit apprendre à maîtriser l'accent de phrase.

## 2.4 Le traitement grapho-phonémique

Comme en néerlandais toutes les lettres sont en principe prononcées, l'apprenant débutant réalisera des graphèmes n'ayant en français aucune réalité sonore, notamment en position finale de mot (« ils voient ») ⊚.

Par ailleurs, le graphème <h> correspondant à la fricative glottale [h] en néerlandais, il n'est pas rare pour un débutant de réaliser le <h> orthographique : « hibou » [hibu], « hésiter » [he(ʲ)zite(ʲ)] ⓞ.

Le français écrit connaît de nombreuses séquences graphémiques existant en néerlandais mais prononcées différemment, ce qui entraîne l'interprétation erronée des monophtongues françaises <ei>, <ui>, <ou> et <au> : « frein » [fʁɛj͡n] ⓞ. Quant au graphème <eu>, il est presque exclusivement interprété comme [ø]. La prononciation de la consonne nasale dans les séquences <in> ou <im>, comme dans « intact » [ɪntakt] et « impact » [ɪmpakt] ⓞ, s'avère également influencée par la graphie.

### Références

Booij, G. (1995). *The Phonology of Dutch*. Oxford : Oxford University Press.

Kager, R.W.J. (1989). *A Metrical Theory of Stress and Destressing in English and Dutch*. Dordrecht : Foris.

Kooij, J. & van Oostendorp, M. (2003). *Fonologie. Uitnodiging tot de klankleer van het Nederlands*. Amsterdam : Amsterdam University Press.

Matter, J. F. (1986). *À la recherche des frontières perdues*. Amsterdam : de Werelt.

Nouveau, D. (1994). *Language Acquisition, Metrical Theory and Optimality. A study of Dutch Word Stress*. Utrecht : OTS dissertation series.

# 28 Les norvégophones[1]

## 1. Description du système phonético-phonologique du norvégien

### *1.1 Situation sociolinguistique : quelle variété de référence ?*

Le norvégien connaît une variation diatopique importante, mais les différentes variétés sont généralement intercompréhensibles, bien qu'elles puissent différer tant sur les plans morphosyntaxique et lexical que sur le plan phonologique. Dans ce chapitre, nous nous concentrerons sur les productions de locuteurs du sud-est de la Norvège, plus précisément de la région autour de la capitale Oslo. La variété parlée dans cette région est considérée comme celle qui s'approche le plus de la norme écrite dominante, le *bokmål* (le norvégien connaît deux normes écrites officielles), mais on ne pourrait pour autant la qualifier de norvégien standard : l'existence d'une variété orale standard en Norvège est largement contestée, étant donné une reconnaissance, sociale comme politique, de la variation dialectale.

### *1.2 Inventaire phonémique*

#### *1.2.1 Voyelles*

Le norvégien compte 16 (18 selons certaines analyses) voyelles orales phonémiques, dont une série de voyelles longues : /iː i yː y ʉː ʉ uː u eː ɛ øː œ oː ɔ (æː æ) ɑː ɑ/ ⓢ. Ainsi a-t-on des paires minimales telles que *fylle* /²fylɛ/ 'remplir' vs *fille* /²filɛ/ 'chiffon' vs *file* /²fiːlɛ/ 'limer' vs *fole* /²fuːlɛ/ 'poulain'[2]. Dans la série des voyelles fermées, notons la voyelle arrondie /ʉ/ centrale (*lus* /¹lʉːs/ 'pou') dont la position des lèvres s'approche plus de celle du /u/ (*los* /¹luːs/ 'pilote') que de celle du /y/ (*lys* /¹lyːs/ 'lumière'). Soulignons également que la distance articulatoire dans l'espace vocalique entre les variantes des voyelles moyennes arrondies, /øː œ/ et /oː ɔ/, est moins importante qu'en français, et que la voyelle ouverte est plus postérieure (*ball* /¹bɑl/ 'ballon').

---

1. Rédigé par Helene N. Andreassen, Chantal Lyche et Guri B. Steien.
2. Dans ce chapitre, les symboles [¹] et [²] dénotent les patrons mélodiques (cf. section 1.4).

Le statut phonémique des voyelles ouvertes antérieures non-arrondies [æː æ] est incertain du fait qu'elles apparaissent uniquement dans des contextes où [eː ɛ] sont exclues, par exemple devant /R/ dans *kjære* [²çæːɾə] 'cher' et *tverr* [¹tʋæɾ] 'chagrin'.

### 1.2.2 Consonnes

Le norvégien du sud-est comprend 24 consonnes : 8 occlusives (/p b t d ʈ ɖ k g/), 5 fricatives (/f s ʂ ç h/), 4 nasales (/m n ɳ ŋ/), 4 liquides (/ɾ l ɭ ʟ/) et 3 glissantes (/ʋ w j/) ⊙. Alors qu'elle constitue une partie importante de l'inventaire du norvégien, la série de rétroflexes est inconnue en français : *kart* /¹kɑʈ/ 'carte' vs *katt* /¹kɑt/ 'chat'[3]. Le statut phonémique de la battue rétroflexe [ɽ], qui alterne avec [ɾ] et [l], est incertain : si *jorde* [²juːɽə] alterne librement avec [²juːɾə] 'champ' et *folk* [¹fɔɽk] avec [¹fɔlk] 'gens', seule la prononciation avec [ɽ] est attestée pour *møl* [¹møːɽ] 'travail mal fait'.

La série de fricatives se distingue de celle du français. Premièrement, le /ʋ/ labio-dental est articulatoirement classé parmi les glissantes (*vin* /¹ʋiːn/ 'vin') bien qu'il se comporte – du moins dans certains cas – comme une obstruante et peut former un groupe consonantique avec une liquide (*fri* [¹fɾiː] 'libre' vs *vri* [¹ʋɾiː] 'tourner'). Deuxièmement, si le norvégien ne connaît pas les fricatives sonores /z ʒ/, son inventaire de fricatives sourdes est en revanche plus riche que celui du français puisque l'on y trouve également /h/ (*hyrde* /²hyɖɛ/ 'berger'), et /ç/ (*kjøre* /²çøːɾɛ/ 'conduire').

En position initiale de mot et de syllabe accentuée, les deux séries d'occlusives orales sont phonétiquement distinguées par l'aspiration plutôt que par le voisement. Les plosives /b d ɖ g/ sont dévoisées (*dal* [¹d̥ɑːl] 'vallée'), alors que les plosives /p t ʈ k/ sont accompagnées d'une aspiration (*te* [¹tʰeː] 'thé', *paté* [pʰɑ¹tʰeː] 'paté'). L'alvéolaire /n/, quant à elle, peut être syllabique, et ce surtout dans des mots masculins au singulier défini, qui se terminent par le suffixe –en /ɛn/ (*hatten* [¹hɑtn̩] 'le chapeau'). Notons ici que le norvégien, tout comme le français, permet des attaques et des codas complexes, par exemple *skli* /¹skliː/ 'glisser' et *angst* /¹aŋst/ 'peur'.

---

3. La série de rétroflexes est le résultat d'un processus historique qui vise la combinaison /ɾ/ + consonne coronale.

### *1.3 Allophonie et contraintes phonotactiques*

L'inventaire des voyelles inclut également un schwa, dont le statut non-phonémique est indiscutable. Il s'agit d'un allophone du phonème /ɛ/, qui se trouve en distribution complémentaire avec [ɛ] et qui apparaît dans les syllabes CV inaccentuées (*betale* [bə¹tʰɑːlə] 'payer').

En ce qui concerne les consonnes, notons que le contraste entre les deux séries d'occlusives orales est neutralisé en faveur de sourdes non-aspirées lorsqu'elles se combinent avec [s] : ainsi [¹hɑn.¹støːɾ] peut correspondre à *han stør* 'il s'appuie' ou à *hans dør* 'sa porte'. Dans des adjectifs neutres au singulier, l'ajout du suffixe –t provoque une assimilation régressive de voisement, par exemple *stygg* [¹styg] vs *stygt* [¹stykt] 'laid' (masculin vs neutre).

### *1.4 Aspects prosodiques*

La caractéristique principale du système prosodique du norvégien est l'interaction entre l'accent lexical et les tons lexicaux. L'accent se situe généralement sur la première syllabe du mot, mais des exceptions se rencontrent dans plusieurs variétés, notamment dans les mots d'origine latine (*universi'tet* 'université'). Les corrélats de l'accent sont multiples : il s'agit particulièrement de la sonorité, du poids syllabique et de l'augmentation d'intensité.

De plus, tous les mots polysyllabiques ont l'un des deux accents tonals suivants : BH (où B = bas et H = haut) (l'accent tonal 1) et HBH (l'accent tonal 2). Le premier ton de chaque accent tonal s'aligne avec la syllabe accentuée, tandis que le H final est toujours réalisé à la fin du mot. Le norvégien a ainsi des paires minimales telles que *badet* /¹bɑːdɛ/ 'la salle de bain' et *bade* /²bɑːdɛ/ 'se baigner', qui ne se distinguent que par leur accent tonal.

L'existence de tons lexicaux a des conséquences sur l'intonation globale de l'énoncé. D'autres phénomènes intonatifs, tels que le marquage de l'acte de discours, n'influencent pas la réalisation des accents tonals. La descente mélodique finale de l'assertion, par exemple, se réalise sur la syllabe finale de l'énoncé sans effacer le ton H de l'accent tonal. La fin de l'énoncé assertif se caractérise ainsi par une montée (l'accent tonal) suivie d'une légère descente (le marquage de finalité) sur sa dernière syllabe. Cette légère descente peut être difficile à percevoir pour l'auditeur nonnatif, d'où l'impression que chaque énoncé du norvégien se termine par une montée mélodique 🔊.

### 1.5 Variation diatopique

Parmi la grande variation observée en Norvège, nous signalerons, quant à l'inventaire segmental, uniquement deux traits saillants. Le /R/ est réalisé [ʁ] (ou [χ]), par exemple *kart* [¹kɑχt] 'carte', dans les variétés de l'ouest et du sud-ouest, alors qu'il s'agit d'une battue dans une grande partie du pays. Les variétés de l'ouest et du sud-ouest se distinguent également par l'absence de rétroflexes dans leur inventaire.

Les différences prosodiques à travers le pays sont remarquables, par exemple au niveau de la configuration des deux accents tonals, qui dans le nord et le sud-ouest du pays se réalisent HB (l'accent tonal 1) et BHB (l'accent tonal 2). La variété du sud-est connaît également une certaine variation, notamment au niveau de l'accentuation : dans certaines régions, l'accent tombe systématiquement sur la première syllabe, quelle que soit l'origine du mot (¹*universitet* 'université').

### 1.6 Système d'écriture

L'alphabet norvégien, qui se base sur l'alphabet latin, comprend 3 voyelles supplémentaires : <æ> prononcé [æ(ː)], <ø> prononcé [ø(ː)] et <å> prononcé [o(ː)]. En général, les graphèmes <o> et <u> correspondent à [u] et [ʉ], respectivement.

## 2. La prononciation des apprenants

### 2.1 Voyelles

#### 2.1.1 Les voyelles absentes du système en L1

Le norvégien, principalement dans un débit rapide, connaît des voyelles nasalisées suivies d'un appendice nasal, par exemple dans le mot *han* 'il'. Cet appendice se maintient en français L2 (« sympathique ») 🔊.

#### 2.1.2 Les voyelles phonétiquement différentes

En ce qui concerne les voyelles orales, les voyelles moyennes doivent faire l'objet d'un entraînement systématique aussi bien au niveau du système que de l'articulation des différents segments. Premièrement, peut-être influencés par la relation qualité/quantité vocaliques du norvégien, les apprenants tendent à faire dépendre le timbre de la longueur plutôt que de la structure syllabique : la voyelle de « mère » est réalisée [eː] et non pas [ɛː] ⓢ. Deuxièmement, peut-être à cause du faible écart d'aperture entre les variantes [ø œ] et [o ɔ] dans l'espace vocalique du norvégien, les apprenants tendent à produire des voyelles moyennes arrondies assez peu ouvertes (« peur » [pøːʁ] ⓢ). Enfin, sur le modèle du norvégien, la voyelle ouverte est réalisée postérieure en français : « cage » [kʰɑːʃ] ⓢ.

## 2.2 Consonnes

### 2.2.1 Les consonnes absentes du système en L1

Les fricatives sonores /z ʒ/ semblent être plus difficilement acquises en positions initiale et finale, où elles sont le plus souvent dévoisées et prononcées [s ʃ] : la consonne de liaison est ainsi réalisée [s] (« le[s] élections »), et « musique » est réalisé [mysik] ⓢ. « Journée » et « village » sont réalisés [ʃuʁne] et [ʋilaʃ] ⓢ. La fricative labio-dentale /v/ du français est remplacée par la glissante /ʋ/ du norvégien. Il en résulte une absence de friction et une consonne faiblement perçue par l'auditeur francophone (« vrai » [ʋʁɛ] ⓢ).

Les glissantes /w ɥ/, quasiment inconnues en norvégien (/w/ apparaît uniquement comme deuxième élément d'une diphtongue : *au* [¹æw] 'aïe'), sont relativement bien maîtrisées – hormis la suite /vw/ : la stratégie adoptée par les apprenants consiste à éliminer la fricative, par exemple « voir » [waʁ].

### 2.2.2 Les consonnes phonétiquement différentes

Le /R/ uvulaire n'appartient pas à la variété de norvégien présentée ici, mais sa réalisation n'est pas problématique. Il se peut que sa présence dans les régions ouest et sud-ouest de la Norvège en facilite l'acquisition, étant donné que l'apprenant est régulièrement exposé à ces variétés notamment par le biais des médias. L'absence d'aspiration en français constitue une source de difficultés majeures. Premièrement, l'opposition *h-aspiré* vs *h-muet* est mal maîtrisée : « en haut » [ɑ̃no] avec liaison, « hacher » [haʃe] avec fricative ⓢ. Deuxièmement, les occlusives orales sourdes initiales de mot sont quasi systématiquement aspirées (« code » [kʰɔd] ⓢ) et les occlusives orales sonores dévoisées (« bout » [b̥u] ⓢ).

## 2.3 Aspects prosodiques

Le norvégien influence la prosodie des apprenants sur plusieurs plans. D'une part, ils tendent à réaliser l'accent par une augmentation de l'intensité. D'autre part, le système tonal exerce des influences sur l'intonation, ce qui se manifeste par des énoncés excessivement modulés ⓘ. Par ailleurs, on constate des transferts du contour de finalité de l'assertion du norvégien au français, c'est-à-dire que la dernière syllabe en est réalisée par une montée suivie d'une légère descente (« J'ai commencé à étudier le français, car c'est une langue jolie » ⓘ). Ceci peut entraîner des problèmes d'interprétation, puisque l'auditeur francophone natif va percevoir ce contour comme une montée finale. En effet, en français, l'intonation seule marque très souvent la différence entre l'énoncé assertif et la question totale (« Tu manges. » vs « Tu manges ? »), et les assertions du locuteur norvégien peuvent alors être interprétées comme des questions.

## 2.4 Le traitement grapho-phonémique

On relève quelques erreurs courantes engendrées par la graphie et l'interférence de la L1. Si <y> est prononcé [y] (« synonyme » [synonym]) et <o> est prononcé [u] (« zoo » [zu] ⓘ) par les apprenants, le schwa est prononcé [e] (« indiqueraient » [ɛ̃dikeʁɛ] ⓘ). De plus, la relation relativement plus étroite entre phonie et graphie en norvégien crée des automatismes de lecture qui mènent à certaines erreurs : la terminaison <ent> est réalisée par une voyelle nasale (« manifestent » [manifɛstɑ̃]), la suite <er> est prononcée [ɛʁ] (« premier » [pʁœmjɛʁ]), « rat » est prononcé [ʁɑt] ⓘ.

## Références

Endresen, R. T. (1991). *Fonetikk og fonologi. Ei elementær innføring* (2ᵉ édition). Oslo : Universitetsforlaget.

Girard, F. & Lyche, C. (2005). *Phonétique et phonologie du français* (4ᵉ édition). Oslo : Universitetsforlaget.

Kloster Jensen, M. (1955). *Précis de prononciation française*. Oslo : Aschehoug.

Kristoffersen, G. (2000). *The Phonology of Norwegian*. Oxford : Oxford University Press.

Kristoffersen, G. (2008). *Kort innføring i norsk fonologi (manuscrit)*. Département des études linguistiques, littéraires et esthétiques, Université de Bergen. http://folk.uib.no/hnogk/Fonologiinnforing08.pdf.

# 29 Les russophones[1]

## 1. Description du système phonético-phonologique du russe

### 1.1 Situation sociolinguistique : quelle variété de référence ?

Le russe est la langue officielle de la Fédération de Russie et l'une des langues officielles des républiques de Biélorussie, du Kazakhstan et du Kirghizistan. Le russe est langue de communication au sein de la Communauté des États indépendants (CEI), dominante dans certaines régions d'Ukraine (notamment dans le Sud et l'Est ukrainien). Il revient à l'Académie des sciences de Russie de fixer, normaliser et perfectionner la langue. La variété de référence décrite dans ce chapitre est la prononciation standard, celle qui est enseignée à l'école et pratiquée par les annonceurs de la radio et de la télévision.

### 1.2 Inventaire phonémique

Le russe compte 42 phonèmes : 5 voyelles et 37 consonnes. La dominante consonantique est visible dans une diversité de groupes consonantiques. En russe, c'est la consonne qui détermine le geste coarticulatoire au niveau syllabique. Il en résulte que les voyelles gardent des traces articulatoires du contexte consonantique. Ceci explique la grande variabilité qui caractérise les voyelles russes au niveau acoustique et articulatoire : diphtongaison, vélarisation, palatalisation, diffusion de nasalité, etc. Il est important de prendre en compte cette réalité linguistique pour comprendre les difficultés de prononciation des apprenants russophones.

#### 1.2.1 Voyelles

La différentiation des cinq phonèmes vocaliques /i e a o u/ ◉ repose sur 3 traits distinctifs : antériorité, labialité et aperture. Chaque voyelle connaît au moins deux variantes combinatoires essentielles (maintenues d'ailleurs par le code graphique, voir 1.6). Les variantes qui se réalisent après les consonnes dures [ɨ ɛ a o u] se caractérisent par un timbre plus

---

1. Rédigé par Galina Boubnova, avec la collaboration d'Elena Ratnikova pour les enregistrements.

grave que celui des voyelles françaises. Les variantes qui se réalisent après les consonnes mouillées [i e æ ɵ ʉ] se caractérisent par un timbre plus aigu que celui des voyelles françaises.

*1.2.2 Consonnes*

Le russe comprend 37 phonèmes consonantiques dont la différentiation repose sur 4 traits distinctifs: mode et lieu d'articulation, voisement, mouillure. La distinction consonne dure/mouillée est, dans le russe, fonctionnellement très productive : 34 consonnes organisées en 17 paires. On trouve les occlusives /p pʲ b bʲ t tʲ d dʲ k kʲ g gʲ/ et les fricatives /f fʲ v vʲ s sʲ z zʲ ç: z̧ ʐ: x xʲ/, ainsi que les sonantes : les nasales /m mʲ n nʲ/, les vibrantes /r rʲ/, les latérales /ɫ lʲ/ ☺. Il reste, en dehors de la distinction dure/mouillée, 3 consonnes dont 2 sont mouillées /tɕ j/ et 1 est dure /ts/ ☺. Le trait distinctif de voisement distingue 12 paires consonantiques. À la différence du français, la coarticulation consonne-voyelle est en russe déterminée par la consonne : on observe une sensible palatalisation/ vélarisation des voyelles après une consonne mouillée/dure.

## *1.3 Allophonie et contraintes phonotactiques*

En position atone, les voyelles subissent une réduction qualitative et quantitative de deux degrés (1er degré dans une syllabe prétonique, 2e degré dans toutes les autres positions atones). La réduction de 1er degré conduit à un changement de qualité variable en fonction du timbre plein de la voyelle et de la qualité de la consonne (dure/mouillée) qui précède. Par exemple : *par* [par] 'vapeur', au pluriel *pary* [pɐˈrɨ] ; *p'at'* [pʲætʲ] 'cinq', décliné en *p'ati* [pʲiˈtʲi]. La réduction de 2e degré conduit à une centralisation des voyelles dont les variantes ne sont déterminées que par le précontexte consonantique (dur/mouillé). Par exemple : *kotami* [kɐˈtamʲi] 'chats' ; *brat* [brat] 'frère', décliné en *bratom* [ˈbratəm]. L'accélération du débit peut provoquer une syncope de la voyelle centralisée: *gorod* [ˈgorət] → [ˈgor̥t] 'ville'. En finale de mot, les consonnes voisées sont obligatoirement dévoisées : *loug* 'pré' et *louk* 'oignon', deux mots à morphologie différente signalée dans l'orthographe, se prononcent de la même façon [ɫuk]. Le russe connaît une assimilation régressive de voisement qui a beaucoup de similitudes avec l'assimilation observée en français: *probka* [ˈpropkə] 'bouchon', *ekzamen* [igˈzamʲən] ou [igˈzamʲin] 'examen'. L'unique exception : à la différence du français, les consonnes russes [v vʲ] ne sonorisent pas les consonnes sourdes : *otviet* [ɐtˈvʲet] 'réponse'.

## 1.4 Aspects prosodiques

### 1.4.1 L'accent

Le russe est une langue à accent lexical distinctif qui peut se réaliser dans toutes les positions du morphème lexical en fonction du sens lexical ou de la morphologie de ce dernier. Par exemple, en position initiale *z'el'en'* [ˈzʲelʲinʲ]) 'verdure', médiane *z'el'ony* [zʲiˈlʲənɨj]) 'vert', et finale *z'el'en'et'* [zʲilʲiˈnʲetʲ] 'verdir'. La proéminence de la syllabe accentuée s'effectue en russe par une combinatoire spécifique des quatre paramètres acoustiques suivants : spectre (timbre), intensité, durée, fréquence fondamentale. Le timbre plein de la voyelle est un trait dominant qui la fait percevoir comme accentuée. L'allongement de la voyelle accentuée s'accompagne en russe de sa diphtongaison : la tension articulatoire, vite atteinte au début de la voyelle, se relâche immédiatement après. Les syllabes atones se regroupent autour de la syllabe accentuée, alors caractérisées par une réduction qualitative et quantitative (voir 1.3).

### 1.4.2 Le mot phonétique

Dans une phrase, les mots s'organisent en unités accentuelles nommées « mots phonétiques ». Le mot phonétique se compose le plus souvent d'un morphème lexical et des clitiques qui en dépendent. Par exemple, dans la phrase déclarative *On id'ot v inst'itut* 'Il va à l'institut', on a deux mots phonétiques [ɐnɨˈdʲet / vɨnstiˈtut]. À l'intérieur du mot phonétique, on réalise des enchaînements vocaliques et consonantiques dont les mécanismes phonétiques se rapprochent de ceux observés à l'intérieur du mot lexical. S'intégrant dans une phrase, les mots phonétiques gardent leurs accents, mais la force des accents s'en trouve modifiée : l'un d'eux, dit « accent de phrase », est renforcé aux dépens de tous les autres.

### 1.4.3 La phrase

À la différence du français, l'intonation des phrases est, en russe, beaucoup moins déterminée par la syntaxe. On observe un rythme irrégulier, des modulations mélodiques fréquentes, des chutes tonales brusques à la fin des phrases, et des contours descendants pour marquer la continuité à l'intérieur de la phrase ⓔ.

## 1.5 Variation diatopique

En Russie d'Europe, il existe trois groupes de dialectes : le russe septentrional, central et méridional. Chacun de ces groupes se décompose lui-même en plusieurs dialectes. Concernant le russe septentrional, situé au nord-est d'une ligne reliant le lac Ladoga à Iochkar-Ola en passant par Véliky Novgorod et Yaroslavl, ce groupe se distingue par une prononciation du « o » non accentué comme un [o] (*podochol* [podoˈʂoɫ] 'il s'est approché'), le [g] est guttural et le [t] des terminaisons de verbe (à la 3ᵉ personne) se prononce dur : *on pridjot* [onprʲiˈdʲet] 'il viendra'. Concernant le russe méridional, dans une région qui s'étend au sud de Velikié Louki et qui passe par Riazan et Tambov, on y prononce le « o » non accentué [a] (*podochol* [pədɐˈʂoɫ]), le [g] est fricatif et le « t » est mouillé dans les terminaisons de verbe : *on pridjot* [ɐnprʲiˈdʲetʲ]. Enfin, concernant le russe central, géographiquement situé entre les zones indiquées pour le russe du nord et du sud, il comporte des traits empruntés tant au russe septentrional qu'au russe méridional. À Nijni Novgorod, par exemple, on prononce le [o] même hors accent, tandis qu'à Saint-Pétersbourg et à Moscou le « o » non accentué est prononcé [a].

## *1.6 Système d'écriture*

L'alphabet cyrillique compte 33 lettres dont 10 sont vocaliques < а у о ы э я ю ё и е >, 21 consonantiques < б в г д ж з й к л м н п р с т ф х ц ч ш щ > et 2 signes graphiques <ъ ь>, représentant en tout 42 unités phonétiques. Pour transcrire 5 phonèmes vocaliques, le russe emploie 10 graphèmes qui ont une double fonction : ils traduisent les voyelles prononcées dans une position accentuée et la qualité dure/mouillée de la consonne précédente. Ainsi, les а, у, о, ы, э marquent la dureté de la consonne qui précède, les я, ю, ё, и, е sa mouillure. Par exemple : рад [rat] /ряд [rʲæt] , лук [ɫuk] / люк [lʲʉk] , нос [nos] / нёс [nʲɵs] , пыл [pɨɫ] / пил [pʲiɫ] , сэр [sɛr] / сер [sʲer], etc. Il existe trois positions où les graphèmes я, ю, ё, е marquent deux sons : le jod + [a]/[u]/[o]/ [e] : début vocalique du mot (яма [ˈjæmə]), contexte gauche vocalique (твоё [tvɐˈjɵ]), prononciation marquée dans l'orthographe par les signes graphiques ъ, ь (вьюга [ˈvjʉgə], отъезд [ɐtˈjest]). Quant aux graphèmes consonantiques, ils sont moins nombreux que les phonèmes : 21 lettres pour représenter 37 sons. Cette économie importante est assurée par le fait que la dureté/mouillure des consonnes est marquée dans leur contexte droit par les graphèmes vocaliques (вол [voɫ] /вёл [vʲɵɫ]) ou le signe graphique ь : был [bɨɫ] /быль [bɨlʲ].

## 2. La prononciation des apprenants

Nous présentons ici les difficultés de production sans perdre de vue l'importance du filtrage auditif exercé par la catégorisation phonologique opérante dans la langue maternelle. Pour le couple russe L1 – français

L2, il convient de souligner que la pauvreté du système phonologique vocalique russe (5 phonèmes) est largement compensée par la richesse de leurs variantes combinatoires. Il en résulte une bonne sensibilité auditive qui facilite pour les russophones l'acquisition du vocalisme français.

## *2.1 Voyelles*

### *2.1.1 Les voyelles absentes du système en L1*

Les différences de systèmes phonologiques vocaliques s'expriment à travers les réalisations suivantes :

– la production des voyelles antérieures arrondies [y ø œ] s'accompagne souvent soit de la palatalisation des consonnes précédentes (dans le cas où ces consonnes ont une paire mouillée en russe) : « tu » [tʲy], « feu » [fʲø], « beurre » [bʲœːʁ], soit de la postériorisation de la voyelle après les consonnes [ʃ ʒ] qui n'ont pas en russe de paires mouillées : « chute » [ʃut], « jeu » [ʒo], « chemise » [ʃoˈmʲiːz] ;

– les voyelles françaises à double timbre [e ɛ], [ø œ], [o ɔ] (distinction que le russe ne connaît pas) se réalisent souvent avec un timbre intermédiaire (par exemple [ẹ] ⊚ pour [e-ɛ]) ;

– le schwa est pour les apprenants source de difficultés aussi bien dans la production que dans la perception. En situation de parole, la gestion de la variation liée au schwa est difficile pour les apprenants : « je m(e) demande » / « j(e) te d(e)mande ». En situation de lecture, le schwa est souvent prononcé comme [ẹ] ⊚ : « revenir » [rẹvẹnʲiʁ] ;

– les voyelles nasales se prononcent parfois /ɛ̃/ [ãɴ] ⊚ ou [ɛn], /ɑ̃/ [ãɴ] ou [an] ⊚, /ɔ̃/ [õɴ] ou [on] ⊚.

### *2.1.2 Les voyelles phonétiquement différentes*

Toutes les voyelles françaises subissent une réduction en position inaccentuée, elles sont légèrement diphtonguées en position accentuée, la labialisation des voyelles postérieures n'est pas suffisante.

## *2.2 Consonnes*

### *2.2.1 Les consonnes absentes du système en L1*

Les glissantes [w] et [ɥ], absentes du russe, sont, d'une part mal distinguées entre elles (au profit du [w]) et, d'autre part, se prononcent comme une voyelle réduite [u] ⊚ qui suit une consonne dure : « toi » [twa → tua], ou bien une consonne mouillée : « tu as » [tɥa → tʲʉa].

*2.2.2 Les consonnes phonétiquement différentes*

– [ʁ] en position initiale et intervocalique : produit [χ] ou [ɣ] 🔊 ; à un stade plus avancé produit [ʁ] avec un degré de voisement et de friction variable 🔊 « radio » [χadjo] ou [ɣadjo], « oral » [oχãl] ou [oɣãl], en finale « vert » [vɛːχ] ou [vɛːx], plus rarement [vɛːɣ]. Le /ʀ/ du français peut également être produit [r] (apical) 🔊 par les apprenants russophones ;
– [l] dans toutes les positions se réalise comme [lʲ] mouillé « lac » [lʲæk], « aller » [alʲe], « val » [valʲ] 🔊 ;
– [j] en position finale est souvent dévoisé : « abeille » [abej̊] ;
– toutes les consonnes sonores ayant une paire sourde sont parfois assourdies 🔊 en position finale : « galbe » [galp], « coude » [kut], « bague » [bak], « sauve » [sof], « ruse » [ʁys], « marge » [maʁʃ]. Les exemples illustrent l'ambiguïté de sens qui en résulte ;
– les consonnes françaises sont palatalisées devant les voyelles antérieures [i y ø œ] : « pyramide » [pʲiʁamʲid], « coutume » [kutʲym], « berceuse » [bɛʁsʲøz], « peuple » [pʲœpl].

## 2.3 Syllabe

La syllabation en russe a beaucoup de traits communs avec celle du français, y compris la tendance à la syllabation ouverte. Les apprenants maîtrisent donc facilement la syllabation française phonétique et graphique. La difficulté apparaît dans la chaîne parlée et est liée à la réalisation de l'accent : les syllabes sous l'accent sont renforcées aux dépens des syllabes atones (voir 1.3 pour la réduction des voyelles atones). Résultat : le rythme français perd sa régularité.

## 2.4 Accentuation et intonation

On trouve, chez les débutants, une accentuation qui ne tient pas compte de la cohésion phrastique. Tous les accents lexicaux sont réalisés avec la même proéminence et la même mélodie ($F_0$) descendante: « Je vou'**drais** un '**gros** gâ'**teau** aux pru'**neaux** ». Par ailleurs, les chutes tonales, souvent réalisées à la fin des phrases, sont perçues par les francophones comme trop brusques et parfois même agressives. La montée tonale caractéristique des questions totales est au contraire trop douce, trop continuative, selon les francophones, pour marquer l'intention interrogative.

## 2.5 Le traitement grapho-phonémique

L'orthographe russe (relativement plus transparente que celle du français), fait que les apprenants ont plusieurs difficultés de traitement grapho-phonémique de l'écrit français. Les graphèmes les plus problématiques sont ceux des voyelles nasales réalisées comme voyelle orale ou légèrement nasalisée + <n>, les mots « champignon » et « chameau » seront ainsi oralisés [ʃa/ãmpiɲo/ɔ̃n] et [ʃa/ãmo]. La lettre <e> est souvent réalisée par les débutants comme [ę] : « revenir » [ręvęnʲiʁ]. Les lettres non prononçables à la fin des mots, surtout dans les emprunts français ou anglais, sont souvent réalisées : « bouquet » [bukęt] ; ainsi que le <h> au début des mots empruntés « hard-rock » [xadʁɔk], « Helsinki » [xęlsinki].

**Références**

Antonova, D.N. (1988). *La phonétique et l'intonation. Le cours de russe par correspondance.* Moscou : Rousskiï Iazyk.

Bernstein, S. (1975). Enseignement de la prononciation russe aux étrangers. In A. Leontiev & N. Samouïlova (éds), *La phonétique et l'enseignement de la prononciation.* Moscou : MGU, 5-61.

Bondarko, L.V. (1998). *La phonétique du russe moderne.* St. Pétersbourg : Université d'État de St. Pétersbourg.

Boubnova, G.I. (2006). Correction phonétique : enseignement du français/du russe à des apprenants russophones/francophones. *Revue française de linguistique appliquée* XI(1) : 7-19.

Boubnova, G.I. (2015). *Cours pratique de phonétique française.* Moscou : Urait.

# 30 Les sinophones[1]

## 1. Description du système phonético-phonologique du chinois

### *1.1 Situation sociolinguistique : quelle variété de référence ?*

Le chinois standard (ci-après CS) désigne une norme de la langue. Elle est appelée *Putonghua* et est utilisée par les médias, l'État et pour l'enseignement en République Populaire de Chine (RPC). Sa phonologie est basée sur le dialecte de Pékin, qui garde toutefois des différences avec le CS. À Taïwan (République de Chine, ROC), la norme, légèrement différente, est appelée *Guoyu*. L'appellation « mandarin », qui désigne dans la langue courante le chinois standard, référera pour nous aux dialectes parlés dans le nord et la majeure partie du sud-ouest de la RPC.

### *1.2 Inventaire phonémique*

Nous présentons ici les formes phonologiques et les réalisations de surface du CS sans entrer en détail dans les analyses phonologiques, qui ne sont pas toujours consensuelles. Par ailleurs, afin de bien saisir la description du système, il nous semble important d'introduire en premier lieu la structure syllabique, car le CS est une langue à tons qui fonctionne avec des monosyllabes et un nombre de rime limité.

#### *1.2.1 Préalable : structure syllabique*

La syllabe en CS est formée de 1) une attaque optionnelle, qui est une consonne simple, 2) un noyau obligatoire, qui peut être une monophtongue, une diphtongue ou une triphtongue, 3) une coda optionnelle limitée aux nasales /n/ ou /ŋ/, qui ne peut être précédée que d'une monophtongue ou d'une diphtongue ascendante et 4) un ton que porte la rime.

#### *1.2.2 Voyelles*

Le CS compte 5 voyelles phonémiques /i y u ə a/ 🔊. Elles ont des réalisations différentes en fonction du contexte (voir 1.3). À cela s'ajoute

---
1. Rédigé par Simon Landron, Jiayin Gao, Yueh-chin Chang et Yuan Tian. Les auteurs remercient Agnes Roussel Shih et Katia Chirkova pour leur participation à la rédaction de ce chapitre.

une voyelle rhotacisée /ɚ/, traitée ici comme un phonème, comme elle est parfois définie, par souci de simplification.

*1.2.3 Consonnes*

Le CS compte parmi les consonnes phonémiques 6 occlusives /p pʰ t tʰ k kʰ/, 4 fricatives /f s ʃ x/, 4 affriquées /t͡s t͡sʰ t͡ʃ t͡ʃʰ/ et 5 sonantes /m n ŋ l ɹ/ ⓢ. Les consonnes post-alvéolaires /ʃ t͡ʃ t͡ʃʰ/ sont traditionnellement considérées comme des rétroflexes.

## *1.3 Allophonie et contraintes phonotactiques*

Les voyelles /i y u ə a/ se réalisent comme monophtongues [i y u ɤ a] dans les syllabes ouvertes ou dans les syllabes fermées par une coda nasale pour former les rimes [in iŋ yn un ən ɤŋ an aŋ]. Dans les diphtongues et triphtongues, les voyelles subissent des règles d'assimilation à l'intérieur de la rime et leur réalisation varie en fonction de la voyelle précédente et/ou suivante. Les diphtongues descendantes /ai au əu əi/ ([aɪ aʊ oʊ eɪ]) existent seulement dans les syllabes ouvertes ; les diphtongues ascendantes /iə ia yə uə ua/ ([iɛ ia ye uo ua]) existent dans les syllabes ouvertes ou dans les syllabes fermées par une coda nasale pour former [iɛn iaŋ yɛn uɤŋ uan uaŋ] ; /iu/ ne peut être suivie que d'une coda nasale pour former les rimes [iʊŋ]. Les triphtongues /uai uəi iau iəu/ ([uaɪ ueɪ iaʊ ioʊ]) existent dans les syllabes ouvertes seulement.

Les rimes peuvent être rhotacisées lorsqu'elles sont suivies d'un suffixe diminutif 儿 /ɚ/. Par conséquent, les timbres vocaliques changent. Les monophtongues rhotacisées, par exemple, deviennent [iɚ yɚ uɚ ɤ aɚ].

La voyelle /i/ a deux variantes [z̩] (fricative syllabique dento-alvéolaire) et [ɹ̩] (approximante syllabique apicale post-alvéolaire), réalisées uniquement en syllabe ouverte après /s t͡s t͡sʰ ʃ t͡ʃ t͡ʃʰ ɹ/.

Les voyelles fermées /i u y/ en début de diphtongue/triphtongue sont phonétiquement très similaires à des glissantes [j w ɥ] et sont traitées par certains comme telles.

On trouve parmi les consonnes de surface une série alvéolo-palatale [t͡ɕ t͡ɕʰ ɕ], réalisée uniquement devant les voyelles fermées antérieures /i y/. En revanche, il n'y a pas de consensus sur la détermination des formes sous-jacentes. La série alvéolo-palatale est en distribution complémentaire avec trois autres séries : dento-alvéolaires, post-alvéolaires et vélaires. Ces dernières n'apparaissent jamais devant les voyelles fermées antérieures.

## 1.4 Aspects prosodiques

### 1.4.1 Tons

Une syllabe peut porter un des quatre tons lexicaux en CS : un ton haut et plat (T1), un ton montant (T2), un ton bas infléchi (T3), souvent accompagné d'une qualité de voix craquée (*creaky voice*), et un ton descendant (T4) 🔊. Le T3 effectue un sandhi tonal : il se change en T2 lorsqu'il précède un autre T3. Une syllabe peut aussi ne porter aucun ton lexical, ce que l'on appelle le ton neutre.

### 1.4.2 L'intonation

Les tons lexicaux et l'intonation se superposent. Cependant, l'utilisation des variations de la fréquence fondamentale pour produire les tons contraint l'intonation et par conséquent limite son influence dans la prosodie. Les phrases déclaratives ont une intonation descendante 🔊. Les questions totales (marquées ou non par une particule interrogative finale) ont une fréquence fondamentale globale plus élevée que les phrases déclaratives correspondantes. Elles peuvent aussi être réalisées par une montée finale de fréquence fondamentale 🔊.

### 1.4.3 L'accent

La syllabe accentuée est caractérisée par une proéminence de durée, de fréquence fondamentale et éventuellement d'intensité. Si toutes les syllabes d'un mot ou d'un syntagme composé portent un ton lexical, l'accent primaire reste le plus souvent attribué à la dernière. Néanmoins, la présence de tons lexicaux et la nature de ces tons conditionnent fortement la perception de l'accent. Une syllabe portant le T1 ou le T4 serait plus facilement perçue comme accentuée. Par exemple, la syllabe [tɕʰi] portant le T4 [tɕʰiˋ] serait perçue comme accentuée dans le mot 器材 [tɕʰiˋ tsʰaɪˊ] 'matériel', ainsi que dans le mot 才气 [tsʰaɪˊ tɕʰiˋ] 'talent', quelle que soit sa position dans le mot. Dans le cas où le mot lexical ou le syntagme contient des syllabes portant un ton neutre, l'accent est alors attribué la première syllabe. Celle-ci porte toujours un ton lexical. Les syllabes au ton neutre sont toujours inaccentuées.

## 1.5 Variation diatopique

Il existe des centaines de dialectes regroupés en dix groupes dialectaux (*Gan*, *Guanhua* (Mandarin), *Hui*, *Jin*, *Kejia* (Hakka), *Min*, *Pinghua*,

*Wu, Xiang, Yue* (Cantonais)) en RPC, dans l'ensemble mutuellement incompréhensibles. La plupart des locuteurs sinophones parlent le CS ainsi que leur(s) dialecte(s) local(/locaux). Malgré les ressemblances entre le CS et le dialecte de Pékin, les locuteurs pékinois gardent des particularités telles que davantage d'occurrences de rimes rhotacisées, et une substitution fréquente de [w] par [v]. Tous les dialectes chinois ont la même structure syllabique. Le CS se distingue des autres dialectes chinois notamment par l'existence de consonnes post-alvéolaires, par le contraste phonémique entre /n/ et /l/ dans son système consonantique, par l'absence de voyelles mi-fermées/mi-ouvertes dans son système vocalique, par l'absence d'occlusives et de nasale /m/ en position de coda, par un système tonal relativement simple et encore d'autres caractéristiques. Les interférences langagières se produisent souvent chez les locuteurs parlant le CS et un ou des dialectes locaux. À titre d'exemples, les consonnes post-alvéolaires [ʃ t͡ʃ t͡ʃʰ] du CS sont souvent prononcées comme des dento-alvéolaires ou des alvéolo-palatales [s t͡s t͡sʰ] par les locuteurs de Shanghai, Taïwan, Canton et d'autres régions du sud de la Chine ; les locuteurs des dialectes *Xiang* et *Gan* (des provinces du Jiangxi et du Hunan principalement), quant à eux, confondent les phonèmes /n/ et /l/ du CS.

### *1.6 Système d'écriture*

Le système d'écriture chinois est uniformisé au moyen de caractères chinois (ou sinogrammes). Il en existe cependant deux variantes : des sinogrammes simplifiés (en RPC) et des sinogrammes traditionnels (à Taïwan, Hong Kong et Macao). Chaque sinogramme, ou groupe de sinogrammes, réfère d'abord à un sens, ce qui rend possible la communication par écrit entre locuteurs de différents dialectes chinois. Ainsi, dans la majorité des cas, un sinogramme correspond à un morphème monosyllabique, même si certains morphèmes peuvent être plurisyllabiques tels que 葡萄 [pʰu˧˥ tʰɑʊ] 'raisin', ces deux sinogrammes isolés n'ayant pas de sens. Si les sinogrammes contiennent un certain nombre d'idéogrammes qui ne transcrivent que des sens ou concepts, la grande majorité des sinogrammes est composée d'un élément sémantique (une « clé ») et d'un élément phonétique. Par exemple, le sinogramme 妈 [ma˥] qui signifie 'mère' est composé de la clé 女 [ny˩] qui signifie 'femme' et de l'élément phonétique [ma˩] qui possède la même prononciation (excepté pour le ton) mais un sens éloigné ('cheval').

La transcription la plus répandue des sinogrammes en écriture latine s'effectue aujourd'hui avec le *pinyin* (Hanyu pinyin) (exemple : 器

[tɕʰi˩] transcrit <qì>). Ce système est adopté officiellement par la RPC (1958) et par les institutions internationales comme l'ONU. Le *bopomofo* (Zhuyinfuhao), très utilisé à Taïwan, transcrit les sons avec des signes non latins (exemples : ㄅ (/p/), ㄆ (/pʰ/), ㄚ (/a/), ㄤ (/aŋ/)).

## 2. La prononciation des apprenants

### 2.1 Voyelles

#### 2.1.1 Les voyelles absentes du système en L1

Étant donné les différences de systèmes phonologiques vocaliques, les apprenants peinent souvent à réaliser les sons suivants :
– les voyelles nasales sont prononcées comme des voyelles orales nasalisées avec un appendice nasal [n] ou [ŋ]. /ɑ̃/ prononcé [ɑŋ], /ɔ̃/ prononcé [ɔŋ] et /ɛ̃/ prononcé [an] ou [ən] (« pain » [pan] 🔊). À Taïwan, la difficulté principale est une confusion entre /ɑ̃/ et /ɔ̃/ (« des bonbons » [debɑ̃bɑ̃] ; « campagne » [kɔ̃panɣ] 🔊) ;
– les voyelles moyennes antérieures arrondies /ø/ et /œ/ sont réalisées comme [ɣ], [y] ou [u] (« deux enfants » [duzɑ̃fɑ̃] 🔊).

#### 2.1.2 Les voyelles phonétiquement différentes

Étant donné les différences phonétiques entre les systèmes vocaliques, les apprenants peinent souvent à réaliser les sons suivants :
– les voyelles moyennes /e ɛ o ɔ/ peuvent être diphtonguées (/o/ réalisé [oʊ], /e/ réalisé [ei], /ɛ/ réalisé [ai] et /ɔ/ réalisé [ɑu]) (« thé » [tei]; « d'eau » [toʊ] 🔊) ;
– les voyelles /e-ɛ/ d'une part et /o-ɔ/ d'autre part peuvent occasionnellement être produites sans distinction.

### 2.2 Consonnes

#### 2.2.1 Les consonnes absentes du système en L1

Étant donné les différences de systèmes phonologiques consonantiques, les apprenants peinent souvent à réaliser les sons suivants :
– de manière générale, l'opposition de voisement pose des difficultés : les consonnes sonores /b d g v z ʒ/ sont réalisées souvent comme des sourdes /p t k f s ʃ/ (« gâteau » [kato] ; « un verre d'eau » [ɛ̃fɛxto] 🔊) et les consonnes sourdes parfois comme des sonores (« manquer » [mɑ̃ge] ; « ils ont passé » [ilzɔ̃base] 🔊) ;

– /ʒ/ est réalisé comme affriquée [d͡ʒ] ou [t͡ʃ], ou comme approximante [ɹ] (« bonjour, je » [pɔ̃t͡ʃuxt͡ʃʁ] 🔊). Il peut aussi être prononcé [z] (« je vais chez Jacques » [zəvesezak]), plus particulièrement dans le sud de la Chine ;

– /R/ est une difficulté majeure. Fréquemment non prononcé (cf. 2.3), lorsqu'il l'est, il est produit non voisé [x] et souvent avec une intensité de friction excessive (« rouge » [xuʒʁ] ; « en gris » [ãkxi] ; « six heures » [sizœx] 🔊) ;

– L'opposition /l/ - /n/ est mal réalisée notamment par les locuteurs des dialectes Xiang et Gan.

*2.2.2 Les consonnes phonétiquement différentes*

Étant donné les différences phonétiques entre les systèmes consonantiques, les apprenants peinent souvent à réaliser les sons suivants :

– /p t k/ peuvent respectivement être réalisés comme des aspirées [pʰ tʰ kʰ] (« a peint » [apʰɛ̃] 🔊) ;

– /w/ est prononcé [v] par les locuteurs pékinois (« oui » [vi]).

### *2.3 Syllabe*

Les groupes de consonnes posent des difficultés, notamment lorsqu'ils contiennent le son /R/. Une des consonnes du groupe peut ne pas être prononcée (« phrase » [faz] ; « français » [fɔ̃se] 🔊).

Le groupe consonantique /nj/ en position de coda est prononcé [n] (« campagne » [kɔ̃panʁ] 🔊).

/y/ dans les contextes autres que dans les syllabes /ly ny ʃy/ est prononcé [yj] ou [ju] (« pu » [pyj], « musique » [mjuzik] 🔊).

De la même manière, dans les contextes non autorisés en CS, la glissante /ɥ/ est prononcée [w] (« fruit » [fwi]) ou non prononcée (« fruit » [fxi] 🔊). Elle peut également être prononcée [y] et la voyelle suivante élidée (« huit » [yt] 🔊).

/s/ peut être postériorisé [ʃ] avec les voyelles antérieures fermées (/i y/) (« merci » [mɛxʃi], « bien sûr » [bjənʃy]). Dans certaines régions du sud, la confusion /s-ʃ/ peut être observée dans d'autres contextes.

Les locuteurs sinophones ont des difficultés à produire des syllabes fermées. Pour cela :

– la consonne en coda peut ne pas être prononcée, notamment s'il s'agit du /R/ (« matière » [matie] ⓢ).
– une voyelle est ajoutée après une consonne en coda pour former une syllabe (« pomme » [pɔmɤ], « pour » [puxɤ] ⓢ).

Par ailleurs, en raison de sa structure monosyllabique, les enchaînements et les liaisons n'existent pas en CS. Les apprenants débutants peinent ainsi à les réaliser (« est en grand émoi » [eangxaŋemwa] ; « porte / en rouge » [pɔt / aŋxuʃ] ⓢ).

### 2.4 Accentuation et intonation

Les apprenants ont des difficultés à respecter le modèle prosodique du français en ce qui concerne les montées de continuation et les allongements finaux des groupes prosodiques ⓢ. Ils réalisent les descentes finales des phrases déclaratives, mais de façon très abrupte sur la ou les dernières syllabes d'une phrase.

### 2.5 Le traitement grapho-phonémique

Bien que le CS soit transcrit avec des sinogrammes, l'alphabet est connu des apprenants sinophones qui apprennent toujours le *pinyin* (sauf à Taïwan) et de par le fait que l'anglais constitue la première langue étrangère généralement apprise par les sinophones. Les conventions du *pinyin* peuvent être à la source de difficultés, notamment lorsqu'elles sont similaires à l'anglais. Ainsi, le <h> peut être prononcé [x] et <j> prononcé [d͡ʒ] ou [t͡ʃ].

## Références

Duanmu, S. (2000). *The Phonology of Standard Chinese*. Oxford : Oxford University Press.

Lee, W.-S. & Zee, E. (2014). Chinese phonetics. In C.T. James Huang, Y. H. Audrey Li & A. Simpson (éds), *The Handbook of Chinese Linguistics*. Malden : John Wiley & Sons, 369-400.

Lin, Y.-H. (2007). *The Sounds of Chinese*. Cambridge : Cambridge University Press.

Wurm, S. A., Li, R., Baumann, T. & Lee, M. W. (1988). *Language Atlas of China: Parts I and II*. Hong Kong : Longman Group (Far East) Limited.

Yang-Drocourt, Z. (2007). *Parlons chinois*. Paris : l'Harmattan.

# 31 Les suédophones[1]

## 1. Description du système phonético-phonologique du suédois

### 1.1 Situation sociolinguistique : quelle variété de référence ?

La variété considérée comme standard et décrite dans ce chapitre est celle du suédois central, qui s'est développé à partir des dialectes parlés dans les provinces autour de la capitale Stockholm. Cette variété est habituellement employée par les présentateurs de radio et de télévision de diffusion nationale, même si d'autres variétés régionales sont également, et de plus en plus, pratiquées dans les médias.

### 1.2 Inventaire phonémique

#### 1.2.1 Voyelles

Le suédois compte 9 voyelles, /i e ɛ a y ʉ ø u o/, qui peuvent toutes être longues ou brèves : [iː] - [ɪ] ; [eː] - [e] ; [ɛː] - [ɛ] ; [ɑː] - [a] ; [yː] - [ʏ] ; [ʉː] - [ɵ] ; [øː] - [œ] ; [uː] - [ʊ] ; [oː] - [ɔ] 🅭. L'opposition voyelle longue – voyelle brève est distinctive et est reliée à la durée aussi bien qu'au timbre de la voyelle[2].

On trouve deux voyelles fermées antérieures arrondies : /y/ et /ʉ/. La différence réside dans l'arrondissement des lèvres, /y/ étant avancé (exolabial), alors que /ʉ/ est comprimé (endolabial). De plus, /y/ est plus fermé et se réalise avec la langue en position plus antérieure. Le [y] français ne correspond pas tout à fait au [yː] suédois, son timbre ressemblant plutôt au [ʉː] suédois. En effet, le [yː] suédois est plus fermé et plus antérieur que le [y] français et se réalise en outre avec les lèvres plus avancées.

---

1. Rédigé par Monika Stridfeldt.
2. Si l'on ne compte pas la différence de durée comme une distinction en soi, on peut par conséquent considérer que le suédois comporte 18 phonèmes vocaliques. Toutefois, l'opposition entre les voyelles brèves /e/ et /ɛ/ ne se maintient pas chez la plupart des Suédois, de sorte qu'il vaut mieux parler d'un système comportant 17 phonèmes vocaliques.

La voyelle brève [ʏ] est plus ouverte et centrale par rapport à la voyelle longue [yː]. La voyelle brève [ɵ] est centrale et arrondie.

De façon générale, les voyelles suédoises sont moins tendues et moins stables que les voyelles françaises. Elles sont fréquemment diphtonguées (/seː/ [seːᵊ] 'voir') et les voyelles longues /iː/, /yː/, /ʉː/ et /uː/ se terminent souvent par un élément fricatif (/byː/ [byːʲ] 'village' et /buː/ [buːᵝ] 'habiter').

### 1.2.2 Consonnes

Le suédois compte 18 phonèmes consonantiques : les occlusives /p t k b d g/, les fricatives /f v s ɕ ʂ h j/, les nasales /m n ŋ/ et les liquides /r l/ 🔊.
La consonne /ʂ/ (fricative rétroflexe sourde) ressemble beaucoup au /ʃ/ français, mais il existe plusieurs allophones (voir 1.5). De plus, on trouve le phonème /ɕ/ (fricative alvéopalatale sourde) qui n'a pas d'équivalent en français. En outre, le suédois comporte le phonème /h/.

### 1.3 Allophonie et contraintes phonotactiques

Les voyelles /ø/ et /ɛ/ sont prononcées [œ] et [æ] respectivement quand elles sont suivies par la consonne /r/ (*sjö* [ʂøː] 'lac' vs *skör* [ʂœːr] 'fragile'). Les occlusives /p t k/ sont aspirées en début de mot et devant une voyelle accentuée ([pʰapːa] 'papa'). Les consonnes /t d s l n/ deviennent rétroflexes, [ʈ ɖ ʂ ɭ ɳ] quand elles sont précédées de /r/. Le /r/ disparaît alors (*kort* /kɔrt/ [kɔʈ] 'court').

### 1.4 Aspects prosodiques

#### 1.4.1 Accentuation et rythme

Le suédois a un accent de mot à fonction distinctive qui varie quant à sa position. Ainsi, *formel* /ˈfɔrmɛl/ 'formule' porte l'accent sur la première syllabe, tandis que *formell* /fɔrˈmɛl/ 'formel' porte l'accent sur la syllabe finale 🔊. Le suédois appartient aux langues « stress-timed », ce qui veut dire que les accents tendent à apparaître à intervalles réguliers ; on a un intervalle à peu près stable entre deux accents, indépendamment du nombre de syllabes inaccentuées qui apparaissent. Ceci est possible grâce à la compression des durées syllabiques. Les voyelles inaccentuées sont souvent réduites.

#### 1.4.2 Accent tonal

On trouve deux accents de mot. Dans l'accent 1, le ton est relativement bas au début de la voyelle accentuée, monte au maximum, puis redescend sur la deuxième voyelle, ce qui crée un sommet tonal au milieu du mot (*tomten* /tɔ́mten/ 'le jardin'). Dans l'accent 2, le ton se répartit sur les deux syllabes. La voix monte à un premier maximum au début de la voyelle accentuée, puis descend sur cette voyelle pour ensuite remonter à un deuxième maximum sur la dernière voyelle (*tomten* /tɔ̀mten/ 'le lutin') 🔊. Il existe quelques centaines de paires minimales de ce type.

### 1.4.3 Durée complémentaire

On trouve un système de « durée complémentaire » pour les syllabes accentuées, ce qui veut dire qu'une voyelle longue est suivie d'une consonne brève, et qu'une voyelle brève est suivie d'une consonne longue ou d'un groupe de consonnes (*mat* [mɑːt] 'nourriture' vs *matt* [matː] 'faible') 🔊. Les consonnes longues sont indiquées à l'écrit par le redoublement de la consonne, même si c'est en réalité la durée de la voyelle qui est le plus souvent considérée comme distinctive.

### 1.5 Variation diatopique

Le suédois peut être divisé en sept grandes variétés régionales. Ces variétés diffèrent surtout en ce qui concerne la mélodie, mais on trouve également d'importantes variations quant aux réalisations des phonèmes. Le /r/ se prononce [r] ou [ʐ] dans les variétés du nord et du centre, tandis que les prononciations [ʁ] et [ʀ] dominent dans le sud. Le suédois du sud se caractérise en outre par ses voyelles fortement diphtonguées. La consonne /ʂ/ peut se réaliser [ʂ], [x], [xʷ], [ɧ] ou [ɧʷ] selon la région mais aussi en fonction de facteurs stylistiques et phonotactiques. Le suédois est également parlé en Finlande, où il est langue officielle avec le finnois. Cette variété se caractérise par une mélodie relativement simple, des voyelles non diphtonguées et des occlusives non aspirées.

### 1.6 Système d'écriture

Le suédois utilise l'alphabet latin, enrichi de trois lettres porteuses de diacritiques : <å>, prononcée [o] et [ɔ], <ä>, prononcée [ɛ] et [æ] et <ö>, prononcée [ø] et [œ]. Ces lettres se situent après <z> dans l'alphabet.

## 2. La prononciation des apprenants

### 2.1 Voyelles

#### 2.1.1 Les voyelles absentes du système en L1

Étant donné les différences entre les systèmes vocaliques du suédois et du français, les apprenants peinent souvent à réaliser :

– les voyelles nasales : /ɛ̃/ produit [in] (« informel » [infɔʁmel]) et [ym] (« sympathique » [sympatik] ⓞ) et [ɛn] (« comédien » [kɔmedjɛn]) ; /œ̃/ produit [yn] (« brun » [bʁyn]) ; /ɔ̃/ produit [ɔn] (« monter » [mɔnte]) et [ɔm] (« compliqué » [kɔmplike]) ; /ɑ̃/ produit [an] (« planter » [plante]), [am] (« ambigu » [ambigy]) et [ɛm] (« température » [tɛmpeʁatyʁ]) ;
– les oppositions entre les voyelles nasales /ɑ̃ - ɔ̃/ ; /ɛ̃ - ɑ̃/ ⓞ ;
– les oppositions /ə/ - /e/ - /ɛ/. En suédois, il n'existe pas d'opposition entre ces voyelles en syllabe inaccentuée, toutes trois représentées par la lettre <e>. Ainsi le mot *pojken* 'le garçon' peut se prononcer indifféremment [pɔjken], [pɔjkɛn] ou [pɔjkən]. À noter aussi que le [ə] suédois est moins arrondi et moins distinctement prononcé qu'en français et que ce son n'existe que comme allophone de /e/ ou de /ɛ/ en position inaccentuée. En conséquence, les suédophones ont une tendance très forte à prononcer le /ə/ français de façon insuffisamment distincte ou comme [e] ou [ɛ] (« repartir » prononcé [ʁepaʁtiʁ] ⓞ). Souvent, ce problème se maintient même chez les apprenants très avancés.

## 2.1.2 Les voyelles phonétiquement différentes

Étant donné les différences phonétiques (et allophoniques) entre les systèmes vocaliques des deux langues, les apprenants peinent souvent à réaliser :
– [ɔ] : moins ouvert en suédois qu'en français, ce qui se reflète souvent dans la réalisation des apprenants ;
– [i] et [y] : trop longs et terminés par [j] chez les apprenants (« vie » [viːj] et « vu » [vyːj]).

D'une manière générale, les suédophones ont tendance à réaliser des voyelles trop lâches et trop longues en français.

## 2.2 Consonnes

### 2.2.1 Les consonnes absentes du système en L1

Étant donné les différences des systèmes phonologiques consonantiques, les apprenants peinent souvent à réaliser :
– /z/ : produit [s] ⓞ ;
– /ʒ/ : produit [ʃ] ou [ʂ] ⓞ ;
– la semi-consonne /ɥ/ : produite [w] ⓞ. La semi-consonne /w/ n'existe pas non plus en suédois mais elle est plus familière, notamment en raison de son existence en anglais.

*2.2.2 Les consonnes phonétiquement différentes*

Étant donné les différences phonétiques entre les systèmes consonantiques, les apprenants peinent souvent à réaliser :

– [b d g] : pas assez voisés et par conséquent perçus par les francophones comme /p t k/ (« bain » [b̥ɛ̃], perçu comme « pain ») ;
– [p t k] : prononcés avec aspiration (« pain » prononcé [pʰɛ̃]) ;
– /R/ : absent du suédois central, ce son peut être difficile à réaliser, surtout devant consonne. En suédois, /r/ devant consonne est souvent articulé très faiblement et peut même ne pas être prononcé du tout.

## 2.3 Accentuation

Étant donné les différences accentuelles entre le français et le suédois, les apprenants ont tendance à prononcer plusieurs accents à l'intérieur du groupe prosodique, ce qui donne un rythme saccadé. Non seulement les apprenants mettent trop d'accents en français, mais aussi des accents trop forts.

## 2.4 Intonation

Les apprenants suédophones ont tendance à réaliser une intonation descendante au sein de chaque groupe prosodique, au lieu de réserver cette ligne mélodique au groupe final. Ce problème pourrait s'expliquer par le fait qu'en suédois, les groupes prosodiques non finaux se terminent en général par une chute de la hauteur mélodique et non par une augmentation de hauteur, comme en français.

## 2.5 Le traitement grapho-phonémique

Les correspondances graphèmes-phonèmes sont en général plus complexes en français qu'en suédois. Les débutants s'étonnent du fait que plusieurs lettres correspondent souvent à une seule voyelle (<eau> /o/). Étant donné qu'en suédois, les consonnes finales sont normalement prononcées, les apprenants (surtout les débutants) prononcent souvent de manière erronée les lettres finales (<donner> [dɔnɛʁ]). Comme nous l'avons indiqué ci-dessus, la relation entre la graphie <e> et la prononciation [ə] pose aussi problème, étant donné que <e> se prononce [e] ou [ɛ] en suédois et que [ə] n'existe que comme variante libre de ces deux voyelles en syllabe inaccentuée.

## Références

Bruce, G. (2010). *Vår fonetiska geografi. Om svenskans accenter, melodi och uttal.* Lund : Studentlitteratur.

Conway, Å. (2005). *Le paragraphe oral en français L1, en suédois L1 et en français L2. Étude syntaxique, prosodique et discursive.* Thèse de doctorat, Université de Lund.

Riad, T. (2014). *The Phonology of Swedish.* Oxford : Oxford University Press.

Stridfeldt, M. (2005). *La perception du français oral par des apprenants suédois.* Thèse de doctorat, Université d'Umeå.

Touati, P. (1987). *Structures prosodiques du suédois et du français. Profils temporels et configurations tonales.* Thèse de doctorat. Lund : Lund University Press.

# 32 Les turcophones[1]

## 1. Description du système phonético-phonologique du turc

### 1.1 Situation sociolinguistique : quelle variété de référence ?

La variété considérée aujourd'hui comme standard et décrite ici est celle d'Istanbul. Cette variété est largement employée en contexte officiel et didactique, même si la capitale Ankara exerce une influence politique et sociologique non négligeable à l'échelle nationale.

### 1.2 Inventaire phonémique

L'inventaire ci-dessous est essentiellement destiné à la compréhension des caractéristiques propres au système du turc.

*1.2.1 Voyelles*

Le turc compte 8 voyelles : antérieures /i e œ y/ et postérieures /ɯ a o u/ (🔊). La voyelle /ɯ/ est une voyelle haute, non arrondie (phonétiquement transcrite [ɨ]). La voyelle /e/ possède deux variantes principales[2] : [ɛ] comme dans *elma* [ɛlma] 'pomme' et [e] dans *erken* [erkɛn] 'tôt'. Même si en turc actuel, la différence n'est plus significative contrairement aux autres langues turques telle l'azéri, cette différence demeure dans la paire minimale *el* [ɛl] 'main' vs [el] 'autrui'. Il n'y a pas de variation remarquable pour les autres voyelles, hormis le cas de /a/, qui peut présenter deux variantes : [ɑ] (*zarf* 'enveloppe') et [a] (*harf* 'lettre, alphabet').

*1.2.2 Consonnes*

Le turc contemporain compte 20 consonnes. On trouve 6 occlusives /p t k b d g/, 2 affriquées /tʃ dʒ/, 7 fricatives /f s ʃ h v z ʒ/, une latérale /l/, deux nasales /m n/, et /r j/ (🔊). La consonne /v/ se réalise comme approximante [w] en position intervocalique : *kavun* [kawun] 'melon', mais ailleurs comme [v] dans *vatan* 'patrie' et *ev* 'maison' (🔊). La consonne /r/ possède au moins deux variantes prononcées : outre la battue [ɾ] (pointe de la langue brièvement

---

1. Rédigé par Mehmet Ali Akıncı, Selim Yılmaz et Yuji Kawaguchi.
2. On en mentionne parfois une troisième : [æ] souvent devant /l/, /m/, /n/ et /r/.

frappée contre la partie postérieure des alvéoles), on observe [r] (« r roulé » fréquemment sourd [r̥]) en position finale de mot. Celle-ci, par ailleurs, tombe le plus souvent en finale de mot (*bir* souvent réalisé [bi] 'un'). L'occlusive glottale sourde (« coup de glotte »), tel qu'on trouve généralement dans les mots d'emprunts arabes, ne se maintient que chez les locuteurs seniors : *fiil* [fiʔil] 'verbe'. Il faut aussi mentionner le segment correspondant à la graphie <ğ>, dont le statut phonémique dans le turc contemporain est discuté. Ce segment n'apparaît jamais en position initiale et sa réalisation phonétique est variable : prononcée encore dialectalement [ɣ], elle indique aujourd'hui que la voyelle précédente est longue en position de coda : *dağ* [daː] 'montagne' et *sağda* [saːda] 'à droite'. La même consonne peut disparaître comme dans *ağır* [aɨr] 'lourd', ou devenir [j] comme dans *değil* [dejil] 'ne...pas' (💿).

### 1.3 Allophonie et contraintes phonotactiques

Tous les mots, suffixes ou groupes de suffixes du turc sont soumis à trois lois phonologiques importantes : i) l'harmonie vocalique, ii) l'assimilation consonantique de voisement et iii) l'assourdissement des consonnes en fin de syllabe.

Pour la première, il s'agit de l'assimilation de toute voyelle par la voyelle de la syllabe précédente dans un mot (radical +/- suffixe(s)). Ainsi, dans les mots d'origine turque, on ne trouve pas de voyelles antérieures /i e œ y/ avec des voyelles postérieures /ɨ a o u/ : *kedi* [kɛdi] 'chat' et *ova* [ova] 'plaine'. En plus de la dimension antérieure / postérieure des voyelles, cette règle concerne aussi les caractéristiques arrondie / non-arrondie des voyelles. Par conséquent, les suffixes du turc peuvent avoir deux variantes avec la règle de l'antériorité vs postériorité, comme pour le pluriel {-ler} (*evler*, 'les maisons') ou {-lar} (*oyuncaklar*, 'les jouets' (💿)) ; soit quatre variantes selon la dimension 'arrondissement vs non-arrondissement', comme pour le suffixe de l'accusatif {-İ} : *et-i* 'viande-acc.' et *at-ı* 'cheval-acc.', *süt-ü* 'lait-acc.' et *ot-u* 'herbe-acc.' (💿).

L'assimilation de voisement implique qu'au contact des consonnes sonores ne peuvent se trouver que des consonnes sonores, et réciproquement pour les consonnes sourdes. Ce phénomène est également très important dans le cas de la suffixation. Ainsi, le suffixe du locatif {-d/te} se prononce et s'écrit [d] par exemple dans *ev-de* 'à la maison' et [t] dans *ders-te* 'en cours'.

Pour ce qui est de la troisième règle, elle provoque l'assourdissement automatique des occlusives sonores et de l'affriquée sonore /d͡z/ en fin de syllabe : le /b/ dans *dib-i* 'fond-acc.' devient [p] dans le nominatif *dip*, de même que le /b/ dans le mot d'origine arabe *kitab* 'livre' est prononcé [p] en turc dans *kitap* au nominatif. On a aussi les alternances t~d comme dans *damat* 'gendre' et *damadı* 'gendre-acc.', *ağaç* 'arbre' et *ağacı* 'arbre-acc.' (🎧).

## *1.4 Aspects prosodiques*

### *1.4.1 La syllabe*

Les structures syllabiques majoritairement attestées en turc sont de type CV, CVC, V et VC, avec une préférence pour la première. En de rares cas, on peut aussi rencontrer la forme (C)VCC, si le groupe final de consonnes est bien formé, c'est-à-dire de type sonante + obstruante (*kürk* 'fourrure'), fricative sourde + occlusive (*çift* 'paire') ou /k/ + /s/ (*boks* 'boxe'). Les groupes consonantiques sont exclus en position initiale dans les mots d'origine turque.

### *1.4.2 L'accent*

Le turc est une langue à accent fixe oxytonique en règle générale, qui se trouve sur la syllabe finale du mot (simple ou dérivé). Il peut être considéré comme un accent fixe, indépendant du nombre et de la structure des syllabes. En turc, tout lexème est isolable comme un mot, et au niveau de ce mot, la tendance générale justifiée par les statistiques, est de placer l'accent sur la syllabe finale : *paşá* [paʃa] 'pacha' ; *odá* [ɔda] 'chambre'. Il existe tout de même des cas d'accents caractérisables grammaticalement, qui ne sont pas accentués en finale, mais toujours sur la première syllabe, comme les noms de lieu, les adverbes et les interjections : *Ízmir*, *Páris*, *yárın* [jarɨn] 'demain', *áferin !* [aferin] 'bravo !'. Avec la suffixation, l'accent peut se déplacer vers la dernière syllabe, sauf pour les mots accentués sur la première syllabe, pour lesquels la place de l'accent ne change pas : *adá* 'l'île', *adalár* 'les îles' et *adalará* 'vers les îles' (🎧)

## *1.5 Variation diatopique*

Du fait d'une population rurale encore massive (à peu près 30 % de la population active), les parlers locaux, dialectaux subsistent fortement, et il n'est pas difficile de reconnaître l'accent d'un locuteur en dehors de sa région. Mais la scolarisation et les média tendent à les dissoudre. Un exemple de trait est l'ancienne consonne /ğ/ qui se prononce encore dialectalement [ɣ], mais qui en turc standard indique la longueur de la voyelle précédente en coda : *dağ* [daː] 'montagne'.

## 1.6 Système d'écriture

Au cours de leur histoire, les Turcs ont connu plusieurs écritures. Islamisés vers le XIe siècle, ils ont adopté l'alphabet arabe, mais en 1928 les caractères latins ont été adoptés, une réforme qui paraît avoir été influencée par l'allemand pour les voyelles <ö / ü> (prononcé [œ]/[y]), par le roumain pour <ş / j> (prononcé [ʃ]/[ʒ]) et qui semble avoir innové pour <c / ç> (prononcé [d͡ʒ/t͡ʃ]) ainsi que pour <ı / i> (prononcé [ɨ]/[i]). L'écriture est phonétique, c'est-à-dire que toute lettre est toujours prononcée. Il n'y a ni diphtongues, ni graphèmes complexes, ni lettres muettes. Chaque lettre correspond à un seul son. Les lettres <q w x> n'existent pas en turc, leurs équivalents sont <k v ks> : *kota* 'quota', *vagon* 'wagon', *taksi* 'taxi'.

## 2. La prononciation des apprenants

Nous nous concentrons ici sur les difficultés de production.

### *2.1 Voyelles*

#### *2.1.1 Les voyelles absentes du système en L1*

– réalisation des voyelles nasales /ɛ̃ ɑ̃ ɔ̃/ respectivement comme [ɛ̃ŋ], [ɑ̃ŋ], [ɔ̃ŋ], avec parfois des changements de timbre vocalique : « tante » [tɔ̃:ŋt], « panse » [pɑ̃ŋᵗs], « pan » [pɑ̃ŋ] () ;
– réalisation des oppositions des voyelles moyennes /e - ɛ/ (chacune produite entre [e] et [ɛ] français); /o - ɔ/ (chacune produite entre [o] et [ɔ] français); /ø - œ/ (chacune produite entre [ø] et [œ] français).

#### *2.1.2 Les voyelles phonétiquement différentes*

– réalisation de [e] ou [ɛ] au lieu de [ø] ou [œ] comme dans les mots « dehors » [deɔ:r] et « des genêts » [deʒene] ().

### *2.2 Consonnes*

#### *2.2.1 Les consonnes absentes du système en L1*

– réalisation du /ɲ/ : produit [n] comme dans « compagne » [kɔ̃pain] ou [kɔ̃pajn], [kɔ̃pan] ().

#### *2.2.2 Les consonnes phonétiquement différentes*

– réalisation du /r/ turc au lieu du [χ] ou [ʁ] français. Le /r/ turc se réalise, d'une part comme [ɾ] dans les groupes Obstruante + Liquide tels que

/br tr dr/ (« ça drape » [dʁap], « la branche » [labʁɑ̃ʃ] et « s'attrape » [satʁap] 🔊) et en position initiale (« rat » [ʁa] et « rauque » [ʁok] 🔊), d'autre part comme « r roulé sourd » en position finale : « heure » [œːr̥], « sourd » [suːr̥] et « port » [pɔːr̥] (🔊) ;
– réalisation de [t] au lieu de [d] final, qu'on peut interpréter comme un dévoisement final, tendance générale en turc (*ad* [at] 'nom') : « Ande » [ãnt] et « ballade » [balat] (🔊).

## *2.3 Syllabe*

Comme cela a été expliqué en 1.4.1, la langue turque ne connaît pas de groupes consonantiques en position initiale, sauf pour les mots d'emprunt. Lorsque ces mots sont prononcés, et parfois même lorsqu'ils sont écrits, ces groupes sont brisés à l'aide d'une voyelle épenthétique, comme dans le cas de *tren* prononcé [tiren] pour 'train', *plan* prononcé [pɨlan] ou [pilan] pour 'projet' ou encore *spor* prononcé [sɨpor] pour 'sport'. Une autre façon de traiter les groupes en initiale de mot consiste à ajouter un /i/ devant l'attaque de la syllabe, en particulier devant /sp- st- sk-/. On obtient ainsi *iskelet* [iskelet] pour *squelette*.

## *2.4 Accentuation et intonation*

Les apprenants turcophones utilisent le corrélat acoustique de l'accent en turc (généralement la hauteur réalisée par la fréquence fondamentale $F_0$, mais aussi souvent avec la durée) pour accentuer les énoncés français.

## *2.5 Le traitement grapho-phonémique*

La transparence entre graphie et phonie en turc conduit les apprenants à prononcer toutes les lettres des mots français (« franc » [frãk], « hors » [ɔːʁs]) (🔊).

# Références

Akın, S. & Akıncı, M.-A. (2003). La réforme linguistique turque. *Glottopol* 1 : 76-86.

Demircan, Ö. (1996). *Türkçenin sesdizimi.* Istanbul : Der Yayınları.

Süer, E. (2003). *Çağdaş Türk Dili*. Ankara : Grafiker Yayınları.

Van der Hulst, H. & van de Weijer, J. (1991). Topics in Turkish phonology. In H. Boeschoten & L. Verhoeven (éds), *Turkish Linguistics Today*. Leiden : Brill, 11-59.

Yavuz, H. & Balcı, A. (2011). *Turkish Phonology and Morphology*. Eskişehir : Anadolu Üniversitesi yayını, n° 2290.

# 33 Les vietnamophones[1]

## 1. Description du système phonético-phonologique du vietnamien

*1.1 Situation sociolinguistique : quelle variété de référence ?*

Le vietnamien est parlé par plus de 90 millions d'habitants et par plus de 4 millions de Vietnamiens résidant à l'étranger. Il existe trois variétés régionales principales: le parler du Nord (Hanoi), du Centre (Huê) et du Sud (Hô Chi Minh ville). Si la structure syntaxique de la langue est la même pour ces trois variétés, elles diffèrent essentiellement sur le plan de la prononciation, avec quelques items lexicaux propres à chaque région. La variété de référence est le vietnamien de Hanoi, dit standard avec certains éléments spécifiques provenant de la variété du Sud. Il s'agit de la langue enseignée et utilisée dans les médias nationaux.

*1.2 Inventaire phonémique*

L'unité phonologique fondamentale du vietnamien est la syllabe. Elle est composée d'un ton et d'une structure segmentale (cf. 1.3 et 1.4). Ton et élément tonal (noyau vocalique) sont indispensables. La présence et la réalisation des consonnes dépendent de leur position dans la structure syllabique.

*1.2.1 Voyelles*

Le système vocalique comprend 13 voyelles. Elles sont classées selon le lieu d'articulation (antérieur, médian, postérieur) et le degré d'ouverture (fermée, mi-fermée, mi-ouverte, ouverte). Les voyelles postérieures /u o ɔ/ 🔊 sont arrondies; les voyelles médianes /ɯ ɤ ɤ̆ a ă/ 🔊 ainsi que les antérieures /i e ɛ/ 🔊 sont non-arrondies. Quatre voyelles brèves /ă ɛ̆ ɤ̆ ɔ̆/ 🔊 s'opposent à leur homologue respectif /a ɛ ɤ ɔ/. Il faut rajouter trois diphtongues, une par ordre /iʌ/, /ɯʌ/, /ʌu/ 🔊.

---

1. Rédigé par Xuyến Lê Thị.

*1.2.2 Consonnes*

On reconnaît 23 phonèmes consonantiques ; ils se classent selon six ordres de lieu d'articulation de bilabial à glottal. Les occlusives voisées /b d/ et non-voisées /t tʰ ţ c k/, les fricatives voisées /v z z̦ ɣ/ et non voisées /f s ş x/, les nasales /m n ɲ ŋ/, la latérale /l/ et la fricative glottale /h/. L'occlusive glottale /ʔ/ ne se rencontre qu'à l'initiale et n'a pas de représentation graphique. La réalité du phonème /r/, quelle que soit sa réalisation, reste discutable. Toutes ces consonnes apparaissent à l'initiale 🔊. En finale, il n'y a que six phonèmes possibles qui se réalisent comme des occlusives non relâchées (cf. 1.3). Les glissantes /j/ et /w/ jouent un rôle de consonnes puisqu'elles n'apparaissent qu'en position finale (comme dans <lay> /lă-j/ 'secouer', <lau>/lă-w/ 'essuyer') ou en prétonale pour /w/.

## 1.3 Structure syllabique, allophonie et contraintes phonotactiques

La syllabe est obligatoirement porteuse d'un ton. Toutes les syllabes ont la structure phonotactique /C initiale/ + (Prétonale /w/) + Tonale (/V/ ou /Diphtongue/) + Finale (/C finale/ ou /glissante/) citée plus haut (cf. 1.2). Celle-ci commande les réalisations consonantiques. Les exemples suivants illustrent ces quatre combinaisons possibles : 1) $C_i$+T : <a> [ʔa¹]² 'interjection', <ta> [ta¹] 'nous' ; 2) $C_i$+P+T : <toa> [twa¹] 'wagon' ; 3) $C_i$+T+$C_f$ : <tan> [tan¹] 'dissoudre' ; 4) $C_i$+P+T+$C_f$ : <toan> [twan¹] 'avoir l'intention de' 🔊.

Ainsi, il ne peut pas y avoir de suite VV ; une éventuelle séquence CC implique qu'il y a une frontière syllabique entre les deux consonnes dont la première est réalisée en finale de syllabe et la seconde en attaque de la syllabe suivante. Il faut insister sur le fait que les syllabes se réalisent toujours pleinement, c'est-à-dire qu'il n'y pas de resyllabation. En position finale, la distribution des consonnes est très réduite. On n'y trouve que les occlusives non voisées non relâchées [p̚ t̚ c̚ k̚] et les nasales implosives [m̚ n̚ ɲ̚ ŋ̚] 🔊. Le phonème occlusif bilabial apparaît sous forme voisée [b] à l'initiale et sous forme non voisée non relâchée [p̚] à la finale.

## 1.4 Aspects prosodiques

*1.4.1 Tons*

Les tons ont une fonction distinctive et ils sont au nombre de six en vietnamien standard : 1) égal (*ngang*), 2) descendant (*huyền*), 3) montant

---

2. Les chiffres en exposant dénotent les tons (voir 1.4.1)

(*sắc*), 4) descendant montant (*hỏi*), 5) montant glottalisé (*ngã*) et 6) tombant glottalisé (*nặng*), souvent numérotés t¹, t², t³, t⁴, t⁵, t⁶ : <ma> [ma¹] 'fantôme', <mà> [ma²] 'pronom relatif', <má> [ma³] 'maman', <mả> [ma⁴] 'tombe', <mã> [ma⁵] 'code' ou 'cheval', <mạ> [ma⁶] 'paddy' ⓢ. On peut les regrouper selon leur registre (haut ou bas) et selon leur mode de réalisation, plats ou non-plats et glottalisés ou non. Dans le Sud, les tons 4 et 5 sont confondus au profit de 4.

*1.4.2 Accentuation et rythme*

En vietnamien, la structuration syntaxique de l'énoncé se fait essentiellement grâce à l'accentuation et au rythme. Une proéminence due à la durée en fin de syntagme ou une syllabe accentuée au début d'un énoncé sont les cas les plus fréquents. L'allongement de la durée syllabique des démonstratifs placés en fin de syntagme relève de l'accentuation. En fait, les tons ne se réalisent pleinement que sur les syllabes accentuées qui ont une durée plus longue et une intensité plus forte.

*1.4.3 Intonation*

En raison du système tonal et grâce à sa richesse morphosyntaxique, le vietnamien emploie les variations mélodiques essentiellement pour l'expression des attitudes et des émotions. Les variations globales de mélodie par rapport à la simple séquence de tons réalisés peuvent contribuer à la structuration de l'énoncé. On ne peut pas en vietnamien indiquer une question totale rien qu'avec l'intonation comme en français. Il y a toujours un morphème interrogatif. Par exemple : *Anh có đi Việt Nam không?* (vous-oui-aller-Vietnam-non : 'Allez-vous au Vietnam ?') ⓢ. Ce sont des morphèmes (*có…..không*) qui nous indiquent que c'est une interrogation totale à laquelle on répond par *có* [kɔ³] 'oui' ou par *không* [xoŋ¹] 'non'.

*1.5 Variation diatopique*

Dans le parler du Nord, les groupes vocaliques écrits tels que <ưu> et <ươu> sont prononcés plus souvent [ʔiw] et [ʔiʌw] que [ʔɯw], [ʔɯʌw] ; /d z̡ r/ se réalisent [z], la rétroflexe /ʈ/ est réalisée comme la dentale [t]. La dentale-nasale /n/ est réalisée comme la latérale [l] et inversement. Le Hanoïen comporte trois consonnes de moins parce qu'il confond la rétroflexe /ʈ/ avec la palatale /c/, la post-alvéolaire /z̡/ avec l'alvéolaire /z/, l'alvéolaire /s/ avec la post-alvéolaire /ʂ/.

Dans le parler du Sud, il y a une tendance à la palatalisation : ainsi, /v r/ deviennent [j]. /h/ labialisé dans /hw/ est généralement réalisé [w]. /t/ final

213

est réalisé [k]. Les diphtongues /i͡ʌ ɯ͡ʌ ʌ͡u/ sont respectivement prononcées comme des voyelles simples <i ɯ u> quand elles se trouvent devant les finales /p m/ ou /j w/ : <iêp iêm ướp ươm uôm> sont prononcés [ip³], [im¹], [ɯp³], [ɯm¹], [um¹].

### 1.6 Système d'écriture

Le vietnamien est la seule langue d'Asie du Sud-Est à avoir une écriture alphabétique romanisée. L'alphabet vietnamien (*chữ quốc ngữ* : *chữ* = lettre, *quốc* = nation, *ngữ* = langue) comprend 29 caractères latins avec des diacritiques : <a ă â b c d đ e ê g h i k l m n o ô ơ p q r s t u ư v x y>. On notera l'absence de <f j w z>.

Certaines de ces lettres se combinent pour former 10 digraphes et 1 trigraphe : <ch> /c/, <gh> /ɣ/, <gi> /z/, <kh> /x/, <ng> /ŋ/, <ngh> /ŋ/, <nh> /ɲ/, <ph> /f/, <qu> /k/, <th> /tʰ/, <tr> /ʈ/. Cette écriture alphabétique permet également de noter les six tons grâce à des diacritiques : le ton 1 n'a pas de signe, le ton 2 est représenté par l'accent grave, le ton 3 par l'accent aigu, le ton 4 par le point d'interrogation suscrit, le ton 5 par le circonflexe grec et le ton 6 par le point souscrit : <ma, mà, má, mả, mã, mạ>.

Par rapport à l'alphabet français, il y a certaines particularités : <đ> correspond à [d] alors que <d> se prononce [z]; par ailleurs <ư> et <ơ> se prononcent [ɯ] et [ɤ]. L'accent circonflexe permet de distinguer deux séries de sons : <a, e, o> se prononcent [a, ɛ, ɔ] et <â, ê, ô> se prononcent [ɤ̆, e, o]. Seule la lettre <a> peut avoir un accent 'demi-lune' [ă] pour indiquer que le son est bref.

## 2. La prononciation des apprenants

### 2.1 Voyelles

#### 2.1.1 Les voyelles absentes du système en L1

/ã/, /ɔ̃/ et /ɛ̃/ sont soit dénasalisés, soit dénasalisés avec ajout de [ŋ] comme dans « bonbon » [bɔŋbɔŋ] ⓐ. /y/ est généralement réalisé [u] (« sucre » [sukʁ]) ou [ɥi] (« tu » [tɥi]) , « plus » [plɥi] ⓐ ; [ø] et [œ] sont généralement assimilés au [ɤ] du vietnamien (« bleu » [blɤ] pour [blø], « beurre » [bɤʁ] pour [bœʁ] ⓐ).

#### 2.1.2 Les voyelles phonétiquement différentes

En vietnamien, le coup de glotte [ʔ] initial se réalise en fait par une attaque dure de l'élément vocalique. Cette habitude articulatoire se conserve et persiste chez les apprenants vietnamiens qui prononcent un mot français commençant par une voyelle. Ainsi, « Elle a eu un huit » [ɛlayẽwit] deviendra [ɛlaʔyʔœ̃ʔwy] ⊚.

## *2.2 Consonnes*

### *2.2.1 Les consonnes absentes du système en L1*

– /g/ : produit comme [ɣ] ou [ʁ], (« gâteau » [ɣato], « gagner » [ʁaɲe]) ⊚ ;
– /ʃ/ : réalisé [s] ou [ʂ] (« chassant » [sasã], « champagne » [ʂãpaɲ]) ⊚ ;
– /ʒ/ : réalisé [z] ou [ʐ], (« gentilles » [zɑ̃tij] ou [ʐɑ̃tin]) ⊚.

Ces réalisations peuvent être sources de confusion sémantique comme dans la prononciation des mots français « gâteau / râteau» [ʁato], « chaud / sot » [so], « les gens / les ans » [lezɑ̃].

### *2.2.2 Les consonnes phonétiquement différentes*

Toutes les consonnes françaises se réalisent avec une explosion même en finale. Le vietnamien n'ayant que trois occlusives finales réalisées sans explosion, on comprend pourquoi les apprenants vietnamophones ne prononcent pas la consonne finale ou bien la font suivre d'un schwa phonétique [ə]. Les fautes les plus connues sont la chute des consonnes finales ([dɛsɛ] pour [dɛsɛʁ] « dessert »), des substitutions comme [kanip] pour [kanif] « canif » ⊚ ; /p/ se réalise [b] : « pas » [ba], « peuple » [bɤ̆blə], « pomme » [bom] ⊚ ; /ɥ/ se prononce [w] : [tek.twɛn] pour [tɛkstɥɛl] « textuel ».

## *2.3 Syllabe*

Les syllabes en vietnamien restent détachées les unes des autres ; les vietnamophones ne sont donc pas habitués aux enchaînements ni aux liaisons comme en français. Ils vont détacher chaque syllabe et donneront l'impression d'une parole saccadée. Par ailleurs, les séquences de consonnes posent de sérieux problèmes ; il y aura tendance à insérer une voyelle épenthétique : [pəʁi] pour [pʁi] « prix », [kəʁɛ] pour [kʁɛ] « craie » ⊚, [sitilo] pour [stilo] « stylo ». Il peut aussi y avoir chute de consonnes (« crème » [kɛm] ou [ka.rɛm].

## *2.4 Accentuation et intonation*

L'apprenant ne pourra au début de l'apprentissage s'habituer aux mouvements mélodiques montants ou descendants indiquant la structure syntaxique de l'énoncé. Les phrases seront recto-tono avec parfois une descente sur la syllabe finale pour les phrases déclaratives et une montée pour les phrases interrogatives, quelle que soit la forme morpho-syntaxique de ces dernières 🔊.

### 2.5 Le traitement grapho-phonémique

La plupart des lettres du français ne se prononcent pas de la même manière que leur équivalent en vietnamien, ce qui est source de difficultés. Il en est ainsi par exemple pour la réalisation de la lettre <u> qui se prononce [u] ou [w] en vietnamien : tu [tu] ou [twi]. La graphie des voyelles nasales du français [ɛ̃], [ã], [ɔ̃], qui se fait par des digraphes <in>, <an>, <on> provoquera la réalisation par les vietnamophones de séquences [V palatale + ɲ] ou [V vélaire + ŋ] : « jardin » [zak³deɲ] 🔊, bonbon [boŋboŋ]. La lettre <g> sera réalisée [ɣ] ou [z] selon l'environnement vocalique comme dans « garage » [ɣaʁazɤ] / [ɣaʁa] ou « voyager » [vwaaze]. Les suites de graphèmes telles que <tr> ou <ill> posent bien évidemment des problèmes comme le montre l'exemple suivant : « travailler » [tavae] ou [tɤravae].

## Références

Cao, X. H. (1998). *Tiếng Việt, mấy vấn đề ngữ âm, ngữ pháp, ngữ nghĩa* [Le vietnamien, quelques problèmes phonétiques, grammaticaux, sémantiques]. Hanoi: Nhà xuất bản Giáo dục [Éditions de l'Éducation].

Đoan, T. T. (1997). *Ngữ âm tiếng Việt* [Phonétique vietnamienne]. Hanoi : Nhà xuất bản Đại Học và Trung Học Chuyên Nghiệp [Éditions de l'Université et Lycée Professionnel].

Gsell, R. (1980). Remarque sur la structure de l'espace tonal en vietnamien du Sud (Parler de Saigon). *Cahier d'études vietnamiennes* 4 : 1-26.

Lê Thị, X. (2003). Système phonologique en vietnamien standard. *Cahiers d'études vietnamiennes* 16 : 23-35.

Lê, V. L. (1948). *Le parler vietnamien*. Paris : Hương Anh.

**D.** ENSEIGNEMENT DE LA PRONONCIATION ET CORRECTION PHONÉTIQUE

# 34 L'enseignement de la prononciation : petit historique[1]

## 1. Avant la phonétique, la voix du maître

L'Avant-propos de la 1ère édition du *Dictionnaire de l'Académie* (1694) énonce le principe qui constituera pendant des siècles la base de l'apprentissage de la prononciation du français langue étrangère :

> Quiconque veut sçavoir la veritable Prononciation d'une Langue qui luy est estrangere, doit l'apprendre dans le commerce des naturels du pays ; Toute autre methode est trompeuse, & pretendre donner à quelqu'un l'Idée d'un son qu'il n'a jamais entendu, c'est vouloir donner à un aveugle l'Idée des couleurs qu'il n'a jamais veuës. […] c'est de la Vive Voix seule qu'on peut attendre une parfaite connoissance de la Prononciation des Langues vivantes […].

L'imitation reste la clé de voûte de l'apprentissage formel et informel de la prononciation grâce aux maîtres de langue (souvent francophones), mais aussi aux gouvernantes et aux voyages qui engendrent une sorte d'immersion avant la lettre. Parallèlement, dans les écoles de sourds, des pratiques proto-scientifiques se mettent en place sur la base des expériences des enseignants. Les organes phonatoires sont l'objet d'une exploration/visualisation manuelle/sensorielle : le toucher, la vue sont largement mis à contribution.

## 2. La naissance d'un domaine scientifique : la phonétique

Passy et les phonéticiens classiques (Sweet, Jespersen, Viëtor, Lundell) sont à l'origine de l' « avalanche phonétique » qui traverse toute l'Europe dès le dernier quart du XIXe siècle : mise en berne de la méthode d'enseignement traditionnelle dite « grammaire/traduction » ; priorité à la langue parlée de tous les jours ; refus de la transcription figurée remplacée par la transcription phonétique « scientifique » en alphabet phonétique international (API) ; insuffisance de l'imitation renforcée par un entraînement spécifique ; renvoi de la traduction et de l'étude littéraire aux stades les plus avancés de l'apprentissage. Cette période est marquée par la

---
1. Rédigé par Enrica Galazzi.

fascination de la découverte des ondes sonores et par le bouillonnement des initiatives autour des sons (analyse, reproduction, stockage). La primauté revendiquée de la parole ordinaire donne une visibilité inédite à l'oralité et amène la sacralisation du natif qui représente, à partir de ce moment-là, le véritable étalon auquel l'apprenant doit se conformer.

Au plan des applications didactiques, les approches organo-génétique et phonotechnique se croisent sans trop dialoguer. La première, à l'origine de la méthode articulatoire de correction phonétique, tire profit des savoirs accumulés dans le domaine de la physiologie du son (surtout en Allemagne) ; elle se traduit par des descriptions détaillées (parfois chiffrées !) des organes pendant la phonation et par des exercices de gymnastique articulatoire ciblés. Dans la deuxième, on reconnaît les initiatives tâtonnantes de la phonétique expérimentale naissante (Rousselot et Laclotte, Zünd-Burguet) : recours à des outils de mise en place des organes de la parole rudimentaires ou sophistiqués (les guide-langue), contrôle articulatoire et/ou auditif par des machines (par exemple des moulages des cavités, le palais artificiel, les olives nasales, les explorateurs des organes, le phonographe...).

## 3. La phonologie

Le souci de précision mathématique, la recherche de la preuve expérimentale cachaient aux yeux des phonéticiens la perspective fonctionnelle. Dans le cumul de détails organo-génétiques, essentiel et accessoire se côtoyaient sans aucun principe organisateur permettant de les hiérarchiser. La phonologie y mettra de l'ordre en reconnaissant la centralité de la fonction. L'entraînement à la maîtrise des oppositions phonologiques est placé au centre de l'apprentissage de la prononciation suivant une progression rigoureuse ajustant l'oreille avant de mobiliser les organes. Des batteries d'exercices structuraux composés de séries de paires minimales (ou de phrases isolées) sont proposées à l'écoute et au travail systématique de répétition et de transformation, souvent au Laboratoire de langue qui est en plein essor : reconnaissance, identification, répétition, re-production, fixation du phonème cible. Faisant abstraction de la couche phonétique, ces exercices ciblent la fonction distinctive des phonèmes. Léon, Companys[2],

---

2. Un modèle du genre, dû à E. Companys, se trouve dans : Capelle, J., Capelle, G., Raynaud, J. & Companys, E. (1972). *La France en direct*. Paris : Hachette. Fichier d'utilisation : Enseignement de la phonétique, 171-286.

Delattre ont ainsi été des défricheurs hardis : leur travail reste aujourd'hui encore une référence sûre et incontournable. Un travail analogue de discrimination des intonèmes a par ailleurs été proposé par Delattre (basé sur son étude des 'dix intonations de base du français'), un pionnier dans le domaine de l'enseignement de l'intonation longtemps négligé. Toutefois, le côté mécaniciste et démotivant de l'approche strictement structurale allait être dénoncé et dépassé dans l'étape suivante.

## 4. La Méthode Verbo-Tonale (MVT)

Fortement ancrée dans les conceptions théoriques de Petar Guberina sur la linguistique de la parole, la MVT est, au début des années 60, une approche globale innovante, faisant la synthèse des acquis antérieurs et tirant profit de l'apport de la pathologie de l'audition ainsi que des progrès spectaculaires accomplis, après 1950, en phonétique (tout particulièrement acoustique) et en (neuro-)psycholinguistique. Ses principes fondateurs sont les suivants : priorité à la prosodie (intonation, rythme) ; restructuration de l'audition en définissant des bandes d'intelligibilité optimales pour chaque son (les « optimales », une découverte majeure) ; prise en compte de l'acte de communication dans sa globalité, y compris les composantes non verbales (psychologique, sociale, kinésique) ; créativité.

Les pratiques qui en découlent prévoient la recherche des optimales à l'aide de l'appareil SUVAG; le recours aux contextes facilitants (segmentaux et prosodiques) ; la prononciation nuancée ; la prise en compte de la phonétique combinatoire ; la mise en place de situations affectives motivantes ; la participation corporelle (la sollicitation du corps est l'une des originalités de la MVT)[4]. La MVT reste ainsi aujourd'hui un instrument de travail phonétique efficace offert aux enseignants, ne nécessitant d'autres outils qu'une formation adéquate. Ses principes ont par ailleurs été repris, sous diverses formes, dans de nombreux ouvrages pédagogiques, sans toujours s'en réclamer.

---

3. La MVT est associée à la problématique Structuro-Globale Audio-Visuelle (SGAV), principalement élaborée au sein de l'ENS de Saint-Cloud (cf. les méthodes *Voix et Images de France* (1960) et *De Vive Voix* (1972)).

4. Consulter le site Internet consacré à la formation en MVT élaboré à l'Université de Toulouse II sous la direction de M. Billières (01.07.2016) : http://w3.uohprod.univ-tlse2.fr/UOH-PHONÉTIQUE-FLE/.

## 5. Réflexions conclusives : la tradition comme énergie

La tradition n'est pas un héritage passif : elle doit produire des effets. L'évolution des sciences du langage et de la parole, le changement des paradigmes dans la recherche théorique ont influencé les applications, notamment dans le domaine de l'apprentissage de la prononciation d'une langue étrangère. Même si on a l'impression que toute nouvelle approche efface ce qui a précédé, il n'en est rien et chaque nouvelle approche ne peut exister que par le travail de ceux qui l'ont précédée. On remarque également que réflexion théorique et applications pratiques se sont toujours nourries l'une l'autre.

Certes, beaucoup d'« illusions » pédagogiques (mimico-articulatoires entre autres) ont dû être revues à la lumière des progrès des sciences de la parole, de la psychologie et des neurosciences. L'audition a occupé très tôt la place centrale qui lui revenait dans la perception/production de la parole, avant que les avancées technologiques de l'après-guerre ne réaménagent le champ disciplinaire fortement marqué par l'apport des ingénieurs. Le dialogue Homme-machine illustre fort bien le lien entre les sciences et leur environnement et devient un défi majeur pour la société contemporaine de plus en plus robotisée.

Ainsi la gamme des voix que l'apprenant étranger doit comprendre s'enrichit de nouvelles voix synthétiques qui occupent de plus en plus l'espace social et professionnel redéfinissant le paysage sonore du français. L'entraînement à l'écoute et à la compréhension de la variation devient alors l'un des enjeux majeurs de la recherche contemporaine.

## Références

Billières, M. (2002). Le corps en phonétique corrective. In R. Renard (éd.), *Apprentissage d'une langue étrangère/seconde. Vol. 2 La phonétique verbo-tonale*. Bruxelles : De Boeck, 37-70.

Companys, E. (1976). *L'enseignement de la prononciation. Principes, méthodes et techniques*. Besançon : Institut de Linguistique Appliquée et Didactique des langues : Besançon.

Galazzi, E. (2002). *Le son à l'école. Phonétique et enseignement des langues en France à la fin du XIX$^e$ et au début du XX$^e$ siècles*. Brescia : La Scuola.

Guimbretière, E. (1994). *Phonétique et enseignement de l'oral*. Paris : Didier/Hatier.

Léon, P. (1962). *Laboratoire de langues et correction phonétique*. Paris : Didier.

# 35 La correction phonétique : le rôle de la formation[1]

## 1. Introduction

Quand un professeur se heurte à la tâche d'enseigner la prononciation d'une langue étrangère dans le cadre d'un cours monographique exclusivement consacré à cette question ou d'un cours général de langue, quel que soit le niveau, des questions élémentaires se font jour aussitôt. Malheureusement, les réponses ne sont pas toujours faciles. Voici précisément deux des questions récurrentes :

> 1. Le rôle de la perception dans l'acquisition d'un nouveau système phonique est-il important ? Autrement dit, convient-il que les élèves se mettent d'emblée à parler ou vaut-il mieux qu'ils se contentent dans un premier temps d'écouter?
> 2. Doit-on mettre en œuvre une perspective dite « de haut en bas » ou « de bas en haut » ? En d'autres termes, que faut-il enseigner en premier, les segments isolés ou les éléments suprasegmentaux, à savoir l'intonation, le rythme, etc. ?

Ce ne sont que deux exemples. Mais les enseignants doutent souvent des réponses à apporter à ces questions et à d'autres similaires. Si le doute en lui-même est salutaire, il n'en demeure pas moins qu'il trahit bien souvent un manque de formation de l'enseignant, que l'on ne peut lui imputer, car la faute en incombe à un système de formation très généralisé qui met en avant la maîtrise de méthodes au détriment de la maîtrise des connaissances théoriques qui devraient se transmettre via un format méthodologique.

Certes, l'on trouve, dans les programmes de spécialisation pour professeurs de langues étrangères de maints pays européens, des matières consacrées à l'exploitation de certaines ressources didactiques en classe de L2 (comme, par exemple, la littérature dans la classe de prononciation, les nouvelles technologies et la prononciation, la perspective interculturelle et l'enseignement de la phonétique, etc.). Mais il est fort peu probable de trouver des matières portant sur des contenus fondamentaux qu'il faut transmettre

---
1. Rédigé par Juana Gil Fernández.

aux élèves (tels que l'analyse contrastive de l'intonation, l'étude détaillée de l'accentuation et le rythme en L2 et les processus phoniques associés, la connaissance des variantes dialectales par zones géographiques de la L2, etc.) ou des matières qui rendent compte des progrès de la recherche fondamentale dans le domaine de l'acquisition et qui renseignent sur la façon de les mettre en rapport avec les stratégies didactiques recommandables (qui abordent, par exemple, les explications sur les effets de l'âge dans l'acquisition phonologique et son traitement en classe ou les facteurs psycholinguistiques communs à l'acquisition de la L1 et de la L2, etc.).

## 2. Formation indispensable : le rôle de la perception dans l'acquisition

Considérons, pour commencer, la première question mentionnée ci-dessus relative à l'importance de la perception, qui se traduit, dans la pratique, par l'opportunité de réaliser des exercices de perception, tout en laissant aux élèves un certain temps d'écoute avant de les autoriser à s'exprimer en L2. Si le but d'un cours de langue est d'apprendre aux élèves à communiquer et à se débrouiller dans la langue étrangère – objectif clairement établi par nombre de méthodes de langue –, la solution la plus appropriée consisterait à encourager l'élève à s'exprimer le plus tôt possible dans la L2, sans passer par la phase de sensibilisation aux propriétés phoniques de la nouvelle langue par le truchement d'une écoute silencieuse préalable et d'autres activités de perception. Toutefois, le professeur de phonétique de L2 ne devrait pas avoir pour objectif *prioritaire* l'interaction communicative, soit la *fonction*, mais bien la *forme,* soit la prononciation. Il ne s'agit pas seulement d'apprendre à parler et à communiquer, mais aussi d'atteindre un objectif d'élocution et de compréhensibilité comparable à celui d'un locuteur expert, pour ne pas dire natif. Aussi les stratégies à l'œuvre pour atteindre le premier objectif s'avèrent-elles moins pertinentes pour atteindre le second. Si le professeur est conscient de ce fait et s'il sait, à la faveur de la riche bibliographie en la matière, que, dans le processus d'apprentissage d'une langue étrangère par les adultes, la perception détermine et conditionne dans une large mesure l'acquisition du nouveau système phonologique et, partant, la production, alors il pourra répondre facilement à la question posée ci-dessus : il est impératif que l'apprenant passe par la phase de sensibilisation et d'écoute et qu'il suive un entraînement soutenu à la perception.

Un professeur dûment formé et au fait des derniers progrès de la recherche fondamentale sur la perception des sons de la L2 doit savoir que tout porte à croire que les capacités auditives fondamentales des êtres humains sont les mêmes et qu'elles perdurent probablement au long des années, mais que les règles de sélection, d'interprétation, d'évaluation et d'intégration des paramètres ne sont pas les mêmes dans toutes les langues ; pour ainsi dire, elles sont « grammaticales ». On apprend celles de la L1 pendant l'enfance et elles deviennent des routines automatiques qui requièrent très peu d'effort cognitif et qui opèrent même si les conditions d'audition ne sont pas les meilleures. Ces routines perceptives sont souvent responsables de l'attribution d'une valeur décisive à certains indices acoustiques qui ne sont pas les bons dans la langue seconde, même après un très long contact avec celle-ci. La perception de la parole devient automatique au cours de l'acquisition de la langue maternelle ; apprendre une deuxième langue signifie, par conséquent, réapprendre à fixer son attention sur des détails phonétiques, qui peuvent, en plus, ne pas coïncider avec ceux de la L1. Il est, donc, fondamental que ces nouvelles routines d'écoute soient enseignées aux apprenants.

Si l'on connaît depuis longtemps les difficultés rencontrées par l'apprenant de français lorsqu'il écoute la chaîne parlée et qu'il tâche d'établir les limites entre les mots, en raison notamment des phénomènes de liaison et d'enchaînement, qui peuvent semer le doute, comme dans le cas de « un air » et « un nerf », des études récentes démontrent que les auditeurs sont attentifs à des indices acoustiques tels que la variation de la durée de la liaison et des consonnes initiales pour lever tout doute et accéder aux représentations mentales correctes. En outre, elles montrent, et c'est l'aspect fondamental, que ces routines perceptives qui s'appuient sur des traits de détail phonétique, comme la durée dans ce cas, peuvent être apprises par des apprenants non natifs qui arrivent à développer une sensibilité semblable à celle des francophones eu égard à ces éléments non contrastifs de la L2, et que les apprenants parviennent à utiliser cette information dans le traitement de la langue seconde. Il convient donc d'orienter l'entraînement perceptif de l'élève vers ces nouvelles routines qui, bien que très importantes, ne sont pas évidentes.

## 3. Formation indispensable : l'articulation entre segmental et suprasegmental

Prenons la deuxième question posée au début de ce chapitre, concernant l'ordre relatif de présentation des aspects suprasegmentaux et segmentaux de la L2. Ce n'est qu'avec l'appui d'une solide formation, au fait des recherches récentes dans le domaine, que le professeur pourra y répondre avec aise. En effet, le professeur doit savoir que certaines facettes de la prononciation doivent être considérées comme prioritaires parce que toutes les autres dépendent d'elles : l'on ne peut oublier que le contexte exerce une grande influence sur la réalisation (et l'interprétation) d'un grand nombre d'éléments phoniques, en raison du phénomène de la coarticulation. Il s'ensuit que l'enseignement de sons ou de mots isolés ou décontextualisés n'est pas un processus en accord avec la réalité des interactions communicatives. De nombreux auteurs, dont les verbo-tonalistes, ont ainsi souligné l'intérêt d'inverser l'agencement des niveaux dans le domaine de la phonétique corrective

L'objectif principal de l'enseignement de la phonétique de la L2 n'est plus, par conséquent, et ce, depuis un certain temps, d'atteindre la précision articulatoire au niveau segmental, celui de la production des sons, parce qu'elle ne garantit ni l'intelligibilité de la parole ni la qualité finale des émissions (bien que cette précision soit, à vrai dire, souhaitable). L'information segmentale du signal acoustique a une portée et une fiabilité très limitées. Aussi est-il conseillé d'attirer l'attention de l'élève sur des fragments de parole beaucoup plus larges, dans lesquels l'information non-segmentale apportée par la qualité de la voix, du rythme, de l'intonation et des phénomènes coarticulatoires joue un rôle important. Tout ceci constitue, est-il besoin de le rappeler, une somme de connaissances indispensable à l'enseignant.

## 4. Conclusion

Nous pourrions mentionner bien d'autres questions pour la résolution desquelles l'enseignant doit avoir une excellente formation. Si l'on accepte l'idée que l'on ne peut enseigner la prononciation en L2 si l'on ne maîtrise pas les multiples mécanismes qui la sous-tendent, il faut, c'est indubitable, modifier beaucoup d'aspects dans la préparation des futurs professeurs de langues. En ce sens, les gestionnaires de la politique universitaire pourraient contribuer de manière décisive à améliorer le niveau des enseignants et, en même temps, à jeter un pont entre la recherche et la pratique à travers quelques menus changements : premièrement, ne pas entamer la préparation « pratique » des futurs professeurs sans évaluer auparavant leur préparation théorique ; deuxièmement, encourager la recherche et pas seulement la mise au point de méthodes ; troisièmement, instituer des forums où les chercheurs et les enseignants pourraient échanger régulièrement leurs expériences. Tout cela contribuerait au fait que l'enseignement de la prononciation ne soit plus le « parent pauvre » de la didactique des langues étrangères.

## Références

Best, C. & Tyler, M. (2007). Nonnative and second-language speech perception: Commonalities and complementarities. In O. S. Bohn, & M. Munro (éds), *Language Experience in Second Language Speech Learning. In Honor of James Emil Flege.* Amsterdam/Philadelphie : John Benjamins, 13-34.

Gil, J. (2012). Le rapport entre la théorie et la pratique dans l'enseignement des langues étrangères. *Revue française de linguistique appliquée* 17(1) : 67-80.

Pennington, M. C. & Richards, J. C. (1986). Pronunciation revisited. *TESOL Quarterly* 20 : 207-225.

Shoemaker, E. M. (2010). The exploitation of fine phonetic detail in the processing of L2 French. In B. VanPatten & J. Jegerski (éds), *Research in Second Language Processing and Parsing.* Amsterdam/Philadelphie : John Benjamins, 259-279.

Strange, W. (2011). Automatic selective perception (ASP) of first and second language speech: A working model. *Journal of Phonetics* 39(4) : 456-466.

# 36 Enseignement de la prononciation et correction phonétique : principes essentiels[1]

## 1. Introduction

Ce chapitre ne vise pas à offrir une typologie d'exercices ou un panorama complet et détaillé des différentes techniques et outils accessibles aux enseignants de français pour la correction phonétique : il faudrait pour cela un ouvrage entier, et le lecteur pourra à cette fin consulter les références fournies en fin de chapitre[2]. Il présente en revanche les notions et les axes d'approche que les enseignants doivent maîtriser s'ils souhaitent pouvoir aider leurs apprenants à disposer d'une « bonne » prononciation en français. Comme il est communément admis, en didactique contemporaine, que l'on ne peut enseigner de manière optimale que si l'on s'intéresse préalablement aux mécanismes d'apprentissage, nous encourageons le lecteur à consulter le chapitre 14 du présent volume avant de lire celui-ci : il lui permettra de mieux saisir les fondements linguistiques et psycholinguistiques justifiant les positions et les propositions didactiques qui y sont exprimées.

## 2. Enseignement de la prononciation ou correction phonétique ?

À moins qu'un cours dédié, usant de matériel spécifique, n'y soit pleinement consacré, l'enseignement de la prononciation se voit bien souvent marginalisé dans les programmes de français « généralistes » : brève présentation d'un inventaire phonémique, suivi de la présentation de l'alphabet, puis répartition de quelques exercices dans des sections de « phonétique » dans les différentes leçons (voyelles nasales, liaison, /R/, etc.). Une telle organisation, si elle a le mérite de ne pas totalement ignorer la dimension phonique, est toutefois problématique, victime d'un double mouvement : d'un côté le mouvement « communicatif » qui a initialement privilégié la compréhensibilité au détriment de la précision (tant phonétique que grammaticale, les deux étant parfois liées) ; d'un

---

1. Rédigé par Sylvain Detey.
2. Consulter également l'incontournable bibliographie de J. Listerri : http://liceu.uab.es/~joaquim/

autre la restriction des activités de prononciation au champ phonétique, qui a eu tendance à effacer le lien fondamental entre apprentissage du système phonético-phonologique, du lexique, de la grammaire et de la compétence communicative (notamment dans sa dimension pragmatique) en langue étrangère (L2). Cette situation ne rend justice ni au rôle essentiel qu'a joué historiquement l'évolution scientifique de la phonologie et de la phonétique pour la didactique des langues (voir ch. 34), ni à celui de l'oral, dans sa substance même, dans l'enseignement/apprentissage d'une L2. Il convient donc de clarifier certains points :

**1.** *L'enseignement de la prononciation n'est pas « l'enseignement de la phonétique »*, qui est une discipline académique dédiée à l'étude scientifique de la parole (confusion comparable à celle entre enseignement de la langue et de la grammaire). En revanche, la phonétique et la phonologie fournissent aux enseignants des outils, conceptuels et techniques, pouvant leur permettre de comprendre les origines et la nature des difficultés des apprenants, afin de faciliter leur démarche pédagogique (voir ch. 35 et 39).

**2.** *L'enseignement de la prononciation ne se limite pas à la « phonétique corrective »*, qui, dans une lecture élémentaire, ne concernerait que la correction de la production phonique (soit dans une démarche de type « diagnostic-remédiation », dont le point de départ est la production de l'apprenant). Il ne s'agit en effet pas seulement d'être capable de « prononcer » (souvent interprété comme « articuler ») correctement des unités sonores, mais bien d'apprendre un système phonologique en lien avec la morphologie (par exemple alternances de type « plein » [plɛ̃] vs « pleine » [plɛn]), ses réalisations phonétiques et ses correspondances graphémiques notamment. La correction phonétique n'est donc que l'une des composantes de l'enseignement de la prononciation.

**3.** *L'enseignement de la prononciation ne se réduit pas à celui de la « production »* des sons, mais concerne tout autant, sinon davantage, celui de la « perception » (segmentation, identification, catégorisation) de la parole : non seulement parce qu'une bonne reproduction présuppose (en général) une bonne perception, mais aussi parce que le travail conduit avec les apprenants vise précisément à leur permettre de développer les deux versants de la compétence linguistique.

**4.** *L'enseignement de la prononciation n'est pas séparé de celui du lexique ou de la grammaire,* il en est au contraire à la base : apprendre l'unité lexicale « blond », c'est notamment apprendre que ce n'est pas l'unité « blanc », et ainsi apprendre un système d'opposition entre /ɔ̃/ et /ɑ̃/. Il en est de même de la distinction grammaticale et sémantique établie à l'oral par la liaison en /z/ entre « il arrive » et « ils arrivent » qui modifie la morphologie du nombre, ou de la prononciation abusive fréquente chez les apprenants d'un [e] ou [ɛ] dans la séquence /ʒəmɑ̃ʒ/ « je mange », généralement déclenchée par la représentation orthographique, qui change alors la référence temporelle (« j'ai mangé »). Apprendre la langue (donc le lexique et la grammaire au sens large), c'est précisément apprendre un ensemble de formes phonético-phonologiques qui vont permettre au système de s'établir.

Il suffit d'examiner ainsi les enjeux et les facteurs liés à l'apprentissage de la prononciation (voir ch. 14) pour comprendre que son enseignement joue un rôle crucial dans celui de la langue, du moins si l'on accepte que la langue parlée est première par rapport à l'écrit. Dans ces conditions, on comprend bien que cet enseignement (qui inclut non seulement la dimension sonore mais également la dimension phono-graphémique étant donné l'usage incontournable de l'écrit dans les classes) doit être premier et massif dans les premiers temps de l'apprentissage, de manière à éviter les fossilisations de prononciations erronées et à assurer les bases d'un apprentissage linguistique optimal.

## 3. Principes de travail

Quel que soit le contexte pédagogique, certains principes, qui rejoignent de grandes lignes didactiques par-delà la seule prononciation, sont essentiels :

**1.** *Travailler sur la perception aide au développement de la production.* Il faut donc proposer tant des tâches de perception (segmentation, discrimination, identification, etc.) que de production (répétition, transformation, désignation, oralisation, etc.). Ce travail peut s'effectuer au sein du système français (/u/ vs /y/) mais aussi dans une approche inter-langue entre la langue première (L1) et la L2 (/i/ en français vs /ɪ/ en anglais). Il implique également de sélectionner un input optimal, tant d'un point de vue quantitatif (présentation répétée et d'une grande quantité d'exemplaires) que qualitatif (input conçu et ajusté aux besoins des apprenants d'une part, et input diversifié, de multiples locuteurs et de différentes qualités, d'autre part).

**2.** *Travailler sur des cibles uniques (du plus simple au plus complexe)* pour ne pas provoquer de « surcharge cognitive ». Si le travail porte sur la réalisation de /y/, on ne commencera pas avec le mot « rue » si le /R/ est également problématique pour les apprenants, ni avec le mot « crue » si, de plus, les groupes consonantiques sont absents de la L1. On préférera les mots fréquents et utiles à l'apprenant (« tu », « voulu ») aux mots moins fréquents (« ubiquité »), l'apprentissage phonético-phonologique étant également lié à l'apprentissage lexical et à la fréquence d'occurrence. On pourra toutefois aussi utiliser des non-mots pour travailler sur le plan phonétique, et on complexifiera ensuite graduellement la cible.

**3.** *Travailler sur plusieurs niveaux.* Il ne suffit pas de travailler sur des « sons » isolés : il est nécessaire de travailler également sur de la parole continue (coarticulation, assimilations, syllabation, élisions, enchaînements, liaisons, accentuation, rythmicité et intonation). On élargira donc progressivement l'empan des unités de travail, du son isolé au discours, en établissant aussi souvent que possible un lien entre « forme » et « sens » dans des tâches d'apprentissage orientées vers la réalisation d'interactions communicatives.

**4.** *Travailler sur la relation à l'écrit* (en commençant par s'en détacher). Dans un premier temps, comme le préconisaient les méthodes Structuro-Globales Audio-Visuelles (voir ch. 34), il convient de se détacher totalement de l'écrit : tant par rapport au français, dont l'orthographe n'est pas transparente, que par rapport à la L1. En effet, les représentations orthographiques entraînent l'activation automatique d'unités phonético-phonologiques en L1 (ou en d'autres langues connues, comme l'anglais) correspondant aux graphèmes perçus pour les apprenants ayant une connaissance de l'alphabet latin (ainsi la lettre <r> activera la catégorie /r/ et sa réalisation alvéolaire [ɹ] ou rétroflexe [ɻ] chez des anglophones par exemple), ainsi que des problèmes de segmentation pour les systèmes non alphabétiques. L'utilisation de l'alphabet phonétique international (API) s'avère un atout non négligeable : non seulement conduit-il les apprenants à considérer les unités sonores hors de leur système de transcription habituelle, mais en outre il entraîne une conscientisation métaphonologique généralement bénéfique à l'apprentissage. Les transcriptions « ad hoc » des apprenants sont en général à proscrire, car elles conduisent à des approximations puis à des fossilisations. Néanmoins, une fois passée la première phase d'apprentissage du système sonore, il convient de travailler intensivement sur le rapport oral/écrit, de manière à ce que les apprenants puissent se servir des supports textuels, dans ou hors de la classe, sans que cela ne nuise à leur apprentissage de l'oral. L'apprentissage de l'oralisation des textes (du mot au discours) est donc tout aussi fondamental que celui de la répétition.

**5.** *Tenir compte de la L1* (sur les plans phonologique, phonétique et graphémique). Dans la mesure où de nombreuses difficultés d'apprentissage proviennent de l'influence de la L1 (transfert du système phonologique, des catégories phonétiques, du lexique « transparent », des correspondances grapho-phonémiques, etc.), l'enseignant qui connaît le système en L1 peut anticiper, sinon l'ensemble, du moins une grande partie des difficultés probables de ses apprenants. Ainsi pourra-t-il optimiser son enseignement en se concentrant sur celles-ci et en usant de techniques ad hoc, un savoir qu'il peut même, dans une approche explicite, partager avec ses apprenants. En outre, les situations didactiques dans lesquelles le français est appris comme troisième langue (L3) peuvent permettre à l'enseignant de se référer à une éventuelle L2 commune, afin d'encourager les transferts positifs de la L2 vers la L3.

**6.** *Adapter la stratégie d'enseignement au profil de l'apprenant et au type de difficulté.* Puisque l'on considère souvent l'apprenant comme un sujet « sourd » aux sonorités de la langue étrangère, on utilise parfois le terme de « diagnostic » pour évaluer la difficulté qu'il rencontre dans la réalisation d'une tâche (répétition, production, oralisation d'un texte, etc.). Du niveau le plus fin (par exemple voisement consonantique insuffisant en position finale) au plus global (par exemple rythme non conforme à celui attendu), on peut chercher à identifier plusieurs sources potentielles de ces problèmes, variables selon la tâche : influence de la L1 ou de l'orthographe, mauvaise perception du stimulus, tendance phonologique générale sans lien direct avec la L1 ou la L2, disfluence phonétique ou planification phonologique erronée, charge cognitive trop lourde dans une tâche nécessitant un double focus attentionnel (par exemple correction syntaxique vs correction phonétique), problème de motricité articulatoire, etc. Une fois ce diagnostic établi, l'enseignant doit sélectionner la stratégie de remédiation la plus adaptée. Il faut alors, selon nous, faire preuve d'une grande flexibilité et ne pas se limiter à « une école » particulière (« tout perceptif » vs « tout articulatoire », « tout implicite » vs « tout explicite », etc.), d'autant qu'il faut également idéalement prendre en compte le profil de l'apprenant (âge, habitudes didactiques, profil d'apprentissage, etc.). Si dans certains cas l'utilisation de représentations visuelles de la position ou du cheminement dynamique des organes de la parole pourra être bénéfique, dans d'autres cas c'est bien un travail perceptif sur l'input auditif fourni (modifié acoustiquement, segmenté, déplacé de son contexte) qui permettra à l'apprenant de réaliser la cible attendue, avec possiblement un positionnement articulatoire différent de celui initialement prescrit. Il en est de même de l'usage ou non d'explications métalinguistiques, ou de toute autre technique de correction phonétique. Dans tous les cas, les cinq grands axes qui pourront être suivis sont les suivants : a) *recours à la modalité visuelle* (sous toute ses formes : de la lecture labiale au schéma articulatoire en passant par la transcription en API et les représentations informatisées du signal), b) *recours à l'instruction explicite* (sous toute ses formes : de la description articulatoire aux principes d'organisation phonologique en passant par les métaphores phonostylistiques ou l'analyse contrastive), c) *recours à la modalité corporelle* (kinésique, boucle proprioceptive, etc.), d) *recours à la modification de l'input sonore* (naturellement par l'enseignant ou artificiellement grâce à un outillage spécialisé, l'objectif étant généralement de faire percevoir à l'apprenant, quitte à les exagérer provisoirement, les indices perceptifs (acoustiques, mais en couplage avec leurs correspondants moteurs) caractérisant de manière saillante les unités dans la langue-cible et négligés par, ou absents de, son propre système en L1), e) *recours à la diversification des tâches* (qui doit de toute façon être systématisé pour assurer la transposabilité et ainsi la généralisation des compétences phonético-phonologiques acquises dans un ensemble de tâches données).

**7.** *Responsabiliser les apprenants* (en les motivant). La prononciation est un plan qui, dans l'apprentissage, comporte une dimension émotionnelle et ainsi « psychologique », au sens courant du terme, bien plus forte que le plan lexical ou grammatical pour plusieurs raisons : 1) parce qu'elle est liée à la voix (et ainsi au corps) et à l'identité (notamment sociolinguistique) de la personne (certains individus, en L1 ou en L2, parlent doucement, rapidement, d'une voix forte ou fluette, avec ou sans hésitation, avec telle ou telle caractéristique phonétique ou sociolinguistique) ; 2) parce que le contrôle de la prononciation est, dans une certaine mesure, moins flexible, car plus automatique, que le contrôle des choix lexicaux ou grammaticaux ; 3) parce que la prononciation (en particulier la dimension prosodique audiovisuelle, voir ch. 42) véhicule une somme d'information importante, comme les émotions ou la fatigue, sur l'état psychosomatique de la personne et sur sa personnalité. Il est donc plus difficile, tant pour l'enseignant que pour l'apprenant, de « corriger » la prononciation que de corriger un choix lexical ou la grammaticalité d'un énoncé. Le travail de correction phonétique implique donc un « contrat de confiance » et une volonté partagée du côté de l'enseignant et de l'apprenant de se plier à des exercices qui pourraient parfois être déstabilisants : utilisation de non-mots, usage de la mimo-gestualité, modification de l'input, lecture à voix haute ou répétition interactive avec l'enseignant pour des apprenants qui ont par exemple l'habitude de lire à voix basse ou d'éviter de prendre la parole en classe. Cette volonté doit se transformer en motivation chez l'apprenant, volonté qui peut se développer via des stratégies « métacognitives » déployées autour de l'importance de la prononciation dans la communication, professionnelle, artistique ou encore sociale, et sans laquelle les améliorations en la matière restent généralement assez faibles.

## 4. Angles d'approche

Quatre angles d'approche peuvent alors être envisagés :

**1.** *Enseignement de la prononciation* : exposés au système phonético-phonologique du français, le système perceptif et le système articulatoire de l'apprenant vont devoir se familiariser avec de nouvelles configurations, en vue, à terme, d'une restructuration de leur espace catégoriel phonético-phonologique et de l'automatisation du traitement. Certaines de ces configurations vont être inconnues (le [ʁ]), d'autres vont être familières (le [a]), certaines seront trompeuses (le [u]), et ce sur plusieurs plans : segmental, syllabique, accentuel, rythmique, intonatif. Le rôle de l'enseignant sera d'aider les apprenants à identifier les similarités et les différences entre leur système L1 (ou autre langue maîtrisée) et le français. Cette mise en focus attentionnel pourra être effectuée de plusieurs manières (approche initialement implicite, description explicite, verbale ou iconique, des caractéristiques en question, plus ou moins techniques), et peu importera à ce stade la capacité de reproduction, puisque le travail en perception (et éventuellement en conscientisation, en fonction du public et des orientations pédagogiques de l'enseignant) doit primer. Du point de vue de la production, on encouragera à ce stade, avec appui mimo-gestuel, l'imitation des patrons prosodiques (en travaillant éventuellement avec des non-mots présentant aussi peu de difficulté segmentale, syllabique ou phonotactique que possible de type « mamama » ou « dadada »), qui seront les cadres dans lesquels pourront être travaillés plus finement les éléments segmentaux.

**2.** *Correction phonologique* (au sens large) : il s'agit ici de résoudre en priorité les problèmes phonologiques portant atteinte à la compréhensibilité (en production) et à la compréhension (en réception) du message : les réalisations catégorielles erronées (« il est fou/feu »), les effacements (« je pars/pas »), les formes prosodiques inadéquates (mélodie descendante sur une question fermée – « Tu es français ?/Tu es français. »).

**3.** *Correction phonétique* (au sens large) : si l'on souhaite (apprenants et enseignants) optimiser la production et affiner la perception, on travaillera alors sur des caractéristiques phonétiques (certaines étant liées à des aspects phonologiques comme l'accent lexical), afin de gommer certaines particularités : par exemple un /u/ pas assez arrondi [ɯ], un /R/ sourd trop fricatif [χ] en position intervocalique, des réductions vocaliques (« intéressant » réalisé [ɛ̃tχesɑ̃]) ou des accentuations abusives ([laˈpolitik]).

**4.** *Développement phonopragmatique* : dans la mesure où les locuteurs natifs utilisent des traits de prononciation pour véhiculer et identifier des caractéristiques soit identitaires (variation socio-régionale quant à la prononciation des schwas, à l'ouverture de certaines voyelles ou la palatalisation de certaines consonnes par exemple, voir ch. 3), soit attitudinales ou émotionnelles (essentiellement portées par la prosodie, de la tristesse au charme en passant par l'ironie, voir ch. 41 et 42), ces dernières étant pragmatiquement essentielles dans la communication, on pourra travailler, implicitement ou explicitement, sur ces caractéristiques.

Ces quatre angles, même s'ils semblent hiérarchiquement répartis, peuvent ne pas être agencés de manière linéaire au cours de la progression d'enseignement/apprentissage, puisque l'on peut travailler sur la prosodie expressive dès les premiers apprentissages et que la correction phonétique peut se poursuivre durablement même avec des apprenants très avancés.

## 5. Conclusion

L'enseignant doit donc agir sur trois plans : celui de l'input, celui de la tâche, celui du feedback. Concernant l'input, l'enseignant peut, outre sa propre voix, utiliser les enregistrements (audio ou audiovisuels) qui accompagnent le matériel pédagogique standard (manuel, spécialisé ou non), ainsi que les ressources variées disponibles sur Internet. Outre l'input initial, l'enseignant devra être capable de modifier l'input selon des principes qu'il pourra extraire de la méthode verbo-tonale par exemple[3], ou bien de connaissances en phonétique acoustique et articulatoire. Enfin, il pourra combiner input « pédagogique » (contenu de manuel) et input « authentique » (contenu de corpus récolté de manière aussi « naturelle » que possible) selon ses propres choix : du pédagogique à l'authentique, ou vice-versa, en préparant les apprenants à gérer, au moins en perception, la variation phonético-phonologique du français dans l'espace francophone[4]. Par-delà la question du médium (oral), se pose celle du contenu : l'enseignant doit pouvoir rapidement sélectionner un contenu qui corresponde aux objectifs d'apprentissage, par exemple en vue de travailler sur les voyelles nasales et leur rapport à la morphologie, ou encore d'illustrer le fonctionnement de la liaison ou de la loi de position. La sélection du contenu linguistique approprié nécessite donc en amont une bonne connaissance du fonctionnement phonético-phonologique du français.

Concernant la tâche et le feedback, outre les grands types classiques d'exercices et d'activités que l'on retrouve, sous divers avatars, dans les manuels de langue, il faut noter que certaines approches se sont montrées plus audacieuses en plaçant l'apprenant au cœur de la découverte du système sonore du français (le *Silent Way*) tandis que d'autres ont intégré le travail phonétique à des activités théâtrales ou lyriques. Depuis les années 1960, les environnements et les outils ont évolué (du laboratoire de langue aux ensembles multimédia, en passant par les logiciels dédiés à

---

3. Consulter l'excellent site de formation conçu par Michel Billières et son équipe (Université de Toulouse - Le Mirail) : http://w3.uohprod.univ-tlse2.fr/UOH-PHONÉTIQUE-FLE/index.html

4. Consulter les ressources offertes par le projet PFC-Enseignement du Français : http://www.projet-pfc.net/pfc-enseignement-du-francais.html

l'enseignement/apprentissage de la prononciation), mais dans tous les cas la notion de « feedback » reste essentielle. À la recherche de la stratégie articulatoire lui permettant de produire la cible acoustique visée et perceptivement validée par son interlocuteur, l'apprenant a en effet besoin d'être guidé, puisqu'il n'est, jusqu'à un certain stade, pas à même de juger de la bonne formation ou non de ses productions sur le plan phonético-phonologique. Alors que les correcteurs de textes automatiques, les concordanciers et autres ressources similaires permettent aujourd'hui aux apprenants de tester la grammaticalité de leurs productions à l'écrit, sur les plans lexical et syntaxique, de tels systèmes pour l'évaluation formative de la prononciation restent encore sous-exploités, en dépit des avancées importantes effectuées dans le domaine de l'évaluation automatique de la prononciation (par exemple le logiciel *Winpitch* développé par P. Martin). À travers les tâches proposées, l'enseignant devra donc fournir aux apprenants un feedback optimal : par-delà le simple « correct/incorrect », l'enseignant devra envisager des réponses adaptées, de la modification de l'input au complément gestuel en passant par le commentaire métalinguistique ou l'utilisation de schémas. Tout ceci présuppose en amont une formation aussi complète que possible (voir ch. 35).

## Références

Champagne-Muzar, C. & Bourdages, J. S. (1993). *Le point sur la phonétique.* Paris : CLE international.

Intravaia, P. (2000). *Formation des professeurs de langue en phonétique corrective : le système verbo-tonal.* Mons : CIPA.

Lauret, B. (2007). *Enseigner la prononciation du français : questions et outils.* Paris : Hachette.

Léon, P. (1962). *Laboratoire de langues et correction phonétique. Essai méthodologique.* Paris : Didier.

Renard, R. (éd.) (2002). *Apprentissage d'une langue étrangère/seconde. Vol. 2 La phonétique verbo-tonale.* Bruxelles : De Boeck.

**E.** LA PRONONCIATION DES APPRENANTS DE FRANÇAIS LANGUE ÉTRANGÈRE : VUE D'ENSEMBLE

# 37 Le domaine segmental

Les numéros dans les tableaux renvoient aux pages où sont décrits les traits de prononciation[1].

## 1. Les voyelles

| | i | y | u | e | ø | o | ɛ | œ | ɔ | a | ẽ | ɑ̃ | ɔ̃ | schwa |
|---|---|---|---|---|---|---|---|---|---|---|---|---|---|---|
| **Anglophones** | 100 | 100 | 100 | 100 | 100 | | 100 | | | 100 | 100 | 100 | 100 | |
| **Arabophones** | 108 | 107 | 108 | 108 | 107 | 108 | 107 | 107 | 108 | 108 | 108 | 108 | 108 | |
| **BCMSphones** | | 114 | 114 | 114 | 114 | 114 | 114 | 114 | 114 | | 114 | 114 | 114 | |
| **Coréanophones** | | 120 | 121 | 121 | 121 | 121 | | 121 | 121 | | 121 | 121 | 121 | |
| **Danophones** | | | 127 | | 127 | 127 | | 127 | 127 | | 127 | 127 | 127 | |
| **Germanophones** | | | | | | | | | | | 133 | 133 | 133 | 134 |
| **Hellénophones** | | 140 | | 140 | 140 | 140 | 140 | 140 | 140 | | 140 | 140 | 140 | 140 |
| **Hispanophones** | | 146 | | 147 | 146 | 147 | 147 | 146 | 147 | | 147 | 147 | 147 | 147 |
| **Italophones** | | 152 | | 153 | 152 | 153 | 153 | 152 | 153 | | 152 | 152 | 152 | 152 |
| **Japonophones** | | 158 | 158 | 158 | 158 | 158 | 158 | 158 | 158 | | 158 | 158 | 158 | |
| **Lusophones** | | 165 | | | 165 | | | 165 | | | 165 | 165 | 165 | 166 |
| **Malaisophones** | 172 | 171 | 172 | 172 | 171 | 172 | 172 | 171 | 172 | | 171 | 171 | 171 | |
| **Néerlandophones** | 177 | 177 | | 177 | 177 | 177 | | | 177 | 177 | 177 | 177 | 177 | |
| **Norvégophones** | | | 183 | 183 | 183 | 183 | 183 | 183 | 184 | 183 | 183 | 183 | | |
| **Russophones** | 190 | 190 | 190 | 190 | 190 | 190 | 190 | 190 | 190 | 190 | 190 | 190 | 190 | |
| **Sinophones** | | 198 | | 197 | 197 | 197 | 197 | 197 | 197 | | 197 | 197 | 197 | |
| **Suédophones** | 203 | 203 | | 203 | | | 203 | | 203 | | 203 | 203 | 203 | 203 |
| **Turcophones** | | | | 209 | 209 | 209 | 209 | 209 | 209 | | 209 | 209 | 209 | |
| **Vietnamophones** | | 214 | | | 214 | | 214 | | 214 | | 214 | 214 | 214 | |

---

1. Après avoir examiné, dans la partie C (chapitres 15 à 33), la prononciation des apprenants par population, en fonction de la langue première des apprenants, nous proposons ici deux tableaux qui permettent une entrée par unité concernée (voyelles et consonnes). Dans les cases, les numéros renvoient à la page où est traitée l'unité en question, avec uniquement sa première mention, même si elle peut être discutée dans les pages qui suivent. Lorsque la case est grisée, cela ne signifie pas obligatoirement que la population concernée ne rencontre pas de difficulté d'apprentissage, mais simplement qu'elle n'a pas été traitée explicitement dans ce volume.

## 2. Les consonnes

| | p | b | t | d | k | g | m | n | f | v | s | z | ʃ | ʒ | R | l | j | ɥ | w |
|---|---|---|---|---|---|---|---|---|---|---|---|---|---|---|---|---|---|---|---|
| Anglophones | 101 | 101 | 101 | 101 | 101 | 101 | | | | | | | | | 101 | 101 | 101 | | |
| Arabophones | 108 | | | | | | | | 108 | | | | 108 | | 108 | | | | |
| BCMSphones | | | | | | | | | | | | | | | 115 | | 115 | | |
| Coréanophones | 122 | 121 | 122 | 121 | 122 | 121 | | 122 | 121 | 122 | 121 | 121 | 121 | | 122 | 122 | | | |
| Danophones | 128 | 128 | 128 | 128 | 128 | 128 | | 128 | 128 | 127 | 127 | 127 | 127 | | 128 | | 127 | | |
| Germanophones | 134 | 134 | 134 | 134 | 134 | 134 | | | | 134 | | | 134 | 134 | | 134 | | | |
| Hellénophones | | 141 | | 141 | | 141 | | | | | | | 141 | 141 | 141 | | | | |
| Hispanophones | | 147 | | 147 | | 147 | | | 147 | | 147 | | 147 | 147 | | 147 | | | |
| Italophones | | | | | | | | | | 153 | 153 | | 153 | 153 | | 152 | | | |
| Japonophones | | | | | | | 158 | 158 | 159 | 159 | | | 159 | 159 | 159 | | | | |
| Lusophones | | | 166 | 166 | | | | | | | | | | | 166 | 166 | | | |
| Malaisophones | | | | | | | | | | | | | 172 | 172 | | 172 | | | |
| Néerlandophones | | 178 | | 178 | | 178 | | 178 | 178 | 178 | 178 | 178 | 178 | 178 | | 178 | 178 | | |
| Norvégophones | 184 | 184 | 184 | 184 | 184 | 184 | | | 184 | | 184 | | 184 | 184 | | | 184 | 184 | |
| Russophones | 191 | 191 | 191 | 191 | 191 | 191 | 191 | 191 | 191 | 191 | 191 | 191 | 191 | 191 | 191 | 191 | 191 | 190 | 190 |
| Sinophones | 198 | 197 | 197 | 197 | 197 | 197 | | 198 | 197 | 197 | 197 | 197 | 197 | 197 | 198 | 198 | 197 | 198 | 198 |
| Suédophones | 204 | 204 | 204 | 204 | 204 | 204 | | | | 203 | | 203 | 204 | | | 203 | 203 | | |
| Turcophones | | | | 210 | | | | | | | | | 209 | | | | | | |
| Vietnamophones | 215 | | | | 215 | | 215 | | | | 215 | 215 | | | 215 | | | | |

237

# 38 Le domaine suprasegmental

Les numéros dans le tableau renvoient aux pages où sont décrits les traits de prononciation[1].

|  | Syllabe | Accent | Rythme | Intonation |
|---|---|---|---|---|
| **Anglophones** | 101 | 101 |  | 102 |
| **Arabophones** | 108 | 109 | 109 | 109 |
| **BCMSphones** |  | 115 |  | 115 |
| **Coréanophones** | 122 | 122 |  |  |
| **Danophones** |  | 128 | 128 | 128 |
| **Germanophones** | 135 | 135 |  | 135 |
| **Hellénophones** | 141 |  |  | 141 |
| **Hispanophones** |  | 148 |  | 148 |
| **Italophones** |  | 153 |  | 153 |
| **Japonophones** | 159 | 159 |  | 160 |
| **Lusophones** | 167 | 167 |  | 167 |
| **Malaisophones** | 172 | 172 |  |  |
| **Néerlandophones** | 178 | 178 |  | 178 |
| **Norvégophones** |  | 185 |  | 185 |
| **Russophones** | 191 | 191 | 191 | 191 |
| **Sinophones** | 198 | 199 |  | 199 |
| **Suédophones** |  | 204 | 204 | 204 |
| **Turcophones** | 210 | 210 |  |  |
| **Vietnamophones** | 215 |  |  | 215 |

---

1. Après avoir examiné, dans la partie C (chapitres 15 à 33), la prononciation des apprenants par population, en fonction de la langue première des apprenants, nous proposons ici un tableau qui permet une entrée par dimension concernée (aspects suprasegmentaux). Dans les cases, les numéros renvoient à la page où est traité le phénomène en question, avec uniquement sa première mention, même s'il peut être discuté dans les pages qui suivent. Lorsque la case est grisée, cela ne signifie pas obligatoirement que la population concernée ne rencontre pas de difficulté d'apprentissage, mais simplement qu'elle n'a pas été traitée explicitement dans ce volume.

**F.** LA PRONONCIATION DES APPRENANTS DE FRANÇAIS LANGUE ÉTRANGÈRE : POUR ALLER PLUS LOIN

# 39 La prononciation des apprenants de FLE et la phonétique expérimentale[1]

## 1. Introduction

La phonétique expérimentale vise à étudier les relations entre les différentes phases de la communication parlée : neurophysiologique, articulatoire, aérodynamique, acoustique, perceptif et cognitif. Les méthodes et instrumentations utilisées en phonétique expérimentale permettent notamment d'étudier la production et la perception des aspects segmentaux et prosodiques de deux langues, L1 et L2, des natifs et des apprenants. Les aspects segmentaux concernent la réalisation des sons de la langue dans différents contextes, et les aspects prosodiques concernent la réalisation des accents lexicaux, des accents de syntagme, des accents de phrase et de focalisation, des marques de frontières, des indices liés aux différents registres et styles, à l'expression des attitudes et des émotions, etc. Ce chapitre suggère des voies de recherche fondamentale sur la prononciation des apprenants et leur perception de L2. Il essaie de souligner ce que ce type de recherche apporte au niveau de la connaissance des difficultés de production et/ou de perception des apprenants. Le chapitre traite successivement des aspects articulatoire, acoustique et perceptif.

## 2. Études sur les stratégies articulatoires et les configurations des organes de la parole

Les organes de la parole sont essentiellement les lèvres, la langue (de la pointe à la racine), le voile du palais et les plis vocaux (improprement appelés « cordes vocales »). Pour comparer les productions des locuteurs natifs et des apprenants, l'introspection est couramment et utilement utilisée. Elle doit être désormais complétée par l'utilisation de certains instruments et méthodes de phonétique expérimentale, nécessaire pour des besoins de visualisation et de quantification des résultats. Nous nous limitons à la présentation d'instrumentations non invasives (voir Tableau 1).

---

1. Rédigé par Takeki Kamiyama et Jacqueline Vaissière.

**Tableau 1.** Organes cibles, instrumentations non invasives pouvant être utilisées pour les étudier, paramètres mesurés

| Organes | Instrumentations | Paramètres mesurés |
|---|---|---|
| Lèvres et mâchoire | Miroir, photos, vidéo | Étirement/protrusion des lèvres et hauteur de la mâchoire |
| | Système de capture des mouvements par marqueurs | Suivi du mouvement des marqueurs en trois dimensions |
| Langue | Ultrasonographie | Quantification de la position de la langue |
| | Palatographie statique et dynamique | Degré et lieu de contact linguo-palatal |
| Voile du palais | Microphone nasal et accéléromètre | RMS du signal acoustique nasal, et intensité des vibrations à la surface de la peau |
| | Mesures aérodynamiques, EVA2™ | Pressions et débits, oraux et nasals |
| Larynx | Électro-glottographie (EGG) | Contact entre les deux plis vocaux |
| | Photo-glottographie avec source de lumière et capture externes (e-PGG) | Degré d'ouverture de la glotte |

### 2.1. Étude du comportement des lèvres et de la position de la mâchoire

Un *miroir* donne un feedback immédiat aux apprenants sur la configuration de leurs lèvres. La projection en parallèle sur un écran d'ordinateur de *photos* et de *films* de natifs et d'apprenants permet une prise de conscience rapide des différences de stratégie entre L1 et L2.

L'utilisation de logiciels permet d'objectiver les progrès, par le calcul des distances entre certains points clés repérés sur les photos, les films et les capteurs de mouvements pris à différents moments de l'apprentissage. Seuls les capteurs (onéreux) permettent un traitement complètement automatisé de grandes quantités de données. Il n'existe pas, ou pas encore du moins, de grandes bases de données articulatoires d'apprenants. Elles sont à créer.

### 2.2. Étude du comportement de la langue

La traditionnelle *palatographie-linguographie statique* permet d'observer à l'aide de l'utilisation d'un mélange coloré, l'empreinte laissée par la langue sur le palais dur, les alvéoles et les dents durant une séquence d'une ou deux syllabes. On détermine ainsi le lieu d'articulation exact d'une consonne (dental, alvéolaire ou palatal), et avec le linguogramme associé, la partie de la langue concernée (pointe, lame ou dos). La *palatographie dynamique* ou *électropalatographie* (EPG), déjà utilisée en remédiation clinique, est, elle, adaptée à la parole continue. Le repérage des électrodes qui signalent un contact entre la langue et le palais artificiel quantifie la dynamique du mouvement lingual : son utilisation exige toutefois la création d'un palais artificiel adapté à chaque sujet. L'*ultrasonographie* (*échographie*), qui peut être réalisée avec des appareils portables, est de plus en plus utilisée en acquisition de L2 pour visualiser en temps réel les configurations successives de la langue. Ces instrumentations ne permettent toutefois pas la visualisation de la partie très postérieure de la langue.

## 2.3. La nasalité : mesure de débit d'air et de vibrations sur les parois nasales

Il n'existe pas d'instrumentation non invasive permettant de vérifier si le voile du palais s'ouvre et se ferme au bon moment. De nombreuses études concernant l'apprentissage des voyelles nasales du français et la coarticulation nasale chez les apprenants (étrangers) ont cependant été réalisées grâce à trois types d'instrumentations : un *transducteur piézo-électrique de vibration* fixé sur la surface externe du nez permet de visualiser en temps réel et d'enregistrer l'amplitude de la vibration de la paroi du nez externe lorsque se produit la résonance nasale dans les segments voisés ; un *microphone acoustique nasal*, fixé à l'entrée de la narine (voir Figure 1 pour un exemple), et des *mesures aérodynamiques* se sont avérés également très utiles.

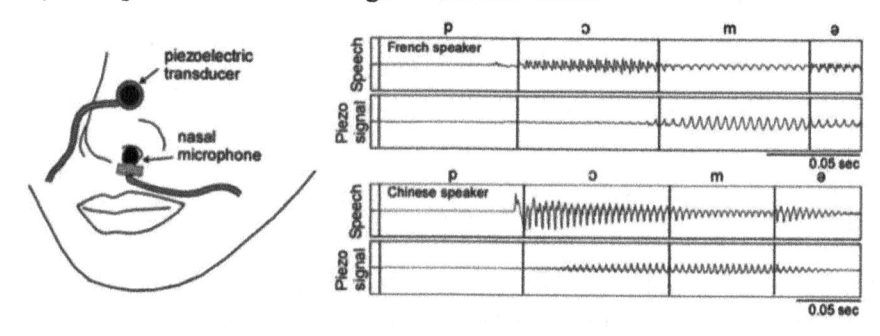

**Figure 1.** Capteur de vibrations et microphone nasal. Les données correspondent au mot français « pomme » [pɔm] prononcé par un locuteur natif (haut) et sa répétition par un apprenant sinophone (bas). Ce dernier nasalise presque entièrement la voyelle, anticipant le [m], alors que chez le francophone natif, l'anticipation de la nasalité est minime - comme prévu par le fait que la nasalité oppose phonémiquement les voyelles orales et nasales en français, mais pas en chinois[2].

---

2. Vaissière, J., Honda, K., Amelot, A., Maeda, S., & Crevier-Buchman, L. (2010). Multisensor platform for speech physiology research in a phonetics laboratory. *The Journal of the Phonetic Society of Japan* 14(2): 67.

## 2.4. La mesure du degré d'accolement des plis vocaux et de l'ouverture de la glotte

L'*électro-glottographie* (EGG) permet d'étudier le degré d'accolement des plis vocaux, alors que la *photo-glottographie* avec source de lumière et capture externes (e-PGG) permet d'étudier le degré d'ouverture de la glotte (voir Figure 2 pour un exemple).

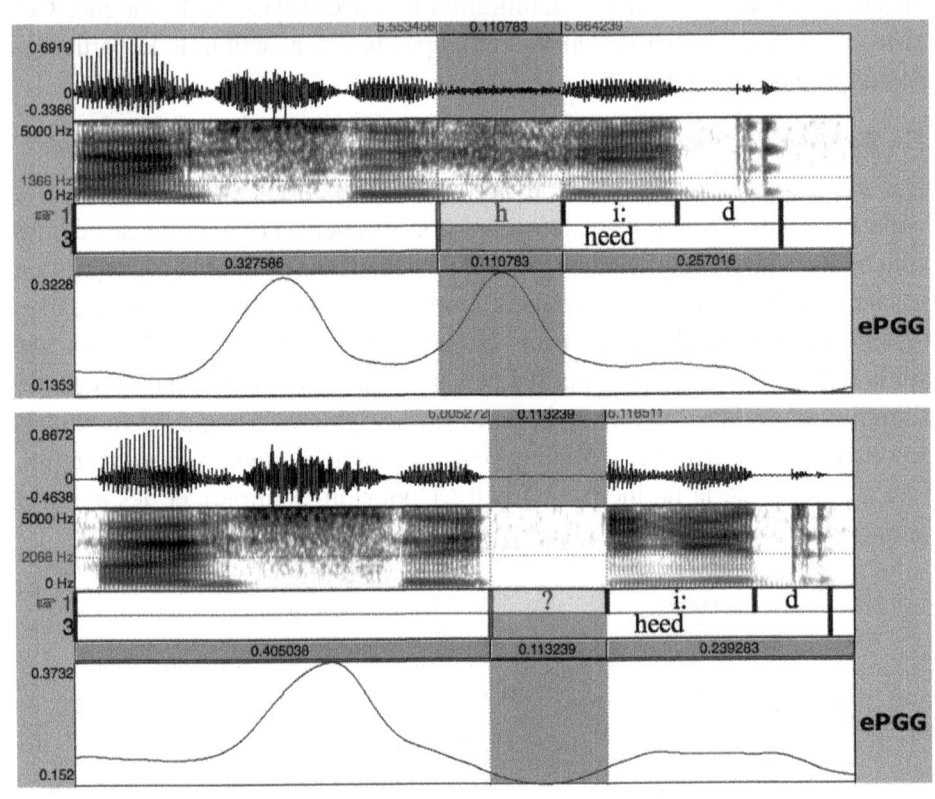

**Figure 2.** Signal acoustique, spectrogramme et signal e-PGG lors de la production (haut : glotte ouverte) et de l'absence de production (bas : glotte fermée) du [h] de l'anglais par une locutrice francophone[3]

# 3. Études acoustiques

Le *spectrogramme* et la *courbe mélodique* visualisent, en temps réel ou en différé, les caractéristiques segmentales et prosodiques de la parole

---

3. Kamiyama, T., Kühnert, B. & Vaissière, J. (2011). Do French-speaking learners simply omit the English /h/? *Proceedings of ICPhS XVII* : 1012.

produite par des locuteurs, natifs ou apprenants. Les mesures quantitatives des caractéristiques spectrales (les trois premiers formants, au moins, pour caractériser les voyelles françaises), de la durée, de l'intensité, et de la fréquence fondamentale permettent de quantifier l'évolution des caractéristiques segmentales et prosodiques des apprenants au cours de leur apprentissage. L'analyse acoustique de corpus d'apprenants tels que IPFC ou PhoDiFLE est devenue incontournable pour valider les tendances (pour un exemple sur les voyelles, voir Figure 3). Il faut veiller à faire des enregistrements de qualité.

## 4. Études perceptives

Les études perceptives doivent venir obligatoirement compléter les deux autres types d'études et sont effectuées essentiellement afin d'évaluer 1) la « réception » des aspects segmentaux et prosodiques des apprenants par des natifs ; 2) la comparaison de la perception des mêmes aspects de la parole par des locuteurs natifs et par des locuteurs apprenants.

Les stimuli peuvent être de la parole naturelle, de la parole filtrée, ou de la parole où les formants, la F0, la durée, l'intensité, la qualité de voix ou le débit ont été modifiés. On peut utiliser également de la parole synthétique. Il est désormais possible de *remplacer* la courbe mélodique ou le rythme d'une phrase d'un apprenant par celle d'un natif. Toutes ces méthodes peuvent être utilisées pour la recherche, mais aussi dans le cadre de l'apprentissage et du diagnostic.

Plusieurs types de tests peuvent être effectués : des *tests d'identification* (quelle est la langue ? le phonème ? le mot ? la modalité ? l'attitude expressive ?), des *tests de discrimination* (pareil ou différent ?), *des détections d'intrus*, des *tests d'évaluation de la qualité* (de mauvais à excellent) ou du *degré d'accent étranger* (de non existant à très fort), avec d'éventuels calculs de temps de réaction.

## 5. Conclusion

Les méthodes et instrumentations présentées ici peuvent donc soit créer des feedbacks en temps réel ou différé, soit servir à l'illustration de difficultés articulatoires spécifiques, ou à la création de stimuli contrôlés pour des apprentissages de la perception, soit à quantifier les progrès réalisés.

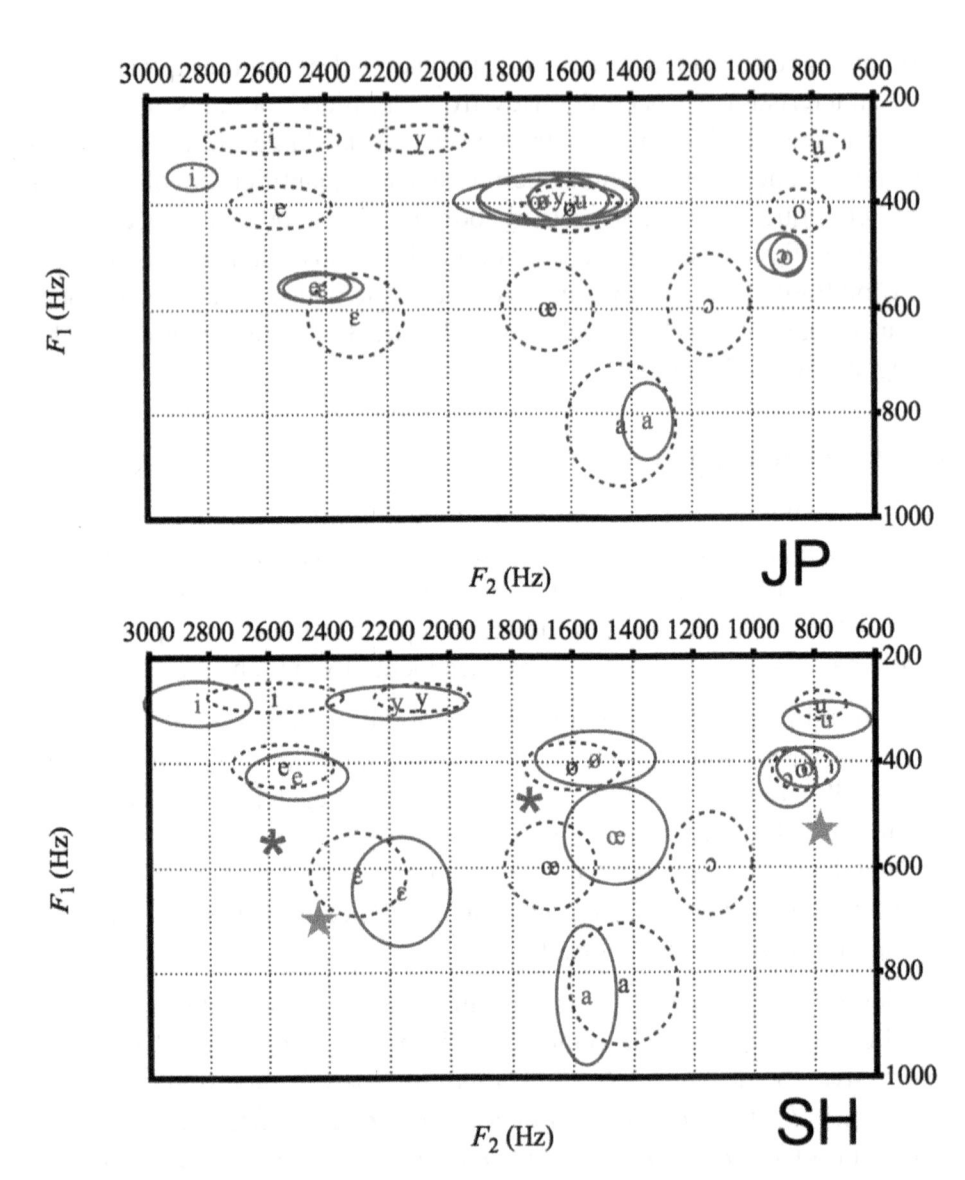

**Figure 3.** Représentations F1/F2 des voyelles du corpus PhoDiFLE superposées de 40 locutrices françaises natives (en pointillés) et des apprenantes (en gras) : 4 japonaises (JP) (haut), 9 shanghaïennes (SH) (bas).[4] Cette figure illustre une plus grande difficulté d'apprentissage des voyelles pour ces apprenantes japonophones et la difficulté des apprenantes shanghaïennes à contraster /o/ et /ɔ/.

---

4. Gao, J., Georgeton, L., Kamiyama, T. & Paillereau, N. (2013). Étude inter-langues sur la production des voyelles focales et des voyelles moyennes du français en français langue étrangère (FLE). *PPLC13*, Paris : France.

Ce chapitre serait incomplet si on oubliait de citer l'*électroencéphalographie* (EEG) qui constitue une nouvelle voie de recherches dans le domaine de l'apprentissage des langues, et qui progresse rapidement. L'EEG enregistre les activités électriques du cerveau et permet de révéler des différences de traitement entre les natifs et non-natifs pendant la perception de la parole, ce qui fournit de précieuses indications concernant le niveau de compétences en langue(s) seconde(s) et le degré de l'acquisition de nouveaux phonèmes par l'apprenant.

## Références

Delattre, P. (1966). *Studies in French and Comparative Phonetics*. Londres : Mouton.

Detey, S. & Racine, I. (2012). Les apprenants de français face aux normes de prononciation : quelle(s) entrée(s) pour quelle(s) sortie(s) ? *Revue française de linguistique appliquée* 17(1) : 81-96.

Flege, J. E. (2014). *Second language | phonetics & phonology | L2 speech learning* (site) : http://jimflege.com/index.html

Llisterri, J. (2014). *Phonetics and SLA – Bibliographie* (site): http://liceu.uab.cat/~joaquim/applied_linguistics/L2_phonetics/Fonetica_L2_Bib.html

Vaissière, J. (2006). *La phonétique*. Paris : Presses Universitaires de France.

# 40 La prononciation des apprenants de FLE et la phonologie développementale[1]

## Introduction

L'acquisition de la phonologie de la langue première (L1) désigne, chez l'enfant entre 0 et 4 ans, la mise en place de la phonologie d'une langue unique. On parlera d'acquisition bilingue / trilingue dans le cas où le bébé est d'emblée en contact simultané avec deux ou trois langues différentes. Dans ce cas, toutes les observations laissent penser que le développement est identique à ceci près que l'enfant acquiert deux ou trois L1 simultanément. En général, on nomme acquisition de la phonologie de la ou des langue(s) seconde(s) le cas où, que ce soit chez l'adulte ou *a fortiori* chez l'enfant, une première langue a été déjà au moins partiellement acquise et maîtrisée, c'est-à-dire pas avant 4 ou 5 ans. Cette différence fondamentale crée des contraintes d'émergence spécifiques qui ont donné lieu à des travaux, aux résultats parfois contradictoires, dans divers cadres théoriques. Ils laissent penser que la L1 peut opérer un « filtrage » conséquent sur la perception et la production de la ou des L2 (voir ch. 14). En effet, les locuteurs de français langue étrangère ou seconde peuvent témoigner, même pour des apprenants parfaitement fluents, ayant une maîtrise très avancée du français, de la persistance d'un « accent étranger », avec une prononciation plus ou moins éloignée de la cible mais où se reconnaissent certaines caractéristiques de leur L1.

## 1. Sensibilité à l'input : apprentissage implicite vs explicite, calcul statistique

La rapidité, l'aisance et la relative homogénéité du développement phonologique en L1 dans un environnement « normal » (hors de toute maltraitance, isolement abusif), en l'absence de toute pathologie développementale (comme l'autisme par exemple) et quelle que soit la langue cible ont été décrites unanimement par les chercheurs travaillant dans ce domaine. Leurs travaux tendent à montrer que les bébés ne peuvent réussir à acquérir

---
[1]. Rédigé par Sophie Wauquier et Ellenor Shoemaker.

aussi vite et sans apprentissage explicite la ou les premières langues auxquelles ils sont exposés que parce qu'ils sont dotés, dès la naissance de robustes capacités de discrimination et de traitement de la parole. Celles-ci leur permettent de segmenter et de catégoriser efficacement le signal sur la base d'un calcul statistique complexe s'appuyant sur la distribution d'informations redondantes et saillantes (accent, hauteur, phonotactique, co-occurrences syllabiques, etc.). Par ailleurs, ils sont, quelles que soient les langues parlées autour d'eux, capables de discriminer de manière innée un grand nombre de contrastes acoustiques exploités par les systèmes phonologiques des langues humaines (comme le voisement, la différence entre [t] et son équivalent rétroflexe …), même s'ils n'y ont jamais été exposés. Le développement se fait donc, non pas par l'apprentissage des contrastes phonologiques de la langue cible mais par la perte de sensibilité aux contrastes non distinctifs de cette langue. Dans les mois qui suivent la naissance, on assiste à une spécialisation progressive de capacités non spécifiques de traitement du son au profit d'une sensibilité accrue et au final exclusive à l'égard des contrastes distinctifs qu'exploite le système phonologique de la langue cible. La conséquence en est la « surdité phonologique » à l'égard des contrastes non distinctifs dans la langue cible, qui ne seront plus spontanément disponibles au-delà des premières années. Cette dynamique développementale est également observée pour ce qui concerne le traitement des informations suprasegmentales. Les travaux actuels tendent à montrer que cette première étape de l'acquisition de la phonologie repose sur un apprentissage implicite résultant d'un calcul statistique sophistiqué des régularités que comporte le signal de parole. La phonologie d'une langue est constituée d'un nombre d'objets finis : l'input reçu pendant une année constitue, de fait, un échantillonnage riche, représentant exhaustivement tous les sons de la langue et beaucoup d'occurrences d'un vocabulaire réduit, incluant détails phonétiques et variation contextuelle. Ils sont proposés en un nombre d'exemplaires suffisant pour permettre aux bébés de procéder au bout de la première année, à une catégorisation et à une segmentation du signal favorisant l'émergence rapide et efficace de la phonologie de la langue cible. On constate à l'inverse que les apprenants de L2, souvent beaucoup plus âgés et dotés d'aptitudes cognitives beaucoup plus matures que celles des bébés ont au contraire souvent besoin d'un apprentissage explicite parfois long et intense, faisant appel à leurs compétences métalinguistiques, voire à l'apprentissage de l'écrit, pour aboutir à un résultat qui n'élimine pas toujours complètement les traces de la L1 qui s'entendent dans la persistance d'un « accent étranger » résiduel.

## 2. Période critique et surdité à l'égard d'un nouveau système ?

La sensibilité exclusive aux contrastes distinctifs de la L1, et la surdité phonologique à l'égard des autres langues qui en découle, sont traditionnellement considérées comme la raison principale de ces différences d'acquisition observées entre la L1 et la L2. Cette hypothèse dite « hypothèse de la période critique » soutient l'idée que l'apprentissage précoce à une période de la vie où la plasticité cérébrale est très importante, configure définitivement le cerveau à partir de la L1 et limite plus ou moins sévèrement l'accès à la phonologie d'une autre langue au-delà de la puberté. Outre le fait que de nombreux débats ont opposé les chercheurs sur la durée exacte de la période critique (acquisition stricte de la phonologie jusqu'à 4/5 ans vs puberté vs entrée dans l'âge adulte), différentes raisons ont été avancées à l'appui de cette hypothèse : elle pourrait être un effet de la latéralisation cérébrale, d'une sophistication des capacités cognitives de haut niveau (logique, raisonnement) au détriment du traitement acoustique de bas niveau, de la perte de disponibilité des réseaux neuronaux impliqués dans le traitement sonore ou même de la perte générale de plasticité du cerveau à l'entrée dans l'âge adulte. Les travaux actuels sur l'acquisition des L2 ainsi que les recherches dites *life span* observant l'évolution des capacités cognitives et linguistiques de sujets monolingues et polyglottes tout au long de la vie ont non seulement amené à remettre en cause l'hypothèse selon laquelle la plasticité cérébrale est exclusivement conditionnée par l'âge (des facteurs tels que la motivation, la résilience sont actuellement à l'étude) mais également montré que les adultes restent, comme les bébés, sensibles à la distribution d'informations acoustiques sur un input neuf et capables d'en extraire les régularités. Ceci a amené à reconsidérer le rôle de la période critique pour l'acquisition des L2 et à en nuancer l'expression. Car si cette hypothèse a sans doute plus de consistance en phonologie qu'en morpho-syntaxe, elle a pourtant été empiriquement falsifiée par différentes recherches mettant en évidence le fait que, de manière non exceptionnelle, certains locuteurs atteignent un niveau de compétence en L2 et plus spécifiquement un niveau de compétence phonologique et psycholinguistique sur des tâches phonologiques, identiques à ceux des natifs et se signalent par une absence totale « d'accent étranger ». Ces compétences sont en général associées à une forte motivation à perdre leur accent et à une grande pratique de l'oral dans la L2. Le tout accompagné parfois d'une légère attrition de la phonologie de la L1 intégralement récupérée après quelques heures d'exposition. Cette hypothèse doit par conséquent être plutôt revue en termes de « période sensible » durant laquelle la possibilité d'acquérir la phonologie d'une langue est optimale avec une perte progressive et relative de cette capacité. Il a été montré que cette attrition est conditionnée par d'autres facteurs que l'âge, notamment par des facteurs cognitifs et linguistiques (ressemblance vs dissemblance typologique entre la L1 et la L2, pratique de plusieurs L2 typologiquement apparentées, quantité, variété et qualité de l'input reçu en L2, usage quantitatif et qualitatif respectif en L1 et L2, niveau d'éducation en L2, maîtrise des registres de langue, motivation).

## 3. Interférences ou réorganisation des systèmes phonologiques ?

On a longtemps considéré que la L1 constituait un filtre pour l'apprenant, l'amenait à opérer une recatégorisation plus ou moins adéquate et toujours approximative du système phonologique de sa langue source dans la langue cible et était cause de l'existence d'un « accent étranger » résiduel. De nombreux travaux récents ont montré que plus que du filtrage strict d'un système par un autre, ce qu'on observe chez les apprenants de L2 est la réorganisation partielle de la L1, fortement contrainte par la proximité des contrastes existant respectivement en L1 et L2 et les possibilités de confusion que cela implique. Ainsi, les catégories strictement identiques en L1 et L2 (par exemple les trois paires d'occlusives /p b/, /t d/, /k g/ qui se retrouvent dans de très nombreux systèmes phonologiques) sont très faciles à acquérir puisque la transposition directe d'un système à l'autre se fait plutôt aisément. De même, les sons de la L2 complètement inexistants dans la L1, ne partageant aucun trait et ne pouvant être confondus avec aucun son existant dans la L1 (par exemple les clicks des langues zoulous pour un francophone L1) sont assez faciles à apprendre car ils peuvent donner lieu à l'émergence rapide d'une nouvelle catégorie. Les sons qui posent problème sont ceux qui partagent un ou plusieurs traits phonologiques avec des sons de la L1 et qui vont être perçus comme similaires et recatégorisés imparfaitement dans le système de la L2. L'existence de ce partage de traits partiel avec une ou plusieurs catégories de L2 va nécessiter une réorganisation des frontières catégorielles de la L1 permettant l'émergence d'une nouvelle catégorie (réorganisation par exemple des frontières catégorielles entre /u/ et /i/ chez les anglophones L1 ou arabophones L1 pour permettre l'émergence de /y/ qui n'existe pas dans leur système phonologique). De fait, ces sons de L2 correspondant partiellement aux catégories de L1 sont les plus difficiles et longs à produire. Ils nécessitent plus que les autres un apprentissage explicite et sont plus susceptibles d'être l'objet d'un « accent étranger » résiduel.

## 4. Conclusion

Les travaux psycholinguistiques les plus récents ont amené à reconsidérer l'idée communément admise selon laquelle les voies d'accès à la phonologie de la L1 et des L2 relevaient de processus strictement différents. Or, les modalités d'acquisition de la phonologie d'une L1 et des L2 peuvent partager certaines caractéristiques et s'influencent de manière complexe, multifactorielle et à des degrés de plasticité encore mal connus. Elles reposent sur des réorganisations phonémiques mais également sur des réorganisations sub-phonémiques (variations allophoniques) ou suprasegmentales telles que l'accent de mot ou l'accent de groupe prosodique dont l'étude reste à faire.

## Références

Birdsong, D. (2006). Age and second language acquisition and processing: A selective overview. *Language Learning* 56 : 9-49.

Flege, J. (1995). Second-language speech learning: Theory, findings, and problems. In W. Strange (éd.), *Speech Perception and Linguistic Experience: Theoretical and Methodological Issues*. Timonium, MD : York Press, 233-273.

Kuhl, P. K. (2004). Early language acquisition: Cracking the speech code. *Nature, Reviews Neuroscience 5* : 831-843.

Rose, Y. & Wauquier-Gravelines, S. (2007). Acquisition of speech in French. In S. Mc Leod (éd.), *International Guide of Speech Acquisition*. Albany, NY : Thomson Delmar Learning, 364-384.

Werker, J. & Tees, R. (1984). Cross-language speech perception: Evidence for perceptual reorganization during the first year of life. *Infant Behavior and Development* 7 : 49-63.

# 41 La prononciation des apprenants de FLE et la prosodie[1]

## 1. Introduction

Il est aujourd'hui communément admis que la perception d'un « accent étranger » dans les productions d'apprenants de langues étrangères dépend d'une combinaison de facteurs relevant autant de la prononciation déviante de phonèmes que de celle des aspects prosodiques (accentuation, intonation, rythme, débit, etc.). Bien que ces derniers aient fait l'objet de moins d'analyses que les aspects segmentaux, il existe de nombreuses évidences de la difficulté qu'éprouvent les apprenants à s'approprier les propriétés prosodiques de la langue-cible, et ce autant en production qu'en perception. Ces difficultés ont des conséquences plus ou moins directes sur le caractère « naturel » et la « fluidité » des productions des apprenants, sur leur « intelligibilité », mais aussi sur leur capacité à segmenter le flux sonore qu'ils entendent en unités signifiantes et, par-delà, sur leur compréhension orale.

## 2. Fluidité, pauses et débit

En didactique des langues, il est fréquent de vouloir caractériser l' « aisance » (ou « fluidité ») des apprenants. Bien que difficile à définir, cette notion est associée à une impression globale d'authenticité et rend compte de la facilité de planification et de formulation du discours. Elle se manifeste au niveau prosodique par des productions sans interruptions déviantes.

La plupart des études font état d'une fluidité réduite dans les productions en français langue étrangère (FLE) d'apprenants de différentes langues premières (L1) (anglais, espagnol, polonais, etc.). Ainsi, comparés aux natifs, les apprenants montrent souvent : a) une plus grande fréquence de pauses silencieuses et/ou pleines, notamment à l'intérieur des groupes syntaxiques, b) une durée pausale supérieure, c) une réduction du débit et de

---

1. Rédigé par Lorraine Baqué.

la vitesse d'articulation, d) une tendance à produire des groupes de souffle plus courts, e) une proportion plus importante de mots accentués, et, parfois, f) un nombre supérieur d'hésitations, de répétitions ou de faux-départs.

## 3. Accentuation, rythme et sandhis

Contrairement à celui d'autres langues telles l'espagnol ou l'anglais, l'accent primaire[2] du français est souvent considéré comme :
  – fixe oxyton (sur la dernière syllabe pleine des mots lexicaux) ;
  – à fonction démarcative de groupe (désaccentuation des mots lexicaux non finaux de groupe accentuel en fonction de principes rythmiques et syntaxiques) ;
  – intonogène (syncrétisme entre accent et intonation).

La syllabe accentuée se caractérise par un allongement significatif, éventuellement accompagné par une variation de F0, qui produit une saillance perceptive.

La spécificité la plus souvent décrite des productions en FLE d'apprenants de très diverses L1 (espagnol, italien, allemand, anglais, polonais, etc.) est l'existence d'une sur-accentuation qui frappe la quasi-totalité des mots lexicaux, souvent attribuée à un transfert de leur L1 et à la non-acquisition des règles de désaccentuation du français. Ce phénomène pourrait également relever du processus d'acquisition, c'est-à-dire de difficultés de planification et de formulation en langue seconde (L2) à tous les niveaux linguistiques (phonétique, lexical, syntaxique, etc.), qui entraînerait une charge cognitive importante, se manifestant par une réduction du débit, de plus fréquentes pauses et hésitations (cf. supra) et par une réduction de l'empan de l'unité de planification, qui se ferait à un niveau plus local que macrostructural.

Par contre, peu d'études font état de difficultés d'acquisition concernant la place de l'accent en FLE. Ainsi, l'accentuation oxytone semble relativement vite acquise, à l'exception, peut-être, des noms propres et/ou des mots peu fréquents apparentés (« transparents ») en L1 et en français, pour lesquels le risque de transfert négatif de la L1 augmente (par exemple « Mandela » ou « météo » prononcés [mã'dela] et ['meteo] par des hispanophones).

---

2. À cela il faut ajouter les différents accents secondaires (rythmique, énonciatif et emphatique), ainsi que les accents propres à certaines variétés du français (voir ch. 3).

Néanmoins, des déplacements de proéminences accentuelles sur des syllabes non finales ont été attestés pour plusieurs L1 (anglais, espagnol, norvégien, polonais, etc.).

Finalement, concernant les marques acoustiques de l'accent en FLE, certaines études montrent un transfert de la L1 : allongement excessif chez certains italophones et insuffisant chez certains hispanophones, variations d'intensité et/ou de F0 propres à la L1 mais déviantes en L2. D'autres apprenants, peut-être plus avancés, ont tendance à exagérer les propriétés acoustiques de l'accent en français (allongements et augmentations de F0 trop importants chez certains hispanophones, réduction des voyelles inaccentuées chez certains italophones, etc.), ce qui a parfois été interprété comme des hypercorrections.

Concernant les sandhis, qui se produisent au sein du groupe accentuel, l'on observe souvent une réduction du nombre de liaisons et de resyllabifications chez les apprenants qui accentuent la plupart des mots lexicaux, y compris lorsque, peut-être en raison de l'effet de l'orthographe, ils prononcent les consonnes finales des mots qui ne devraient pas être réalisées à la fin d'un groupe accentuel (« premier enfant » produit [pʁœ.ˈmje.ɑ̃.ˈfɑ̃] ou [pʁœ.ˈmjeʁ.ɑ̃.ˈfɑ̃] au lieu de [pʁœ.mje.ʁɑ̃.ˈfɑ̃]).

Enfin, pour ce qui est du rythme, on oppose généralement les langues à isochronie syllabique et « tête à droite » comme le français (durée syllabique relativement stable et tête métrique en position finale) et celles à isochronie accentuelle et « tête à gauche », comme l'anglais (durée syllabique très variable vs durée des groupes accentuels stable, et tête métrique en position initiale). Il a souvent été observé que certains apprenants anglophones ont tendance à transférer le rythme de leur L1, ce qui se manifeste notamment par une forte réduction des voyelles inaccentuées et par une surabondance d'accents initiaux.

## 4. Intonation

La complexité des unités intonatives fait que l'interlangue des apprenants de FLE est encore relativement mal connue au niveau intonatif.

Certaines analyses portant sur des intonations de base clôturant les questions totales et les assertions neutres ne constatent pas de difficultés majeures en FLE, et concluent qu'il s'agit là d'universaux intonatifs sous-jacents qui seraient invoqués en début d'apprentissage d'une L2, indépendamment des langues source et cible.

Néanmoins, d'autres études font état de transferts de la L1 au niveau intonatif. Ainsi, par exemple, il a été observé des contours extra-montants ((L)H*HH% au lieu de (L)H*H%)[3] chez des hispanophones mexicains pour marquer à la fois les questions totales et les continuations majeures non finales en FLE sans l'allongement habituel de la dernière syllabe, ou encore des intonations montantes en fin d'assertive et descendantes en fin d'interrogative totale dans les productions de certains Vietnamiens. De même, l'on rapporte souvent l'existence d'une intonation montante pour les questions partielles ou disjonctives chez des apprenants de différentes L1[4].

À ces productions déviantes vient s'ajouter, entre autres, l'existence d'unités intonatives de taille très réduite comparée à celle des natifs, très souvent observée dans les réalisations en FLE de locuteurs de différentes L1. Cet aspect est à relier à l'abondance de pauses et à la sur-accentuation (cf. supra), et pourrait résulter des difficultés de formulation des différentes composantes linguistiques.

Enfin, certains travaux font état de difficultés dans la manifestation d'intonations expressives ou affectives (calques des marques de la L1, réduction globale des marques intonatives manifestée par un aplatissement de la courbe de F0...), qui pourraient relever de la non-acquisition de la grammaire intonative expressive, du manque d'authenticité de la situation de communication en classe de langue, ou encore d'une méconnaissance des règles pragmatiques et énonciatives dans la langue/culture cible.

## 6. Conclusion

Ainsi, plusieurs travaux ont mis en évidence des difficultés spécifiques dans l'acquisition de la prosodie en FLE, mais de nombreuses hypothèses restent encore à valider et font l'objet de nouvelles recherches, que l'on peut regrouper sommairement en cinq grands axes.

---

3. H et L représentent des tons haut et bas respectivement, * marque un accent tonal et % un ton de frontière.

4. Également attestée chez les francophones, notamment en lecture.

Le premier concerne les aspects strictement linguistiques, liés aux modèles de description prosodique, et la relation entre phonologie et phonétique en prosodie, ainsi que l'interaction entre celles-ci et les autres niveaux linguistiques (lexical, syntaxique, sémantique et discursif) dans différents « styles de parole ».

Un deuxième axe, lié plus spécifiquement à l'acquisition, vise à évaluer comment se construit l'interlangue des apprenants, et s'intéresse notamment a) à l'existence ou non d'une « surdité prosodique » en fonction des propriétés des langues source et cible et à son éventuel impact sur la production, b) aux transferts et interférences entre la L1 et la L2, et, partant, à tester les différents modèles d'acquisition existants, c) aux facteurs susceptibles de conditionner cette interlangue, tels que l'âge (notion de « période critique »), la durée d'apprentissage, etc.

Un troisième axe s'intéresse aux relations encore mal connues entre la production et la perception prosodique. L'existence de non congruences entre le comportement en production et en perception, y compris en L1, pose la question de l'existence de représentations cognitives sous-jacentes qui ne seraient pas toutes actualisées en production.

Le quatrième volet de recherches vise à rendre compte des aspects neurocognitifs de l'acquisition, depuis les processus (neuro-)psycholinguistiques de bas niveau qui interviennent dans l'identification et la discrimination jusqu'aux niveaux supérieurs impliqués dans l'encodage d'unités prosodiques, ou encore aux liens avec la mémoire de travail, la charge cognitive de la tâche, etc.

Un dernier axe, plus orienté vers la recherche-action, évalue l'impact des différentes modalités d'enseignement-apprentissage, ainsi que les aptitudes d'imitation vs de mimésis[5] des apprenants.

---

5. La mimésis se définit comme le mécanisme cognitif permettant à quelqu'un d'imiter les réalisations phonétiques auxquelles il est confronté, mais qui, de plus, entraîne la création et/ou la modification des représentations de la tâche motrice à implémenter et leur stockage en mémoire.

## Références

Boula de Mareüil, P. & Vieru-Dimulescu, B. (2006). The contribution of prosody to the perception of foreign accent. *Phonetica* 63 : 247–267.

Lacheret-Dujour, A. & Beaugendre, F. (1999). *La prosodie du français.* Paris : CNRS Éditions.

Peperkamp, S. & Dupoux, E. (2002). A typological study of stress "deafness". In C. Gussenhoven & N. Warner (éds), *Laboratory Phonology* 7. Berlin : Mouton de Gruyter, 203-240.

Rasier, L. & Hiligsmann, P. (2007). Prosodic transfer from L1 to L2. Theoretical and methodological issues. *Nouveaux cahiers de linguistique française* 28 : 41-66.

Trouvain, J. & Gut, U. (éds) (2007). *Non-Native Prosody: Phonetic Description and Teaching Practice.* Berlin : Mouton de Gruyter.

# 42 La prononciation des apprenants de FLE et la multimodalité expressive[1]

## 1. Introduction

Quand un locuteur s'exprime, il transmet un grand nombre d'informations à son interlocuteur. Une première partie de ces informations est véhiculée par le contenu linguistique du message, dont on peut transcrire la majeure partie ; une seconde partie est véhiculée par la prosodie (voir ch. 41) et par des indices multimodaux (notamment les expressions faciales et gestuelles), dans le cadre d'une communication en face-à-face. Les informations fournies dans cette multimodalité expressive de la performance d'un locuteur sont très variées : cela peut être le sexe et l'âge du locuteur ou son origine socioculturelle et/ou régionale, mais aussi son état émotionnel, voir son attitude par rapport au contenu linguistique transmis ou par rapport à l'interlocuteur.

Les expressions de ces affects revêtent un caractère particulièrement important dans la gestion des interactions, car elles fournissent un contexte interprétatif au contenu linguistique ainsi qu'un moyen indirect de gérer les interactions (c'est notamment vrai des stratégies de politesse, du choix des termes d'adresse, ou de l'utilisation de l'ironie). Une difficulté particulière à ces expressions vient de leur nature variable : elles ne sont pas transcrites (à la différence du contenu lexical) et rarement enseignées. Or, les choix expressifs effectués dans différentes langues peuvent varier et ces variations peuvent amener des problèmes d'interprétation, voir des contresens. Cependant, de nombreux chercheurs soutiennent la nature universelle des émotions : comment peut-on alors arriver à des incompréhensions entre locuteurs de différentes langues ?

Les variations expressives transmises par nos affects sont liées aux changements physiologiques induits par les états émotionnels, et à la réutilisation de leurs valeurs symboliques à des fins communicatives, comme l'explique Damasio. Cet usage symbolique des variations de la voix et de la mimique (« je m'exprime comme si je ressentais de la

---
[1]. Rédigé par Takaaki Shochi et Albert Rilliard.

colère afin de montrer ma désapprobation ») va donner naissance à des codes expressifs. Un code emblématique étant le *frequency code* proposé par Ohala, qui explique notamment le développement de la mimique du sourire par le raccourcissement qu'il produit du conduit vocal, donnant une impression acoustique de petitesse.

Lors du développement d'une langue, au sein d'une société, un processus de conventionnalisation graduelle de ces usages symboliques va mener les locuteurs à associer à certaines variations expressives des concepts bien particuliers, jusqu'à la production d'affects sociaux. Cette capacité à réutiliser les expressions émotionnelles est particulièrement intéressante dans le contexte de la communication face-à-face, car à la base de nombre des variations expressives de la communication parlée—dans sa multimodalité.

La multimodalité de la communication parlée est maintenant bien établie. Les travaux sur l'effet « McGurk »[2] ont notamment montré que la vision de la forme des lèvres influence la perception de la modalité acoustique, d'autant plus quand les auditeurs sont culturellement habitués à regarder leur interlocuteur. On sait aussi que la modalité visuelle aide la perception de la parole dans un milieu bruité, et que la lecture labiale permet de décrypter en partie le message audio. La modalité visuelle participe donc à la transmission du message parlé et à la robustesse de ce mode de communication. La modalité visuelle est ainsi particulièrement intéressante lorsque l'auditeur va montrer des problèmes de réception, dus au bruit ambiant, à des difficultés d'audition, mais aussi à une moindre maîtrise de la langue. En ce qui concerne les expressions affectives, leur nature multimodale est aussi fondamentale[3], car ancrée dans les comportements émotionnels à l'origine de ces expressions, eux-mêmes multimodaux.

## 2. Différentes modalités pour différentes informations

Cette expressivité, ou l'expression de ces affects sociaux, est par essence réalisée dans la multimodalité du corps du locuteur et donc autant grâce à sa gestualité, à ses expressions faciales, à sa prosodie, que par ses

---

2. McGurk, H. & MacDonald, J. (1976). Hearing lips and seeing voices. *Nature* 264(5588) : 746-748.
3. Scherer, K. R. (2013). The evolutionary origin of multimodal synchronization in emotional expression. *Journal of Anthropological Sciences* 91: 185-200

choix lexicaux et syntaxiques. Mais comment ces différentes modalités s'organisent-elles pour transmettre un message ? Ont-elles un rôle équivalent, ou peut-on observer des spécificités ?

Des travaux sur la production et la perception d'expressions attitudinales ont montré que les modalités auditives et visuelles de la « prosodie audiovisuelle » ne participent pas de la même manière aux expressions propositionnelles et sociales.

Les attitudes propositionnelles vont directement modifier le sens de la phrase avec laquelle elles sont réalisées. Il peut s'agir d'une marque d'incertitude qui vient informer l'auditeur que le locuteur n'est pas sûr de l'information qu'il transmet ; il peut s'agir d'une demande de confirmation, qui vient informer l'auditeur que le locuteur cherche seulement à obtenir une confirmation à sa question et non pas une réponse complète. Ce type d'attitudes permet une plus grande efficacité de l'acte de parole en évitant des périphrases. La modalité acoustique de la prosodie est généralement dominante dans l'organisation de ces expressions, et l'on observe des variations des contours intonatifs spécifiques à chacune de ces expressions.

Les attitudes sociales vont quant à elles servir à régler les rapports interindividuels entre les participants d'un dialogue. Il s'agira par exemple de marques de courtoisie, d'autorité ou de mépris. Ces expressions ne modifient pas directement le sens de l'énoncé, mais servent à gérer l'interaction. Ces expressions sont organisées en premier lieu par la modalité visuelle de l'interaction : leur reconnaissance, comme les relations qu'elles entretiennent entre elles, sont avant tout le fait des changements observés dans les expressions faciales, gestuelles et posturales chez son interlocuteur. La modalité auditive n'a ici qu'un rôle second, et les contours intonatifs observés pour de telles expressions changent essentiellement dans le registre que le locuteur va choisir, la forme du contour dépendant alors essentiellement du mode de la phrase et de sa morphosyntaxe.

Les figures 1 et 2 montrent des exemples d'expressivité faciale correspondant à ce genre d'attitudes, propositionnelles ou sociales, telles qu'elles peuvent être produites en contexte par une locutrice francophone (de France métropolitaine). On peut observer la variété des stratégies expressives, qui recrutent différentes parties du visage : haussement des sourcils pour la surprise, froncement du nez pour le doute, protrusion labiale pour l'évidence, sourire pour la politesse ou la séduction etc. La

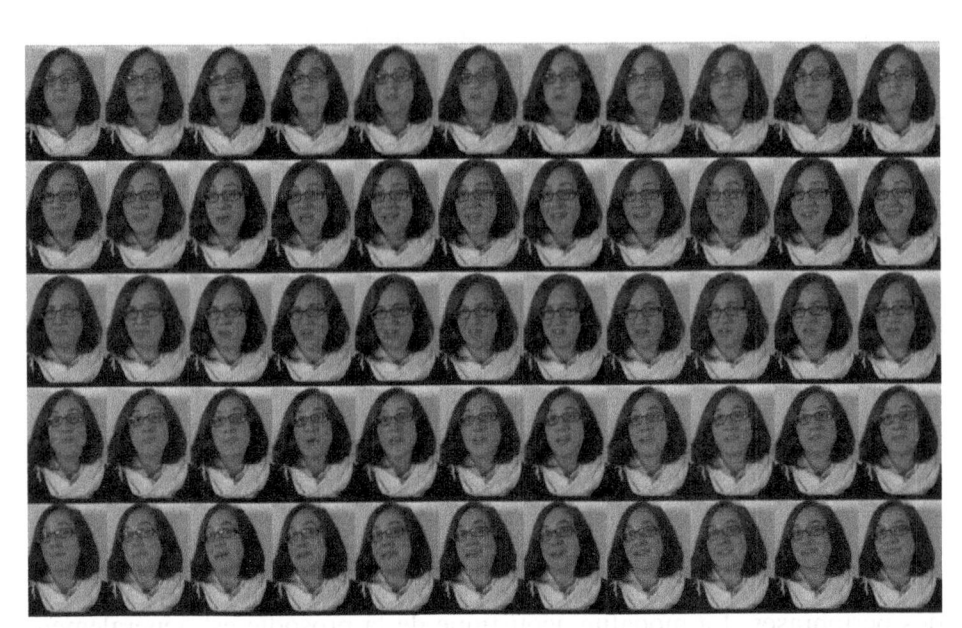

**Figure 1** : Images-clés montrant le décours temporel d'expressions faciales observées pour une locutrice francophone, pour les attitudes propositionnelles suivantes (de haut en bas) : déclaration neutre, surprise, doute, évidence, ironie.

**Figure 2** : Images-clés montrant le décours temporel d'expressions faciales observées pour une locutrice francophone, pour les attitudes sociales suivantes (de haut en bas) : admiration, autorité, mépris, politesse de courtoisie, séduction.

variété de ces stratégies ne s'arrête pas au visage : on hausse les épaules pour l'évidence (ce qui n'est pas visible à cette échelle). Cette expressivité se fait par ailleurs dans une dynamique qui est celle de la parole, et qui varie en fonction des situations – les variations prosodiques respectant les contraintes linguistiques imposées par les choix lexicaux.

Ces résultats montrent que les différentes modalités se répartissent l'expression affective de manière efficace, mais qu'elles permettent aussi une certaine redondance, augmentant la robustesse de la communication dans des contextes dégradés. Mais qu'en est-il de la spécificité de ces expressions à une culture particulière ? Dans quelle mesure l'expression d'une attitude issue d'une langue donnée sera compatible avec une autre langue ? Comment enseigner ces expressions à des apprenants de langue étrangère ?

## 3. Effet d'apprentissage de la prosodie affective en multimodalité

Certains chercheurs s'intéressent ainsi au phénomène des « faux-amis » prosodiques. Ce terme désigne une forme prosodique qui existe dans deux langues mais pour des usages distincts, ce qui peut entrainer de fausses interprétations chez des auditeurs de L2. Par exemple, une des formes de politesse conventionnellement exprimée par les Japonais sonne, à l'oreille des Français, comme une expression d'irritation. Ce « faux-ami » est probablement lié à la qualité vocale particulière qu'il utilise, qui n'est pas d'usage dans d'autres cultures et langues.

D'autres travaux ont mis en évidence que la prosodie multimodale permet de transmettre l'intention appropriée et de mieux identifier l'intention réelle de son interlocuteur (qui peut être contraire au contenu lexical), même en situation d'interaction en L2. Les recherches sur la relation entre la prosodie affective et la compétence en L2 ont donné lieu à des travaux sur la perception des attitudes en L2 et sur l'utilisation de description de la prosodie affective comme méthode d'enseignement des langues étrangères.

Dans ce contexte, il a été démontré que l'enseignement de la prosodie multimodale de la L2 changeait la perception des affects sociaux. Pour cela, six affects sociaux français (déclaration, question totale, doute, exclamation de surprise, ironie de soupçon, évidence) ont été proposés à des auditeurs natifs ou apprenants japonais du français. Parmi les apprenants du français, un groupe n'avait aucune connaissance préalable de la langue, tandis qu'un autre groupe avait suivi un entrainement spécifique pour la production et la perception de la prosodie affective en français. Cet entrainement a été réalisé grâce à un support pédagogique constitué des analyses acoustiques (F0, intensité et durée syllabique) et visuelles (mouvements des muscles du visage) de ces six affects sociaux. Ces travaux examinent les relations entre la compétence en français de l'auditeur et son comportement perceptif. Le protocole expérimental du test de perception consiste en une présentation séparée des trois modalités audio seule, visuelle seule et audio-visuelle, afin d'identifier la répartition de l'information entre modalités. Les sujets devaient reconnaitre l'attitude exprimée parmi les six proposées. Les résultats montrent que les auditeurs de L1 française obtiennent des scores de reconnaissance plus élevés que les sujets ayant le français en L2. Par ailleurs, le groupe de sujets ayant suivi l'entrainement sur la prosodie audio visuelle des affects sociaux reçoit aussi de meilleurs scores de reconnaissance que les sujets n'ayant aucune connaissance du français.

En ce qui concerne la modalité, les présentations audio-visuelles sont les mieux identifiées, pour les trois groupes d'auditeurs. Cette étude observe trois types de combinaisons des informations audio et visuelle : 1) une dominance de l'information associée aux traits visuels (par exemple doute et surprise) ; 2) une dominance des informations liées aux formes prosodiques (par exemple question totale) et 3) une synergie des informations transmises par les deux modalités (par exemple l'ironie sarcastique).

L'importance de la compétence langagière sur la perception des affects sociaux constitue l'un des résultats importants de ce travail. Un effet de l'entrainement à cette prosodie audio-visuelle est clairement identifié. Cet effet d'entrainement est particulièrement important pour la perception des expressions dubitatives, qui sont bien distinguées des expressions assertives dans les modalités audio seule et visuelle seule par des apprenants du français ayant suivi un entrainement spécifique, tandis que les sujets sans connaissance de la langue ne sont à même de réaliser cette distinction que dans la modalité audio-visuelle.

## 4. Conclusion

Dans ce chapitre, nous avons vu que lors d'interactions en face-à-face, la transmission des messages sociolinguistiques est véhiculée non seulement par la voix, mais aussi par les expressions faciales et gestuelles. Nous avons montré également qu'en fonction des variations affectives, les modalités audio ou visuelle prennent en charge le contenu affectif de manière efficace. Les recherches sur l'apprentissage de la prosodie affective multimodale ont permis d'identifier un effet d'apprentissage, qui souligne l'importance d'une prise en charge didactique des caractéristiques de la prosodie affective multimodale afin d'enseigner les particularités culturelles de la communication dans des contextes de langues étrangères.

## Références

Damasio, A. R. (1998). Emotion in the perspective of an integrated nervous system. *Brain Research Reviews* 26(2-3) : 83–86.

Moraes, J. A. & Rilliard, A. (2014). Illocution, attitudes and prosody. In T. Raso & H. Mello (éds), *Spoken Corpora and Linguistic Studies*. Amsterdam : John Benjamins, 233-270.

Ohala, J. J. (1994). The frequency codes underlies the sound symbolic use of voice pitch. In L. Hinton, J. Nichols & J.J. Ohala (éds), *Sound symbolism*. Cambridge : CUP, 325-347.

Rilliard, A., Shochi, T., Martin, J.C., Erickson, D. & Aubergé, V. (2009). Multimodal indices to Japanese and French prosodically expressed social affects. *Language and Speech* 52(2/3) : 223-243.

Shochi, T., Gagnié, G., Rilliard, A., Erickson, D. & Aubergé, V. (2010). Learning effect of prosodic affects for Japanese learners of French language. *Proceeding of Speech Prosody 2010*, article 155.

# Contenu du CD-ROM

Le CD-ROM accompagnant ce volume a une fonction essentiellement illustrative. Tout en essayant d'assurer la plus grande homogénéité possible aux enregistrements ainsi qu'aux fichiers PDF qui les accompagnent, les auteurs ont pu en organiser librement le contenu en fonction de leurs choix pédagogiques et des données à leur disposition, ce qui explique les différences remarquables entre les fichiers présentés[1]. Le contenu du CD-ROM se divise en trois parties : *I. Le français natif, II. Le français non natif, III. Références complémentaires*. Chaque fichier son est nommé de la manière suivante: X_Y (X : numéro du chapitre ; Y : numéro de l'exemple sonore). Par exemple « 10_23.wav » : exemple sonore n°23 du chapitre 10). Lorsque deux voix sont enregistrées (féminine et masculine), les fichiers sont nommés ainsi : X_Yf (femme) et X_Yh (homme). Par exemple « 10_01f.wav » et « 10_01h.wav » : exemple sonore n°1 (voix de femme et voix d'homme) du chapitre 10. Un document PDF associé aux fichiers sons présente le contenu des enregistrements et fournit des éléments bibliographiques complémentaires.

Dans la partie I figurent des enregistrements illustrant les différentes variétés de français natif présentées dans le volume. Ils sont structurés ainsi :

• a. Illustration des éléments phonético-phonologiques se distinguant du « français de référence » ;

• b. Deux phrases lues du texte « Le Premier ministre ira-t-il à Beaulieu ? » : *Le village de Beaulieu est en grand émoi. Le Premier Ministre a en effet décidé de faire étape dans cette commune au cours de sa tournée de la région en fin d'année* ;

• c. Un extrait de parole spontanée de 15 secondes environ, transcrit en orthographe standard.

Dans la partie II figurent des enregistrements illustrant les différentes variétés de français non natif présentées dans le volume. Ils sont structurés ainsi :

• a. Illustration du système de la L1 (limitée aux voyelles en production isolée, aux consonnes suivies de /a/ et à des exemples ad hoc choisis par les auteurs pour la prosodie) ;

• b. Illustration de certaines difficultés d'apprentissage du français présentées dans le chapitre ;

• c. Deux phrases lues du texte « Le Premier ministre ira-t-il à Beaulieu ? » : *Le village de Beaulieu est en grand émoi. Le Premier Ministre a en effet décidé de faire étape dans cette commune au cours de sa tournée de la région en fin d'année* ;

• d. Un extrait de parole spontanée de 15 secondes environ, transcrit en orthographe standard (parfois adaptée).

Dans la partie III figurent des éléments bibliographiques complémentaires.

---

1. L'icône CD figurant dans les chapitres indique qu'une illustration sonore est disponible, mais le lecteur doit se reporter au fichier PDF du CD-ROM pour accéder au contenu précis de l'illustration (qui peut parfois ne pas être exactement identique à ce qui figure dans le chapitre).